JN334488

世界王室物語

素顔のロイヤル・ファミリー

ギド・クノップ✣編著
平井吉夫✣訳

MAJESTÄT

Guido Knopp

Die Letzten Grossen Monarchien

Guido Knopp,
MAJESÄT: Die Letzten Grossen Monarchien

©2006 by C. Bertelsmann Verlag, München,
In der Verlagsgruppe Random HouseGmbH.

Japanese translation rights arranged with
Verlagsgruppe Random HouseGmbH, München
Through Motovun Co. Ltd., Tokyo.

MAJESTÄT!

世界王室物語

素顔のロイヤル・ファミリー

ギド・クノップ＝編著

執筆協力
フリーデリケ・ドライクルフト／アーニャ・グロイリヒ
アネッテ・フォン・デア・ハイデ／アネッテ・テヴェス

はじめに

一九五〇年代の初め、国際的な遊び人だったエジプト王のファルークはこんな予言をした。今世紀が終わるころには地上の王様は四人しかいないだろう――つまりトランプのなかだけ。

自分自身の王朝については、ファルークの言うとおりだった。エジプトに王様はとっくにいなくなった。しかし国家形態としての君主制はいまだに終焉していない。もっとも二十世紀の初めには、王や皇帝はほとんどどの国にもいる統治者だった。二十一世紀の初めになると、地上の最後の王朝はほとんどすべてが統治権を失い、象徴的な機能に限定されている。

一九一二年、伝説につつまれた、きわめて神秘的な、おそらく世界でもっとも権勢のある、中国の皇帝が退位した。そのすぐあと、ほとんど音もなく、そしてほとんど同時に、ヨーロッパを数百年にわたって刻印し、支配していた三つの王朝が地上から消えた。ハプスブルク家、ホーエンツォレルン家、ロマノフ家である。君主制の死がはじまった。二十世紀においては、近代国家と神授の王権支配とは相いれないように見える。

二十七人の君主のみが二〇〇〇年への変わり目を玉座にあって体験し、二十七の王朝が、タイからスウェーデンにいたる、そして日本からスペインにいたる、世界の各地に残存している。神と同等であれ市民的であれ、権力があろうとなかろうと、これらの王朝はいずれも、ほんの百年前にはほとんど地球全体を支配していた政体の遺物なのだ。

これらの君主は自己をどのように認識しているのか？　どのように彼らは伝統を、おのれの王朝の歴史を、君主制を維持するために動員しているのか？　彼らは「臣民」をどのように見ているのか？　そして臣民は君主をどのように見ているのか？　これら地上の君主が保持する伝統は、未来のためにも歴史的価値があるのだろうか？

本書は現存する五つの王朝、すなわち日本の皇室、およびスウェーデン、オランダ、スペイン、イギリスの王室のポートレートを描いている。

✠ドイツ人女性と王——ジルヴィアとスウェーデンのカール・グスタフ

古典的メルヘンにはなにが必要だろうか？　ハンサムな王子、可憐な少女、愛、幸せな生活。そう見るとジルヴィア・ゾンマーラートとスウェーデンのカール・グスタフ十六世の物語には、白雪姫といばら姫とシンデレラのあいだのどこかにランクを占めるための道具立てが、すべてそろっている。しかしジルヴィアのほうがずっとわかりやすい。なにしろメルヘンのお姫様とちがって、この伝説的な女性は実際に存在するのだから。スウェーデン人にとって嬉しいことに、ジルヴィアは国じゅうでいちばん人気のある同胞だ。そしてドイツ人にとって嬉しいことに、このハイデルベルク出身の女性は当初から「われらの王妃」として心から愛されている。

一九七二年夏のミュンヘン・オリンピックのさなか、当時のスウェーデン皇太子は貴賓席でブルネットの美女を発見した。「クリックが鳴った」と、のちにカール・グスタフはジルヴィアと出会った瞬間を語っている。四年後にふたりは結婚した。

カール・グスタフは子供のころ読み書きが苦手で、姉のブリギッタにからかわれたことがある。「やれやれ、大きくなったら王様になるっていうのに」。それにたいしてカール・グスタフはひどく反発したという。そのころ王子は五歳になったばかりだった。いまでは三十年以上もスウェーデン国王の座にあり、家族とともに人気度ではヨーロッパの君主のトップに立っている。

スウェーデン王がそれを享受できるのは、王妃のおかげだ。なにしろジルヴィアが初めてストックホルムに入城したとたん、王室にたいする好感度はこれまでになく跳ねあがったのだから。ポップグループ「アバ」が婚礼を祝して舞踏会で初演した『ダンシング・クイーン』は世界的なヒット曲になった。スウェーデン王妃ジルヴィアは、王朝の批判者や嘲笑家が批難の種を見つけるのをますますむずかしくしている。彼女は自分の職務をみごとにこなし、その人生をいろどるメルヘン的な神話に、今日までかすり傷ひとつ付けさせない。離婚や逸脱行為が日常茶飯事になっている他のいくつかのヨーロッパの王室とは対照的に、ベルナドット王家のチョッキはほとんど純白だ。王妃ジルヴィア、国王カール・グスタフ十六世、そして子供たち、後継王女ヴィクトリア、王子カール・フィリップ、王女マドレーヌは、王室の「潔白種」のごとく、魅力的で、感じがよくて、そしてとりわけ、スキャンダルがない。

将来にわたっても国民の圧倒的多数は王を国家元首として望んでいる。しかしながら国会議員の多数は、明日よりは今日にも王族を市民の列に送りたがっているようだ。君主制は大多数の議員にとって時代おくれの政体であり――名目上の国家元首が選挙に付されることがないという事実は、まぎれもないスキャンダルなのだ。一九七四年、政治家はカール・グスタフの王位継承を機に憲法を改正し、国王からあらゆる政治的権限を取り去った。そして一九八〇年には王位継承法の改正により、弟のカール・フィリップではなく、ヴィクトリアが、王位の継承者になった。それまでは男子のみが王位に即くことになっていた。この法改正が三十年早かったら、現王カール・グスタフの姉のマルガレータが王位に即いていたはずだ。しかしメルヘンは未完に終わったことだろう。

✠ ベアトリクスと悲しき夫君——オランダの王室

「私にとってそれは非常に稀有な、真の恋愛物語だった。それを見守るのはすばらしいことだった」とアヴィ・プリモール、元ドイツ駐在イスラエル大使は述べる。プリモールはベアトリクス女王とそのドイツ人の夫君クラウスの友人として、数十年にわたるつきあいがあった。それはオラニエ=ナッサウ王家では初めての恋愛結婚だった。しかし一九六六年に行なわれた王女ベアトリクスとドイツの外交官クラウス・フォン・アムスベルクとの結婚式は、国内で激しい抵抗にあった。怒り狂った数千人のオランダ人がアムステルダムで祝典を妨害した。よりにもよって「モフ」を、「邪悪なドイツ人」を、オランダの後継王女は夫に選んだのだ。この配偶に反対して、六万人のオランダ人が署名した。第二次世界大戦が負わせた傷は、六〇年代半ばになってもまだ生々しかった。

子供のころのベアトリクスはドイツによる占領時代をカナダの亡命地で過ごし、父のベルンハルト公は祖母のウィルヘルミナ女王とともにロンドンからナチス体制にたいする抵抗を組織した。一九四五年、七歳の王女は家族とともに故国に帰還した。一九五六年、ユトレヒト州のスーストダイク城でベアトリクスは王室の最初の大危機を体験する。一九四八年に女王になった母のユリアナが、グレート・ホフマンスという名の「奇跡治療師」のとりこになったのだ。この女性は視力障害のある末の王女の治療を口実に、政治に影響を及ぼそうとした。父のベルンハルト公は妻に反対して、ドイツの週刊誌『シュピーゲル』に、オランダ宮廷における「女ラスプーチン」の忌まわしい行状にかんする情報を流した。祈禱師は宮廷から追いだされたが、王室の負った傷は残った。二十年後、オランダ王室はあらためてネガティブな大見出しの的になる。ベアトリクスの父ベルンハルト公がアメリカの航空機メーカー、ロッキード社から賄賂を受けたことが暴露されたのだ。スキャンダルを鎮静させるには、ベルンハルト公がすべての公職からしりぞくしかなかった。

一九八〇年、ベアトリクスは母ユリアナから王冠を受け継いだ。大学で法学を履修した新女王は、職務にたいするそなえが充分にできていた。以来、ベアトリクスは相続した地位を正当化することにすべての意欲をかたむけてきた。女王として憲法に定められた権能を可能性の限界まで行使し、象徴的役割を超えた独自の意思表示も辞さなかった。広く注目を集めたのは一九九五年にイスラエルの国会で行なった演説だ。そのときベアトリクスは、ドイツ占領時代のオランダ国民の抵抗は「一般的ではなかった」と公言した。「大部分は生き残ることを望んで、ひっそり生きつづけることを優先した」と。

二〇〇五年、在位二十五周年祝典は、国民のベアトリクスにたいする好感度を明白にした。この数年の王室スキャンダルを女王はみごとに切り抜けた。国民にとって女王は「チーフ」であり、近代的な宮廷運営の精力的なマネジャーでありつづけている。ベアトリクスは自分の職務の影の部分も公然と語る。女王がごくふつうの人間でありつづけるのは「まったく不可能」だと。「私の脳裏には小さな赤ランプが点灯していて、私にサインを送ります。これを言ってもよいのか、あれをしてもよいのか、こう答えるべきか、ああ答えるべきか？　女王たるものはたえず用心しなければならないのです」。死んだ夫君があからさまに愚痴をこぼしたこともある。「われわれの生活は義務と二十四時間ぶっつづけの公務のはざまで演じられている。われわれはガラスの家に住んでいる」と。クラウス公は鬱《うつ》病になり、さまざまな任務に対処できなくなった。だがベアトリクス女王の治世の収支決算はきわめて良好だ。共和制を主張する少数の反対派には勝てる見込みがない。オランダ式王朝は機能している。

✠ 皇太子妃の涙——日本の雅子

この物語も幕開けは現代のメルヘンのようだった。孤独な皇太子が美しい女性外交官に惚れこみ、長い求婚のすえに花嫁を獲得する。しかしハッピーエンドを、まだ日本人は待っている——とりわけ皇太子妃の雅子が——今日まで。日本の皇室はロマンティックな夢想の場ではなく、伝統の砦なのだ。

一九九三年、小和田雅子が皇太子の長年の努力に屈したとき、彼女の外務省での前途洋々たるキャリアは終わり、ハーバードとオクスフォードの学歴は無価値になった。残された任務はひとつしかなかった。王朝の存続を維持するため、男子の皇位継承者を産むこと。

日本の皇室——二千六百六十五年にわたると称する絶えることなき血統を伝統主義者は大いに自慢している——は、おそらく世界でもっとも硬直した宮廷だろう。太古から変わらぬ儀礼のなかに密閉され、皇族は国民から隔絶して生活し、旧弊で凝り固まった官庁——宮内庁——に監視されている。「イギリス王室のようなスキャンダルはわが国ではありえない」と伝統の守護者は断言する。民主化された日本では、かつてのように天皇が神として崇拝されることはとっくになくなり、象徴的な任務を果たしているだけなのに、皇室の改革や公開は考えられない。たしかに日本の君主は政治権力をもっていないが——政治に介入してはならず、選挙権もない——天皇は多くの日本人にとって、みずからの歴史とアイデンティティを体現している。「われわれは富士山を見ると、これが日本だと思う。まさにそのように、われわれは天皇を見ても、そう思う」と多くの人びとは言う。この地震、台風、津波、火山の噴火にさらされた国で危機や災害が勃発したとき、天皇は勇気と慰撫をあたえる。そして天皇は日本の暦も支配する。日本人にとって二〇〇六年は平成——平和を成就する——十八年であり、この元号は現天皇の治世のモットーとされている。

世論調査によれば八十パーセントの日本人が天皇制に賛成している。天皇の批判者は楽ではない。悪名高い右翼が批判者の生活を困難にする——拡声器で罵倒する宣伝カーと脅迫電話で。暴力行為や殺害すら過激な右翼はいとわない。

大きなタブーは天皇裕仁の戦争責任だ。現天皇の父は、歴史家がこの間に証明しているように、一九三七年から一九四五年にわたる日本の侵略戦争の計画と遂行に大権の保持者として関与した。にもかかわらずアメリカ占領軍のマッカーサー元帥は天皇を玉座にとどめた。戦争の過去とその責任にかんする究明と克服は、ドイツとちがって、日本では議事日程にあがらなかった。それが今日まで東アジア諸国民にいらだちをもたらしている。

本書刊行の年、二〇〇六年――すなわち平成十八年――は、はからずも皇室の運命の年になった。たしかに雅子皇太子妃は二〇〇一年にようやく母親になったが、生まれたのは女子でしかなく、多くの日本人が失望のため息をついた。女子は皇位継承から除外されている。公衆の圧力と皇室の期待が相まって、雅子妃はますます追いつめられ、ついに鬱病におちいった。国民の多数が女性の天皇に賛意を表明し、政治家が皇室典範の改正を検討しはじめたとき、雅子の義理の妹、紀子妃が、ライバルとして登場した。皇太子の弟の妻が妊娠したと告知されたのだ。彼女が男子を産めば、その子は次の次の日本の君主になる。九月には――すなわち本書の刊行直後――日本の王朝の将来がきまる。〔訳注・二〇〇六年九月六日、秋篠宮と紀子妃のあいだに男子、悠仁《ひさひと》が生まれ、すこやかに生育していることはご存じのとおり。〕

✠ つくられた王――ファン・カルロスとスペイン人

一九八一年二月二十三日、十八時二十三分、国会の本会議場に怒号が鳴り響いた。「伏せろ―

—床に！」。軍服の男、アントニオ・テヘロ中佐が、ピストルを抜いて厳粛な議事堂の天井を撃った。出席の議員たちは人質になった。

フランコ派の反乱の報がマドリード郊外のサルスエラ宮にいる国王ファン・カルロスに届いた。「緊張のあまり」と王の伝記作者ホセ・オネトは書いている。「王はわっと泣きだした」。軍の最高司令官ファン・カルロスは、このとき完全に自立した。国王は身柄を拘束されていない唯一の政府要員になってしまった。国の運命がファン・カルロスひとりの手にゆだねられた。王は軍の忠誠を確保したあと、反乱者に立ちむかった。「私は退位もしなければ、出ていくこともない。諸君は私を射殺するしかない」。国王が民主主義に身を投じたことが功を奏した。国会の占拠者は降伏した。ファン・カルロスはスペイン人のために自由を守った。

ところで、この人物は今回の軍人反乱の数年前に、独裁者フランコによって王位に即けられたばかりだった。国民は危惧した。この王は厳格な総統《カウディリョ》の「養い子」にすぎず、その遺産の体制を継続させるのではないかと。たしかにファン・カルロスは多年にわたり、自分の真意をたくみに隠してきた。フランコの死の直後から、国王はトランシオン、すなわちスペインの民主主義への移行を開始する。かつてのスピード狂のプレイボーイはまたたくまにスペイン人の心をつかんだ。ついにはスペイン宮廷の厳格な儀礼を重んじる王が、息子フェリペと平民で離婚経験のあるレティシア・オルティスとの結婚さえ認めたのだ。

すでに十歳にしてファン・カルロスは両親から引きはなされた。列車が少年をスペイン王家の亡命地ポルトガルからマドリードに連れ去った。父のバルセローナ伯ドン・ファンが独裁者フランコと交渉して、息子の帰国を承諾させたのだ。やがて自分自身も帰国して王になるというドン・ファンの意図は、期待はずれに終わった。王族はポルトガルの亡命地にとどめられるいっぽう、ファン・カルロスひとりがマドリードで総統の監視下に暮らすことになった。息子の教育にフランコが影響をおよぼすにつれて、父との関係は悪化した。ファン・カルロスの弟アルフォンソの悲劇的な死も、家族のきずなをいっそう重苦しいものにした。ファン・カルロスが父の銃をいじっていたとき、手もとで暴発し、弾が弟の額に当たったのだ。

すでにファン・カルロスがスペイン王になってから、初めて父は王位を断念すると宣言した。そのころ息子はとっくに独自の人生を歩んでいた。高等教育を終えたあと、軍の大学を卒業し、関係省庁で経験を積んだ。一九六二年、ギリシア国王の娘ソフィアと結婚し、ふたりの娘とひとりの息子、王女《インファンタ》クリスティナとエレナ、王子《インファンテ》フェリペを得た。王朝の「憲章《カルタ・マグナ》」を厳守すれば、フェリペが次の王になるだろう。あれこれの情事のすえに、フェリペはテレビキャスターのレティシア・オルティスを婚礼の祭壇にみちびき、それによって多くの慣習をふっとばした。花嫁は平民で、おまけにすでに一度結婚していたのだから。

それはひとりの稀有な君主の物語だ。彼は長いあいだ沈黙を守ったすえに、自由選挙を布告して、自分自身の権利を削減した。これはひとりの男の物語だ。彼は人生の困難な時期にもけっしてあきらめず、いまでも国が危機——たとえばガリシア沖のタンカー事故やマドリードのテロ事件――にあれば、つねに現場に駆けつける。

✠ 不釣り合いな配偶――エリザベスとフィリップ

クイーンとエディンバラ公にはなにかがある。大衆の歓呼につつまれた現代の「セレブリティ」にも欠けているものが。ふたりは現実にメルヘンになる素材なのだ！　エルヴィスもマリリンもＪＦＫも「不滅の名声」を得たかもしれないが、ひとつ、彼らにないものがある――王の血統。フィリップは王子として生まれ、エリザベスは王女として生まれた。それでもなおふたりは不釣り合いな配偶だ。女王は生きた歴史を体現している。彼女はイギリス国民を千年にわたる過去と直接結びつけている。それを彼女はきわだたせ、おのれの神話を培養する。

公務への道にはたいてい赤絨毯が敷かれる。握手で女王は大部分の時間をすごす。女王の手を強く握りすぎるのは禁物だ。八十歳の高齢にあって、クイーンは非常に尊敬されている君主であり、その政治的意義は一九五〇年代から、その王国と同じく大きく変化した。帝国は失われたとはいえ、依然として彼女は世界最大の王国の元首なのだ。五十一のイギリス連邦諸国のうちの十七カ国の国家元首であり、そこにはカナダ、ニュージーランド、オーストラリアもふくまれる。エリザベス女王は人類の四分の一の国母《こくぼ》なのだ――その任務は象徴的な性格にかぎられているにしても。

ではフィリップ公は？　今日までクイーンとその夫は固く結びついている。一九三九年、十三歳になったばかりの「リリベット」は、ダートマスの王立海軍大学を家族とともに訪れ、五歳上のスマートなフィリップに惚れこんだ。フィリップには何年も前から真の家郷がなく、十八歳で海軍に「漂着」していた。それは「ひとめ惚れ」だったと、エリザベスはのちに述べている。もうほかの男に王女の心をつかむチャンスはなかった。初め国王ジョージ六世はそれを喜ぶ気にはとてもなれなかった。なんといっても自分の長女はやがて王位に即くのだ。しかしこの若い士官候補生はひどく貧しいだけでなく、当時の基準では「不道徳」な生活を送っていた。ジョージ六世が結婚に際して娘にあたえた訓戒――「彼が船乗りだということを忘れるな。やつらは潮が引くと（懐がさびしくなると）港に入ってくる」

一九四七年十一月二十日、「夢の結婚式」で祭壇の前に進んだときから、早くもエリザベスとフィリップは責任を引き受けることの意味をさとった。自分たちにとって、王冠にとって。そのとき交わした誓いをふたりはみごとに守ってきた。われらはチームである、良き日にも悪しき日にも。そのため、ときには自分たちの子供を「ドアの外に」閉めだすこともあった。そのせいで、とくに王位継承者のチャールズ王子は、一度ならず本人が公然と述べたように、両親から「情緒的に疎外された」と感じるようになる。三人の姉の結婚生活がすべて破綻したのも不思議ではないかもしれない。そもそも王室の消息通が一致して断言している。エリザベスは自分の子供よりも自分の馬と親しいと。かつてフィリップはクイーンについてこんなことを言った。「彼女の関心があるのは、草を食いながら屁をこけるやつだけだ！」

　これは愛だろうか？　エリザベスとフィリップはたがいに相手の生き方を認め合っている。結婚五十周年に際してフィリップは妻に謝辞を述べた。「女王はありあまる寛容の心をそなえている」と。そしてエリザベスは在位五十周年に際し、「この歳月にわたり夫は私にとって真の支えであり、力の源泉でした」と明言した。たしかにこれは他の多くの不釣り合いな夫婦が言えることを、はるかに超えている。

　イギリス本国にとってイギリス連邦がますます重要になった今日、王室は統合のための最適の要になっている。連合王国《ユナイテッド・キングダム》（イギリス本国）は「……家族の、国の、イギリス連邦の構成員を結びつける接着剤です」とクイーンは言う。そして、「それがなければ全体の各部分は単なる断片になってしまいます――接着剤があってこそ、われわれは断片の寄せ集め以上のものになるのです」。

　これは瀕死の老大国の白鳥の歌ではない！　また反抗的な国民にたいする融和のポーズでもない。それはむしろ、現代のあらゆる混乱や変動のなかにあっても家族としてとどまりたいという、イギリス人のいまだに根深い郷愁をうまくとらえており、その家族像はつねに王冠に反映されてきた。ここにイギリス女王の「秘密」がある。彼女は新たなエリザベス朝時代の核心になっている。

以上のことから引きだせる結論は？

これらの国民にとって君主は依然として国家統一のシンボルであり、その国の歴史と伝統の保証人なのだ。そしてとりわけ、依然として「ロイヤル・ファミリー」の生き方は「臣民」のファンタジーをかきたてる。

この世界の君主は継続のために存立している。イギリスのウィンザー家、オランダのオラニエ家、スウェーデンのベルナドット家は、あらゆるマルチカルチャー的なゼスチャーにもかかわらず、いまなおプロテスタントないしイギリス国教社会のパトロンを自任している。カトリックの家系であるスペインのブルボン家は、フランコ総統のおかげで王位に復帰したが、フランコもやはりこの王朝に継続を期待した――すなわち強権国家の継続を。しかし若い国王は、王位に即くやいなや、民主主義を選択した――継続している他のヨーロッパの立憲君主制のひそみにならい。日本式王権神授の特殊例をひとまず別にすれば、われわれはこう予言してもいいだろう。ヨーロッパが真の政治的統合を果たさないかぎり、国家形態としての王政は存続するだろう。統合が果たされたときに初めて、王も無用になる。だがそうなるまでには、多くの水がメーラレン湖を、テムズ川を、マンサナレス川を、ライン川を流れつづけることだろう。

ばんざい、陛下！

世界王室物語——目次

本書の原著には、敬称はいっさいつけられておりませんので、本訳書においては、引用部分も含め、すべて敬称は省略しました。

Sweden

ドイツ人女性と王

ジルヴィアとスウェーデンのカール・グスタフ

古典的メルヘンにはなにが必要だろうか？　ハンサムな王子、可憐な――できれば平民的環境の――娘、愛と幸せな生活。こう見るとジルヴィア・ゾンマーラートとスウェーデンのカール・グスタフ十六世には、白雪姫といばら姫とシンデレラのあいだのどこかに位置を占める要素がすべてそろっている。もっとも、メルヘンのお姫様が優雅な王子様の腕に抱かれるまでには、ご存知のように邪悪な継母、とげのあるいばらの垣根、あるいは折檻《せっかん》まじりの汚れ仕事に耐えなければならないのだが、ジルヴィアの道にそんな障害はなかった――少なくともわれわれの知るかぎりでは。

かつてバイエルン州で楽しい祝祭があった。オリンピックという名の……。

一九七二年八月二十六日、ミュンヘンは第二十回夏のオリンピック大会の開会を、いろどり豊かな浮かれた式典で祝った。一九三六年にドイツで最後に開かれたオリンピックが、ナチス政権のもとでこれ見よがしな宣伝スペクタクルに堕したあと、世界はいま、陽気で万人に開かれた祝

▶1976年6月19日、ストックホルムの大聖堂にて
(Photo:Kyodo News)

スウェーデンの王朝の歴史はスウェーデンの歴史を束ねる赤い糸である。それはスウェーデンの歴史、スウェーデンの過去、スウェーデンの現在の象徴である。

ディック・ハリソン　歴史家

祭の証人になるだろう。エキゾチックな民族が色とりどりの衣装で競技場を行進し、軽快な音楽が出場選手たちを踊りに誘った。このすばらしい盛夏の高揚した雰囲気に、貴賓席の国賓たちも引きこまれた。二、三の王冠を戴く頭も、多少は気恥ずかしげに、音楽の調子に合わせてゆれた。モナコのレーニエ公が着飾った公妃グレース・パトリシア・ケリーとともに来場し、ベルギーとデンマークの現王がうちとけて歓楽し、そのかたわらに、先ごろ王位を失ったギリシアのコンスタンチンがいた。イギリスは、周知のように二本足より四本足のスポーツを好む女王に代わり、夫君のフィリップ公が王国を代表して出席した。スウェーデン王にはミュンヘン旅行はきつすぎたようだ——国王はすでに八十九歳の高齢だった。グスタフ・アドルフ六世は二十六歳になったばかりの孫、カール・グスタフ皇太子を代わりにドイツに送った。

貴賓席の前のほうにドイツNOC委員長のヴィリー・ダウメがすわっていた。となりの席にアシスタントの女性、二十八歳のジルヴィア・ゾンマーラートがいた。この長い黒髪の女性は、高位の賓客がなんとか自分の席に着き、少なくとも席順については苦情がなさそうなのを見て、安堵していた。ジルヴィアはボスのかたわらで祝典を楽しみながら、自分が双眼鏡でのぞかれているのに気がついた。しかも、たった一列うしろの席にすわっている男から。ジルヴィアは思わず笑ってしまった。「のぞき男」も笑った。そしてそれは起こった。「クリックが鳴った」という言葉で、のちにカール・グスタフ十六世は妻と初めて出会ったときの状況を表現している。

四年後、ジルヴィア・ゾンマーラート〔訳注・スウェーデン風にはシルヴィア・ソメラト〕とスウェーデン国王は、出会いの日と同じように晴れた夏の日、ストックホルムの大聖堂で結婚式をあげ、ドイツ市民ゾンマーラートはそれ以来「スウェーデンのジルヴィア、職業、王妃」となる。たちまちスウェーデン人はこの有能な王家の嫁に満足した。彼女が悠然と王室の日常業務をこなすようすは、まるで王冠を戴いて生まれてきたかのようだった。握手の仕方はきわめてしなやか、ノーベル賞の授与式では、スウェーデン人がこれまで覚えている最も優雅な授け手になった。ドイツでも話題は沸騰した。「われらのジルヴィア」がいまやスウェーデンの王妃であり、それによってドイツのクイーンのようなものにもなった。「新聞雑誌の発行部数はジルヴィアの記事が載るとたちまち跳ねあがった」と、社会コラムニストのパウル・ザーナーは回想する。「それは一九五四年にサッカー・ワールドカップでドイツが優勝して以来、まちがいなく最大のできごとだった」。

やっとふたたび「ドイツのクイーン」！　かつてペルシア（イラン）の皇太子妃となり、子供が産めないという理由で宮廷から追いだされたドイツ人女性ソラヤも、新聞読者の胸を躍らせた。

しかしソラヤの憂いのまなざしは、わけ知りの観衆に、早くから不吉な予感を抱かせたものだが、ジルヴィアの物語は明るいサクセスストーリーだった。彼女は驚くほど自信に満ち、洗練され、教養があり、ときおりどこかぎこちなく見える若い国王が、まさに必要とするものをそなえていた。

ジルヴィアは平民から嫁いだ妃たちの先駆者になった。いまではノルウェー、デンマーク、スペイン、オランダの王位継承者も、平民出身の美女で隣席を飾っている。もっともこれら選ばれた王家の嫁のあらさがしは、批判的な目にはけっしてむずかしいことではない。ノルウェーのメッテ・マリトは警察に目をつけられた男との私生児を連れ子にしてきたし、彼女自身のうさんくさい過去も、オスロの王宮のクイーンとして役立つものではない。オランダの皇太子妃マキシマが結婚式で泣いたのは、パパが喜びを分かち合えなかったからだ。父親がアルゼンチンの軍事政権とかかわっていたことは、リベラルなオランダにおいては社会的不適合と見なされ、娘の結婚式に招んでもらえなかった。スペイン女性レティシアの

私ははっきり覚えています。それは1972年8月26日のことでした。急に私は男に望遠鏡で見られているのを感じました。ただ、その男は遠くでなく、すぐ近くにいました。この状況があんまりおかしくて、ふたりともつい笑ってしまいました。これが「クリック」になりました。それは偶然ではなかったようです。

ジルヴィア

ドイツでしばしば「われらのクイーン」と言われていることは知っています。でも彼女はわれらのクイーンなんです。

アリス・トロレ・ヴァハトマイスター伯爵夫人
女官長

それはすごかった。部数はうなぎ登りに上昇した。もちろんこれはわれわれドイツ人にとって前代未聞のことだった。たしかにドイツ人は彼女に一種の代替クイーンを見いだしたのだ。

パウル・ザーナー
ジャーナリスト

テレビ界での華やかなキャリアでさえ、さまざまな憶測を呼んだ。彼女のほうから目的意識的に推し進めたスペイン皇太子との恋愛関係は、あれこれの職業上の障害をのりこえるための手だてだったのではないかと。おまけに正式な婚礼のキスはまったく行なわれなかった！

それにたいしてスウェーデンのジルヴィアは、批判者にも嘲笑家にも、けちつけの種を見つけるのをますますむずかしくしている。彼女は公務をもののみごとにこなし、その人生史のメルヘン的な神話に、今日までかすり傷ひとつ付けさせない。スキャンダルまみれのイギリス王室や他のヨーロッパの王族――そこでは離婚や逸脱行為が日常茶飯事になっている――とは対照的に、ベルナドット王家のチョッキは純白だ。王妃ジルヴィア、国王カール・グスタフ十六世、そして子供たち、後継王女ヴィクトリア、王子カール・フィリップ、王女マドレーヌは王室の「潔白種」のごとく、魅力的で、感じがよくて、そしてとりわけ――スキャンダルがない。

スウェーデン国民の圧倒的多数は王室を支持している。二〇

○三年の世論調査によれば全スウェーデン人の八十四パーセントが君主制の存続に賛成している。まことにおどろくべき現象だ。なにしろスウェーデンは近代性と生きた民主主義の牙城とされているのだから。しかし北欧のプラグマティックな国民は民主主義の独自の解釈を見いだして、王冠を戴く元首を生きながらえさせている。「スウェーデンで君主制が存続しているのは、国民がそれを望んでいるからだ」とスウェーデンの歴史家ディック・ハリソンは言う。「そう見ればスウェーデンの君主制はひとつの民主主義なのだ」。

議会における国民の代表、国会議員たちは、この「民主的決定」を歯ぎしりして受けいれるしかない。なぜなら議員の多数は、ともかく最近の調査では五十六パーセントが、王族を、明日よりは今日にも市民の列に送りたがっている。左派の国会議員マッツ・エイナルソンはすでに長いあいだ王政廃止を夢見てきた。「民主主義の世の中で国家最高の地位に、その地位を相続したにすぎない人間が就いているのは、じつにばかげたことだ」とエイナルソンは憤慨する。「彼は国民から選ばれたのでもなければ、議員から選

スウェーデン人の圧倒的多数は王政を肯定しているか、あるいは少なくとも現在の体制はよく機能しており、変える必要はないと思っている。

ブリッタ・レヨン
スウェーデン国会議員

われわれは非常にうまい妥協策を見いだしたと思う。われわれは王朝を存続させたが、国王からあらゆる政治的権利を取り去った。

イングヴァル・カールソン
元スウェーデン首相

私は現在の王室になんの異議もない。王室は非常にいい仕事をしており、スウェーデンの利益を卓越したやり方で代表している。しかし私にとって最大の問題は、すべての真の民主主義者が問題にしているように、民主主義においては人民が元首を選べなければならない、ということだ。いまはそうなっていない。

ブリッタ・レヨン　スウェーデン国会議員

ばれたのでもない。これはたしかにあらゆる民主主義の原則に反している」。社会民主党のブリッタ・レヨンもこの意見に賛成だ。「君主制はまったく時代おくれです。近代的なスウェーデンを建設したければ、王政は廃止されなければなりません」。最強硬派の議員たちは「共和連合」に結集し、ウェブ・サイトで、Tシャツのスローガンで、くりかえされるプレスキャンペーンで、「スウェーデン革命」を呼びかけている。社会民主党のヒレヴィ・ラルソン、「共和連合」の代表者は言う。「国家元首は国の象徴である。そしてわが国の象徴は民主主義を象徴していない。これはスキャンダルだ」。

いくつかの政党の綱領、たとえば社会民主党の綱領は、王政廃止の意思を明文化している。たしかに伝統的なスウェーデン王国をふつうの共和国にするのは、いつでもできることかもしれない。国会で王政反対派が多数を占め、その決議が次の選挙のあとで承認されれば、カール・グスタフが王位にある日々は長くないだろう。ところがほかならぬ議会の「革命家」たちが、生きているうちに王のいないストックホルムで暮らす望みはなさそうだと感じ数年前に私はスウェーデンの国王にかかるコストとフィンランドの大統領にかかるコストを比べてみた。すでにその時点でもフィンランドの大統領のほうがスウェーデンの国王より高くついた。

エリーザベト・タラス・ワールベリ
スウェーデン王宮広報官

若い人たちのあいだでは共和制の賛成者が多い。近年それがちょっと変わってきた。もっともそれがいつまでつづくかはわからないが。

マッツ・エイナルソン
スウェーデン左派政党
国会議員

ている。「いつかは変わるだろう」とエイナルソンは言う。「しかし残念ながら、いつのことやらわからない」。

いまのところ、その時点はまだ遠い先のことのように見える。王政にたいするスウェーデン人の圧倒的な支持は、とくにベルナドット家の人格的な人気に負っている。金のかかる、尊大な、スキャンダルまみれの王室は、開放的で変化を好むスカンディナヴィアにあっては、生き残るチャンスはほとんどないだろう。だがこの点にかんしては、ベルナドット王家につけいるすきはほとんどない。財政にかんしては王より大統領のほうが安くつくわけではない。国際的に比較すると、スウェーデン王家はまちがいなく諸王家のなかで「貧乏な親戚」なのだ。イギリスのクイーンが約四十億ユーロの資産でぬくぬくと暮らしているとき、親子五人のベルナドット家はわずか二千五百万ユーロほどの財産で満足しなければならない。王室財産のランキングではベルギー、デンマーク、スペインのはるか下に位置している。王室が国から受けとる約一千万ユーロのうち、ほぼ

もちろん王室はつねに脚光を浴びている。しかし王室のなにがメディアで報じられているか見てみるがいい。その99パーセントはどうでもいいことだ。

マッツ・エイナルソン　スウェーデン左派政党国会議員

半分が運営費と城館や宝物の維持費に消える。その残りから国王は、とくに数々の外国訪問と国内での接待行事の費用を捻出する。カーマニアのカール・グスタフが一、二台のスポーツカーに使う小銭は充分にあるにせよ——メルヘンのような豊かな富や無意味な浪費はベルナドット家には縁がない。

だがもっと強力なポイントを稼いでいるのは、王族が友好的かつ開放的に国民と接することだ。ベルナドット王家は言葉の真の意味で手に触れられる王室だ。他の国々の王族が義務による「ロイヤル・ウォークアバウト」で笑顔をつくろいながら二、三の臣民の緊張で湿った手を握るとすれば、ジルヴィアとその家族はしばしば両手をひろげて心をこめて抱擁し、その相手は子供とはかぎらない。とくに王妃ジルヴィアと王女ヴィクトリアは、ほとんどかぎりなくつづく開会式やテープカット、しおれた花束や手作りの素人細工の贈呈にも、心から喜んでいるように見える。たとえポーズだとしても、だれにもそれは見てとれない。王侯は義務づけられている——ときには焼きそこないの花瓶にも感嘆することを。

そんな王家に臣民は固い忠誠をもって報いている。スウェーデンのテレビ局ＳＶＴの王室レポーター、アグネタ・ボルメ・ベリエフォルスは、毎年、新年に放送される『王室の一年』の視聴率の高さに、いつもながらびっくりする。この一時間番組が放映するのは、前年の王族たちの優雅な映像にほかならない。「私たちは王室をごく幼いころから知っています」と、この女性レポーターは述べる。「王族は私たちにとって親戚のようなものです。私たちよりちょっぴり金持ちの親戚」。テニスの元スタープレーヤー、ステファン・エドベリのような人気者も、王室の話になると目を輝かす。「われわれは王族をずっと前から個人的に知ってると思いこんでるんだ。王室のことはしょっちゅう読んでるからね」と彼はインタビューで答える。「でも実際に王族と対面するのは、ものすごいことなんだ。ぼくみたいな人間にとってても」。

それでもなお――スウェーデンの君主制は薄氷の上を歩んでいる。後継王女のヴィクトリアは王位に即く資格のある、責任を自覚した人物と認められている。彼女がやがて即位することに、本気で疑いをさしはさむ声は聞かれない。しかし彼女の子供もストックホルムの王宮で王冠に宣誓できるかどうかは予断を許さない。というのは、もし王がきちんと仕事をしなければ、たちまち自由なスウェーデン人はもうひとつのスウェーデンの特性を発揮しかねないからだ。それは確固たる伝統といえども、なんの感傷

王族はゆりかごから墓場までマスコミにとりあげられる。まさにぼくも10年から15年ほどそれを体験した。だからぼくは王族になるなんてまっぴらごめんだ。

ステファン・エドベリ　テニスの元スタープレーヤー

もなく歴史のごみためために投げ捨ててしまうだろう。

このようななまぐさい問題は、一九七二年八月にミュンヘン・オリンピックの貴賓席でいちゃついていたふたりの若い男女には、まだずっと先の話だった。カール・グスタフはヨーロッパでいちばん引く手あまたの独身男のひとりであり、その評判は当時から世間をにぎわせていた。スウェーデン王子がらみで噂される数々の情事は、すでに多くのゴシップ雑誌に満載されていた。「あのころの王子はちょっとした浮かれものだった」とパウル・ザーナーは回想する。「彼のためにひと役演じた女はいっぱいいた。どうやら王子はひとまず経験を積みたかったんじゃないか」。噂がどこまで当たっているかはべつにして――いずれにしても皇太子はあくまでも自覚した騎士であり、いったん目をつけた美しい獲物を取り逃がすつもりはなかった。つぎの出会いの場はヴィリー・ダウメが催した公式のレセプション、そこでふたりはあらためて紹介された。そして公式の賓客たちが辞去してからも、ジルヴィアとカール・グスタフはその晩、ミュンヘンの高級ディスコ「キンキ」で交歓を延長した。さらにオリンピック開会中になにがあったかは、関係者の秘密のままだ。なにがあったにせよ、王子はミュンヘン滞在中に、一族へのジルヴィアの表敬訪問をアレンジした。カール・グスタフの義理の兄弟、ホーエンツォレルン家のヨハン・ゲオルクは、王子の叔父ベルティル公の屋敷でともにした食事のことを、いまでもよく覚えている。「彼は言った、『ぼくは女性をひとり連れて行く。名前はジルヴィア。みんなに彼女を紹介したいん私たちがこっそり会いたいときは、よく私たちはかつらと眼鏡で変装して出かけました。一度、ふたりの女の友人にばったり出会ったことがあります。最初の瞬間、彼女たちは私たちをまったく見分けられなかったんじゃないかしら。

ジルヴィア　2001年

だ』と」。ついにふたりがいっしょに現われたとき、列席の王族たちはたいへん面白がった。「われわれはみんな、なんというか、開いた口がふさがらなかった」とヨハン・ゲオルクはいまでもにやっと笑う。「彼はすっかり惚れこんでいたよ」。カール・グスタフの親友、レオポルト・フォン・バイエルンも、単なる情事を超えるものがここで進行していることを、すぐさま見抜いた。「ぼくのように彼をよく知っていれば、彼が熱くなれば気がつくよ。たしかにあのときは熱くなっていたな」。

そのあとは人目につかない場所での密会がつづいた。偽装を維持することに一族は積極的に協力した。「ふたりがグリュンヴァルトの外側にあるぼくの屋敷で会ったのは、人目につかずに裏から入れるからだった」とヨハン・ゲオルク・フォン・ホーエンツォレルンは語る。「すべてが探偵小説みたいだった」。ジルヴィアがスウェーデンにいるカール・グスタフに会いにいくときは、大きなサングラスとブロンドのかつらで変装した。報道機関に気づかれずに、彼女はその後も通常の生活をミュンヘン＝ミルベルツホーフェンにある三十五平米のキッチン付きワンルームマンショ私が彼女を知ったのは記者会見の席で、そのとき彼女はオリンピック・コンパニオンだった。当時のNOC会長ヴィリー・ダウメが私に言った。「あの娘に注目しろ、あれは最高だぞ。ほかにも二、三、非常に優秀なコンパニオンはいるが、あの娘は」——そこで片目をつぶり——「王妃になれる玉だよ」。私はすぐさまたずねた。「どうして？　なにか知ってるのかい？」。彼はこう答えた。「いや、いや。ただ彼女は王侯のような気品が身についてるってことさ。王侯らしさが」。

パウル・ザーナー　ジャーナリスト

ンで送った。かくれんぼがうまくいったのは、ジルヴィアが国際的な有名人社会の一員ではなかったからでもある。このミュンヘン娘の裏に未来のスウェーデン王妃を推測するリポーターはひとりもいなかっただろう。一九七三年七月までは。

バルト海のエーランド島——その沿岸のソリデンにある王家の別荘でジルヴィアとカール・グスタフは休暇を過ごしていた——のガソリンスタンドで、かくれんぼはおしまいになった。ある目はしの利くカメラマンが、メタリックブルーのポルシェ＝タルガに乗ったスウェーデン皇太子を見つけ、シャッターを押した。現像すると、くっきりとジルヴィア・ゾンマーラートが写っていた。数日後には、これまで未知だった美女の名前が新聞雑誌に載った。

その女性の身元を確認するのはちっともむずかしくなかった。なぜならジルヴィアはオリンピック委員会の仕事をその後もつづけ、一九七六年、当初デンヴァーで開催される予定だったが結局インスブルックで開かれた冬のオリンピックのための儀典部門で、副主任を務めていたからだ。彼女の職場はしつこい問い合わせをシャットアウトするためにあらゆる手を打ったが、すでにその時点でジルヴィア・ゾンマーラートは世界のプレスの脚光をいやおうなく浴びることになった。たちまち目前の婚約やら告示された結婚式の日取りやらの噂が広まった。

もっとも宮廷は伝統的な貴族の対応法にしたがった――「ノーコメント」。というのはベルナドット家の伝統にしたがえば、幸福な王子の道には重大な障害があった。ベルナドット家の王子は同じ身分の女性との結婚しか許されず、それに反した場合はすべての貴族の称号を失う。すでに厳格な家父長グスタフ・アドルフ六世王は、ふたりの息子が心の声にしたがったとき、いっさいの称号を剥奪《はくだつ》していた。シグヴァルド王子はベルリンの平民女性と結婚し、それからは「ベルナドット」の姓しか名乗れなくなった。カール・ヨハン王子はスウェーデンの女性ジャーナリストのために称号を捨てた。のちにボーデン湖の花の島マイナウの主となる王の甥のレナルト公も、身分ちがいの花嫁のせいで老王の逆鱗《げきりん》に触れ、結婚式の日から王族の称号と権利を失った。孫のカール・グスタフとならんで王位継承権をもつ息子のベルティル王子は、王族の運命にしたがい、イギリスの女性芸人リリアン・クレイグとの結婚を断念した。ふたりがカップルであることは公然の秘密だが、公式にはミス・クレイグはベルティル公の「家政婦」とされている。では皇太子カール・グスタフは？　彼もまた、将来の妻と心に決めた女性は平民だった。

ジルヴィア・ゾンマーラートは一九四三年十二月二十三日にハイデルベルクで生まれた。三人私には3人の兄がいます。12月23日に私が生まれたとき、両親は大喜びでした。私はずっと末っ子で、みんなから甘やかされました。

ジルヴィア

彼女はガリ勉タイプではなく、言葉をやすやすと習得しました。その点ではジルヴィアは小さな天才でした。

マリア・セシリア・モーゼス
サン・パウロの
ジルヴィアの教師

初の息子、ラルフ、ヴァルター・ジュニア、イェルクのあと、ゾンマーラートの娘を得て両親は喜んだ。父親のヴァルター・ゾンマーラートは母親と一九二四年にブラジルのリオ・デ・ジャネイロの浜辺で知り合った。当時十七歳だったサン・パウロ出身のアリス・デ・トレドはコパカバーナで休暇を過ごし、そこで鉄鋼会社の仕事でブラジルに赴任してきた五歳上のハイデルベルク出身のドイツ人と出会った。一年後アリスとヴァルターは結婚し、ふたりの息子、ラルフとヴァルターをもうけた。一九三七年に家族はドイツに引きあげ、一九四一年にベルリンで三男のイェルクが生まれた。ベルリンの戦況がきな臭くなると、ゾンマーラート一家は父親ヴァルターの故郷の町、ハイデルベルクに引っ越し、そこで末っ子のジルヴィアが六人家族を完成した。

一九四六年、ヴァルター・ゾンマーラートの仕事でふたたび家族はブラジルにおもむき、戦時下に転居を重ねたすえに、ようやくゾンマーラート家に落ち着いた生活が訪れた。子供たちはドイツでも母親とポルトガル語で話していたので、まわりの言語が変わっても平気だった。幼いジルヴィアはドイツ語とそれに対応するポルトガル語をやすやすと組み合わせた。たとえば水（ドイツ語でヴァッサー）がポルトガル語と結びついて「ヴァッサーアグア」になっても、家族にはなんの支障もなかった。

六歳でジルヴィアはサン・パウロのドイツ学校に入学し、そこでも二カ国語で授業を受けた。母方のにぎやかな大家族との生活は、いまでもジルヴィアの楽しい思い出だ。夏になると何ダースものいとこたちがアリスの親戚のコーヒー農園に集合し、ジルヴィアの遊び友達になった。遊んでくれる子供がいなくても、オマキザルの「ミッキー」がいて、このペットのことをジルヴィアは、のちに自分の子供たちによく話して聞かせた。

一九五七年秋にヴァルター・ゾンマーラートは新たな職を提供された。スウェーデンの鉄鋼企業ウッデホルム社の用命で、一家はドイツに帰還した。今回はデュッセルドルフが赴任先になった。だがブラジルで過ごした子供時代は、いまのスウェーデン王妃に刻みこまれている。

子供のころ私は長くブラジルで暮らしました。そこの白い砂浜で、父が私に感動的な方法で教えてくれたことがあります。雪をさわるとどんな感じがするか。父は私に目を閉じさせて、さらさらした砂の上に連れて行きました。「こんな感じがするんだよ、雪は。ただ冷たいだけでね」と父は言いました。

ジルヴィア

いま私は、私の国をつづく三世代の善き手にゆだねうることとなり、あの世へと旅立つ準備ができる。

国王グスタフ5世
カール・グスタフの誕生後

神様、今度は男の子をお授けください。このあとまた子供を懐胎するほど、自分が健康でいられるかどうか、私にはわかりません。

カール・グスタフ誕生前の
ジビラ妃の日記

「彼女はドイツの理性とスウェーデンの魂をそなえています」とブラジルの友人ロサナ・カルマゴは言う。「でも心はブラジルのものです。あのカリスマ性と人とつきあうときのオープンな態度は、母親から受け継いだものです。これは習って覚えるものではありません」。

ゾンマーラート家がブラジルに行った年に、スウェーデンの王宮でもおめでたがあった。一九四六年四月三十日、ストックホルムで百一発の祝砲が、ベルナドット家で長く待たれていた王位継承者の誕生を告げた。皇太孫のグスタフ・アドルフと妃ジビラはすでに四人の娘、マルガレーテ、ビルギッタ、デジレ、クリスティナをもうけていたが、スウェーデン王位は男系にしか相続されないので、長年にわたって息子の誕生が待たれていた。カール・グスタフ・フォルケ・フベルトゥスと命名された男の子は、気楽な子供時代を過ごせるだろう。なにしろ誕生の時点では四番目の継承者にすぎなかったから。王位には曾祖父のグスタフ五世が即いていて、そのあとを継ぐのは祖父のグスタフ・アドルフ、そのまたあとは同名の息子で新生児の父親グスタフ・アドルフが継ぐはずだ。カール・グスタフが義務を負わされるのは父の死後のことになる。ベルナドット一族はたいへん長寿に恵まれているので、そうなるのはまだ何十年も先のことだ——と思われた。

ところが一九四七年一月二十六日、皇太孫の乗った飛行機がコペンハーゲンで墜落した。オランダの後継王女の夫君ベルンハルトから狩りの催しに招かれ、帰国する途上のできごとだった。事故の原因は解明されなかった。皇太孫の死はスウェーデン王位の継承順位にすき間をあけた。すでに九十歳になる現王グスタフ五世の死は予測できる時期にきていた。その息子もすでに六十四歳。その次に王になる順番が、いまやカール・グスタフにまわってきたのだ——生後九カ月で。

夫の悲劇的な事故死のあと、ジビラ妃は五人の子供とともに、ストックホルムの郊外にあるハーガ城にひきこもった。彼女のスウェーデン国民にたいする態度はどっちみちクールなものだった。ザクセン・コーブルク・ゴータ家から嫁いだドイツ人のジビラはあまりスウェーデン語を話さず、自分の新たな故国にそれほど興味はなかった。そのうえ悪いことに皇太孫グスタフ・アドルフとの結婚式は、ナチスが政権に就く直前の一九三二年にドイツのコーブルクで行なわれた。この町が婚礼に際し

唯一の息子にたいする母の愛はかぎりなく大きかった。しかし子供はすばやく自立して、4人の姉妹、母親、家庭教師に反抗するようになった。

ヨーハン・ゲオルク・フォン・ホーエンツォレルン
カール・グスタフ16世の義兄

てハーケンクロイツ旗で飾られたことを、スウェーデン人はもっぱらジビラ個人のせいにした。第二次世界大戦中も彼女はしばしば親ドイツ的態度をとがめられた。その彼女がいまスウェーデン王室に跡継ぎを贈ったことで、多少は敬意を表されたものの、実際にはその後もスウェーデン人に好感をもたれることはなかった。

ハーガ城での生活には社交の機会がほとんどなかった。ジビラ妃はたいていの招待や祝祭を避けて、子供たちの教育に専念し、子守兼家庭教師のイングリッド・ビョルベリとともにみずから養育に当たった。とはいえジビラ妃は子供たちの幼年期をある程度まで世間に公表させた。この時代の「宮廷の日常生活」を撮影したおびただしい数のフィルムが残っている。姉たちに抱かれてキスされる赤ちゃんのカール・グスタフ、ゆりかごのカール・グスタフ、よちよち歩きのカール・グスタフ。のちには通学時に下級生を先導するカール・グスタフ、運動会で活躍したり、子供用自動車を果敢に運転するカール・グスタフも撮影されている。これらのフィルムに見える王子は、おおむね非常に快活な印象を受ける。しかし王子を個人的に知る人びとは、むしろ内気でおずおずした子供だったという印象をもっている。「はじめ彼はとても内向的だった」と長年親交のあったレオポルト・フォン・バイエルンは回想する。「自分の殻を破ることはめったになかった。たいていは黙って人のすることを見ていたな」。

ハーガ宮殿が改築されることになり、家族はやむをえずストックホルムの王宮に移ったが、そこに王子のために幼稚園が設けられた。それによって大いに世界が広まったことは、それまで女ジビラ妃は非常に困難な状況にあった。夫が1947年に事故で亡くなったので、彼女は女手ひとつで幼い王子の養育にあたった。しかも彼女はドイツ人であり、あの時代にドイツ人であることは、スウェーデンのみならず、というかスウェーデンにおいても、非常な困難をともなった。そのうえ彼女の父、ザクセン・コーブルク公爵はヒトラーと親しく、地位も占めていた。そのすべてが若く美しいジビラ妃への重圧になった。

ヨーハン・ゲオルク・フォン・ホーエンツォレルン

ばかりの世界しか知らなかった幼いカール・グスタフにとって、けっして些細なことではなかった。王子をエリート寄宿学校に送るという、当初の計画は破棄され、少年カール・グスタフはふつうの公立学校に通うことになった。本人が語るところによれば、カール・グスタフは優等生ではなかった。読み書きがひどく苦手で、教科書を理解するのに苦労した。それでも一九六六年にまずまずの成績で高校を卒業できたことに、ほかならぬ本人が驚いた。そのあとの教育課程は完全にカール・グスタフ個人に合わせてセットされた。「彼は君主になるべく教育された」とヨハン・ゲオルク・フォン・ホーエンツォレルンは語る。「お手本は老王しかおらず、王は彼を良き後継者にすることに専念した」。

高校を卒業すると、王子は士官候補生としてスウェーデン艦隊に乗り組んだ。つぎの教程は陸軍と空軍。最後にウプサラ大学で王位継承者に必要な学問——経済学、政治学、社会学、歴史学が待っていた。

この時期に、のちの王妃ジルヴィア・ゾンマーラートも学校教育を修了した。家族がドイツに帰還すると、ジルヴィアはデュッセルドルフの女子高校に通い、一九六三年に優秀な成績で卒業した。二十歳になってミュンヘンの通訳専門学校に通う。もともとバイリンガルだったジルヴィアは、他のヨーロッパの言語もやすやすと習得した。一九七〇年にオリンピック委員会に職を得たとき、すでにジルヴィアは五カ国語をものにしていて、新しい仕事は彼女のためにあるようなものだった。八千人を超える若い女性がオリンピックの職場に応募し、千四百人が採用され、ジルヴィアはミュンヘン・オリンピック大会中の十人の主任コンパニオンのひとりに選ばれ、おもに高位の国賓の応接に当たることになった。この大会準備期間のテレビ映像は、いまでもストックホルムの王宮で家族の哄笑をひきおこしているという。ぴかぴかの青い民族衣装《ディアンドル》、純白のストッキングをぴしっと膝まで履いて、ジルヴィアは同僚の女性とともにミュンヘンを行進し、町の名所の前で華やかにポーズをとり、新オリンピック競技場の建設風景を紹介する。圧巻はロベルト・レムケが司会する職業当てのショー番組『私は何でしょう?』だ。レムケはオリンピック開会の一年前にコンパニオンの総監督エミー・シュヴァーベをゲストに招き、魅力的な若いレディたちを登場させ、スタジオの観客にプレゼントを配らせた。「会場の皆さん、コンパニオンの方々は頭

あのころ私は想像もしていませんでした。私の人生がもっと強烈に、もっと印象豊かになるなんて。

ジルヴィア

オリンピック・コンパニオン時代について

彼女はすでに当時から非常に威厳があり、非常に気品があり、非常に開放的だった。

エドゥアルド・フォン・アンハルト
60年代からのジルヴィアの知り合い

彼女はマネジャーとして信じられないほど強靱な女性だった。みんなを引っ張っていける主任コンパニオンだった。

パウル・ザーナー
ジャーナリスト

数をきちんと数えています」とレムケはジョークをとばした。「だからご遠慮にはおよびません」。

たしかにコンパニオンの仕事は観衆の目の保養だけではなかった。彼女らは大会の準備活動に組みこまれ、支障なく進行するよう心がけた。多くのコンパニオンが優れた組織能力を発揮したが、ジルヴィア・ゾンマーラートは、多くの関係者が認めているように、当初からきわだっていた。「あの娘《こ》に注目しろ」とNOC委員長ヴィリー・ダウメが言ったと、ジャーナリストのパウル・ザーナーは述べている。「あれは特別だ」と。オリンピック大会のチーフ解説者だったヨアヒム・フクスベルガーも、コンパニオンのジルヴィアを思い出すとうっとりする。「彼女にはなにかがあった。男たちはみんな——オリンピックのころのわれわれはかなりがさつ者だったが——彼女が居合わせると、とたんにお行儀よくなったもんだ」。とくによく覚えているのは、IOC会長アヴェリー・ブランデージを応援したときのことだ。そのときジルヴィアはあまりにもすることが多くて、帰りのバスのなかではすっかり疲れ果てていた。「彼女は王侯の頭をぼくの肩に寄せて、す彼女はさまざまな国々での生活を通して人生経験を積んでいました。

エーレンガルト・フォン・プロイセン
オリンピック・コンパニオン時代のジルヴィアの同僚

やすや眠りこんでしまったよ」とフクスベルガーはにやにや笑って回想する。

もっとも、いかなる王侯の頭がオリンピック大会中にジルヴィアの肩に寄せられたのか、それを察知したオリンピック関係者はいない。「ジルヴィアって女性にはゴシップの種が全然なかった」とフクスベルガーは言う。「彼女はどこか超然としていたな」。

スウェーデン皇太子との関係が一九七三年の夏から広く知られるようになっても、ジルヴィアは完璧な沈黙を守った。彼女自身はいっさいのインタビューや質問に応じず、友人と家族も口を閉ざしつづけた。どっちみち結婚は考えられなかった。そのためにカール・グスタフが王位継承権を失うおそれがあったから。もっとも——配偶者を同身分にかぎるベルナドット家の厳格な規則にもひとつだけ例外があった。王自身は望む女性と結婚できる。

もし王が望めば……。

一九七三年九月十五日、国王グスタフ・アドルフ六世が九十歳でヘルシングボリで崩御した。そして古来のしきたり、「王は死んだ、王様ばんざい!」にのっとって、まもなく新たな君主、カール・グスタフ十六世が、ストックホルムの王宮のバルコニーに姿を現わした。国民は新王に「ばんざい」を歓呼した。古来の戴冠式は数世代前に廃止されたので、カール・グスタフはストックホルムの王宮の大広間で銀の玉座にすわり、スウェーデン国民に忠誠を誓った。治世のモットーには「時代とともに、スウェーデンのために」という言葉が選ばれた。

二十七歳になったばかりの国王は、スウェーデン王朝の歴史を引き継いだが、それはすでに千年を超える伝統があった。スウェーデン君主の名は十世紀末から知られている。この時代のスウェーデン王は純然たる選挙君主、すなわち貴族が自分たちのなかから玉座に「最もふさわしい人物」を選んだ。その王が死ぬと、ふたたび選挙が行なわれた。初めてグスタフ・ヴァーサ――今日でも「ヴァーサ・レース」、約九十キロにおよぶ長距離スキーレースがその名を偲んでいる――が、スウェーデンに世襲王政をもちこんだ。彼は一五二一年に国土をデンマークの宗主権から解放した。それまでは一三九七年に成立したデンマークを盟主とするカルマル同盟の支配下にあった。ヴァーサ王朝の最も有名な君主は初代の孫のグスタフ・アドルフ二世だ。「北方の獅子王」と恐れられたグスタフ・アドルフは、ロシアとポーランドとの戦争でバルト海周

彼はあの立派な老王以外の模範を知らなかった。彼はすばらしい教育を受けた。彼は国王となるべくきちんと教育された。

ヨーハン・ゲオルク・フォン・ホーエンツォレルン
カール・グスタフ16世の義兄

私のモットーは「時代とともに、スウェーデンのために」である。私はこれを、スウェーデンに幸福な発展をもたらすアピールと理解したい。

カール・グスタフ

辺地域の覇権を確立し、三十年戦争での傑出した役割によって歴史に決定的な位置を占めた。一六三〇年、スウェーデン軍を率いて威風堂々とポンメルンに上陸し、ヨーロッパを不安と恐怖におとしいれた。一六三二年、リュッツェンの戦いで戦死。不滅と讃えられたスウェーデン王の死は、それ以来さまざまな伝説を生み、戯曲や小説の題材になっている。

グスタフ・アドルフ二世の後継者、クリスティナ王女は、この時点で六歳になったばかりだった。幼女に代わって宰相アレクス・オクセンシエルナ以下の摂政会議が王国を治め、摂政期間はいささかエキセントリックな若い女王が自立するまでつづいた。クリスティナはアンファン・テリブルとして歴史に登場し、スウェーデンの薄暗い城館よりもヨーロッパじゅうに住居を転々とする冒険的生活を優先した。ついに彼女は悔いもなく王位をいとこにゆずり、それからはもっぱら旅を楽しんだ。彼女はその波瀾に富んだ生涯がアウグスト・ストリンドベリの戯曲となって名を不朽のものとし、ハリウッド映画でグレタ・ガルボが移り気なスウェーデン女王を有名にした。

クリスティナをもってスウェーデン王位上のヴァーサ家の歴史は終わった。そのあとにプファルツ・ツヴァイブリュッケン家、ヘッセン・カッセル家、ホルシュタイン・ゴットルプ家の王がつづいた。後続する数十年は、王室と、しだいに国の統治に参画する権利をかちとってきた階級との闘いに刻印されている。一八〇九年、ついに憲法が発効し、権力は事実上国会と国王に二分されたが、国家元首としての王の地位はゆるぎなかった。しかしスウェーデン王国が新たに獲得した安定を長く享受できなかったのは、現王カール十三世に後継者がいなかったからだ。ではど

カール・グスタフ王はいまでも自分の名前を正確に書けない。正しい綴りは「Carl Gustaf」だが、それが「Cal Gustf」になったり「Car Gstuf」になったり。「王」のスウェーデン語は「Kung」だが、彼が書くと「Knug」や「Gunk」になる。彼は用意された原稿をまちがわずに読むのも苦手だ。そこで彼は原稿をすっかり暗記して、読んでいるようなふりをする。学校時代に皇太子は低能という噂が立ったのも不思議ではない。

アルフ・シュミット　貴族界の消息通

うするか？　スウェーデン人はプラグマティックに、歴史上経験ずみの方法を決断した。「ふさわしい」後継者をさがしだし、その人物にスウェーデン王位を提供することにした。最終的に選ばれたのはジャン・バプティスト・ベルナドット——ナポレオンの元帥だった。この軍人はナポレオンの数々の戦争において有能な司令官として頭角を現わした。ベルナドットを迎えることによって、スウェーデン人は権勢欲旺盛なフランス皇帝との良好な関係を期待した。だがこの点にかんしては、後継者さがしの調査にいささか不備があった。というのは、ほかならぬジャン・バプティストがもはやナポレオンとの良好な関係を失っていたのだ。そのかわり彼はナポレオンの元恋人デジレ・クラリーと親密な関係を結んだ。元帥は皇帝のかつての婚約者と結婚し、それをナポレオンは——ちまたの噂では——けっして許さなかった。おまけにベルナドットは堂々たる偉丈夫で、それがコルシカ出身の小男ナポレオンにひけめを感じさせ、しかも軍事的才能にかんしては同等だった。それでも皇帝はスウェーデン人の決定を了承し、スウェーデン国会は一八〇九年にベルナドットをカール十三世の皇太子に選び、ベルナドットは一八一八年に先王の跡を継いだ。

ジャン・バプティストはスウェーデン風に改名して、カール・ヨハン十四世として王位に即いたが、妻のデジレ——スウェーデン人は「デジデリア」と呼んだ——ともども、初めは新しい北方の郷土になかなかなじめなかった。とくにマルセイユ生まれのデジレは寒い気候に耐えられず、妃になっても初めの十二年間を、もっぱら日当たりのいいフランスで過ごしたほどだ。夫のほうも環境に慣れるのがむずかしかった。陛下はスウェーデンのメニューを召し上がらない、なんて噂が立った。食卓の料理があまりにも気に入らないときは、やわらかく茹でた卵を持ってこさせたという。これなら、ご存知のように、それほど当たりはずれはないから。このエピソードから、王の席にはつねに卵入れを置くという、今日までつづく食卓の慣習が生まれた。もっと驚く話がベルナドット家の初代の王について伝わっている。それによれば王は身近な従者にも裸の上半身を見せなかったという。推測できる理由。ベルナドットの胸にはフランス革命時代に彫った入れ墨があり、そこには「モール・オー・ロワ」——「王に死を」と書かれていたから。

ナポレオンの猛将をスウェーデン人が国王に推戴したのは、まさしくその軍事能力に期待したからだが、逆説的なことに、この軍人王は国に長くつづく平和をもたらした。一度だけ——ライプツィヒの諸国民戦争に——ベルナドットはスウェーデン軍を率いて参戦した。それ以来、このスカンディナヴィアの王国は一度も戦争に参加していない。二十世紀の二度の世界大戦にも、スウェーデンは中立の原則から逸脱しなかった。

ジャン・バプティストの息子、オスカル一世が一八四四年に王位を継ぎ、国の経済・社会改革がはじまった。彼とその後継者カール十五世のもとで、スウェーデンは遅れた農業国から工業社会への転換を体験する。ベルナドット家としては四代目のスウェーデン王、オスカル二世は、そのころには「古流」を守る最後の王になっていた。彼は大権の保持者としての儀礼や演出を好んだが、国会の政策にたいする影響力はごくわずかなものになった。一八七三年にストックホルムで行なわれた戴冠式では、いまいちど王侯の華麗な小道具がすべて持ち出されたが、そのあと王冠はショーケースのなかに飾られるのみとなる。オスカルの後継者はだれひとり古来の儀礼にこだわらなかった。

しかし国王に残された権利をベルナドット家はしっかり保持した。一九〇七年に即位したグスタフ五世は、いわゆる「王宮広場の演説」によって王権の最後の意地を見せた。一九一四年、国王はリベラルな政府の意思に反して軍備の強化に賛成し、そのために三万余の農民をストックホルムの王宮に呼び寄せ、演説をぶって歓呼を浴びたのだ。これは政府の決定に反対し、国に王の意思を押しつけようとする、スウェーデン国王としては最後の重要なこころみになった。しかしグスタフ五世は時代の変化をよく認識していなかった。彼の演説は憲政の危機をひきおこし、このとき初めて王政廃止の要求も声高になった。一九一四年八月に第一次世界大戦が勃発すると、スウェーデンの防衛力にたいする国王の危惧が立証され、騒ぎはおさまった。しかしスウェーデンの政治への介入を、王は二度と行なわなかった。もっともグスタフ五世の生涯はさまざまな噂やゴシップも提供した。当初から王のホモセクシュアルの傾向はほとんど隠されていなかった。王妃はそれを受けいれ、自分もスウェーデンの医師、アクセル・ムンテを愛人にして、そのことは宮廷で黙認されていた。四十三年間にわたってグスタフ五世は国家元首の地位にあり、その間に普通選挙の導入や、議会での社会民主党の勝利も体験した。同党はそれ以来スウェーデンの支配的な政党になり、社会福祉国家スウェーデンを築きあげ、国民はゆりかごから墓場まで国に保証されることになる。

すでに第一次世界大戦で中立を守ったように、スウェーデンは第二次大戦でも公式に中立をつらぬいた。それでもノルウェーからフィンランドに進軍するドイツ軍の国内通過を容認せざるをえず、また鉄鉱石の輸出によってナチス・ドイツを間接的に支援した。王室の態度にもときおり中立を疑わせるものがあった。グスタフ五世は著名なナチス要人とのコンタクトを絶やさず、一九三九年二月には空軍司令官ヘルマン・ゲーリングに、スウェーデン最高の軍事勲章、剣友騎士団大十字章を授与することまでしている。近年になってスウェーデンでも第二次大戦中の自国の役割にかんする見なおしがはじまり、固く中立を守った平和愛好国スウェーデンという、これまで言いならわされてきた神話にひびが入った。

グスタフ五世は一九五〇年十月二十九日、ドロットニングホルム城で九十三歳の長い生涯を終えた。王位を継いだ息子も高齢だった。グスタフ・アドルフ六世、六十七歳。彼の役割は憲法を大幅に変えることになるだろう。なにしろいまだに公式に生きている古くさい憲法は一八〇九年に発効したもので、それによれば君主が国の統治者とされていた。組閣も、閣僚の任命も、閣議の議長も、軍の統帥権も、あいかわらず国王の大権だった。そのころスウェーデンの憲法はヨーロッパでいちばん古く、世界でそれより古いのはアメリカの憲法だけだった。たしかに時代とともに君主が積極的に政治にかかわることはなくなったが、それでも理論的にはそうするチャンスが王にはあった。

新憲法はその点をはっきりさせなければならない。こうして従来の二院制議会は今日の国会に統合された。だが緊急の問題がスウェーデンで熱い論議の的になった。国王をどうするか？

もっとも優勢な党派、社会民主党の意思が通れば、ベルナドット王家は荷物をまとめて王宮から出ていくしかないが、もっとも急進的な共和主義者の目にさえ、そこまで踏みこむと憤激の嵐が巻き起こるのは明らかだった。「スウェーデン人は大統領を望まなかった――おおむね国民は王を保持したがった」と歴史家のディック・ハリソンは述べている。長年首相を務めたイングヴァル・カールソンは、当時の憲法審議会が出した解決策にいまでも満足している。「われわれは妥協を決断した。王政は存続するが、国王はすべての政治権力を失った」。

この新憲法下の最初の国王がカール・グスタフ十六世だ。彼は一九七三年に祖父の跡を継いで即位した。その王としての役割は憲法改正の日からたいへんわかりやすくなった。国王は国会の開会を宣し、国政顧問会議に出座してアクチュアルな問題について情報を受け、大使の信任状を発し、軍の最高の地位にあるが、もちろん軍にたいする命令権はない。

世界の他の君主にくらべると、スウェーデンの王室はこの新憲法によって完全な権力喪失の穴ぐらに追いやられてしまった。政治に参与する権利は他の国々の王室でも形式的なものになっているにせよ、いまなお残されている。たとえばイギリスでは女王が署名しなければ法律は発効しないし、ノルウェーの国王でさえ議会の決定にたいする一時的な拒否権をもっていて、毎週の閣議にも参加している。それにたいしてスウェーデンの国王は、政治上の態度表明と思われかねない公式発言をきびしく禁止されている。

ベルナドット王家は、どっちみち変えることができず、変えるつもりもなさそうな事態を受けいれた。「王室もこの解決策に満足しているという印象を私はもった」とイングヴァル・カールソンは言う。「われわれが古い原則（王政廃止）に固執していたら、事態は非常に紛糾したことだろう。王室がなにをす

国王はなかなか決断できなかった。彼女が妻にふさわしいことはわかっていたし、姉たちも「ジルヴィアを逃がしちゃだめよ」と言っていた。しかし当時の彼はまだとても若かった。そして「嫁をとるならじっくり調べろ、もっといいのがいるんじゃないか」ということわざはスウェーデンにもある。明らかに彼は、ジルヴィアとの結婚をきめる前に、もうすこしあちこち見まわしたかったのだ。

パウル・ザーナー　ジャーナリスト

私はここにいることをとても喜んでいます。私は私の人生と愛を私の将来の夫と私の新しい国の人びとに捧げます。私はいつでもどこでも、私のなしうるかぎり、尽くしたいと思います。

ジルヴィア　1976年3月12日

こちらは、私が愛し、私が結婚し、私が生涯を共にしたい女性です。

カール・グスタフ
1976年3月12日

べきで、なにをすべきでないか、いまでは明確に定義されており、そのことを議会も王室も歓迎している」。

スウェーデン国王グスタフ・アドルフの公的生活の進路は新憲法で規定されている――私生活の進路にリベラルな憲法は口出ししない。王が平民と結婚しようと知ったことではない。もっとも王がそれを本当に望んでいるかどうかは、はっきりしなかった。たしかにジルヴィア・ゾンマーラートは例のポルシェの写真以来、カール・グスタフの恋人と目《もく》されていたが、彼女が公式に王のかたわらに登場することはなかった。レポーターやパパラッチはあの手この手で、この若い女性が王のもとへ、あるいは王とともに旅行するのを探知しようとした。一九七三年の大晦日をベルナドット家はストックホルムで祝った。いち早く「国王婚約か?」と、あるスウェーデンの日刊新聞は報じた。一九七四年三月に、またもやよく売れる写真が現われた。ツェルマットでスキー休暇中のジルヴィアとカール・グスタフが発見されたのだ。ジルヴィアがまとったスカーフも、大きな眼鏡も、宿帳の偽名も、なんの役にも立たなかった。つぎの冬はスキー中のクロスターズで、復活祭にはノルウェーで、ペアの姿が望見され、一九七五年夏にはカール・グスタフのモーターヨット「グリーン・ビーム」がジルヴィアを乗せてスウェーデン沖を航行した。しかしいちばん知りたいことは、あいかわらず疑問のままだった。

そして一九七六年三月十二日、ヨーロッパじゅうのロイヤル・ファンはふうっとため息をついた。カール・グスタフがストックホルムでジルヴィアとともに記者会見を行ない、ふたりの婚約を発表したのだ。記者の質問に未来の王妃はまだすこしたどたどしいスウェーデン語で、とても幸せです——ほかになんと言えばいい？——と答えた。実際、若いカップルは熱烈に愛し合っているように見え、とりわけ、とてもリラックスしていた。明らかに考え抜いたすえの決断らしく、ふたりともまったく落ち着きはらっていた——もっとも時間は切迫していて、三ヵ月後には婚礼の鐘が鳴ることになっていたけれども。

そのあとは一瀉千里に進行した。もう百九十七年にわたり、ストックホルムで国王の結婚式が催されることはなかった。その間のスウェーデン王はいずれも高齢になって即位したから。このような大祝典をどのように挙行すればよいのか、それを実際に経験したものは宮廷にひとりもいなかった。それだけに宮廷関係者はいっそう熱中して準備に没頭した。花嫁の故国でも王妃の輸出からなにかを得ようとした。「ドイツ人はジルヴィアに代替クイーンを見いだした」とパウル・ザーナーは言う。そのころザーナーは週刊誌『ブンテ』に十二回の連載記事を書き、結婚式まで一週間ごとに詳細なルポルタージュを載せた。「結婚式まであと十二週間」「……あと十週間」

もちろんすばらしいことでした。アバが私にこのセレナードを贈ってくれて、しかも大ヒット曲になったことは。

ジルヴィア

それはこの晩にぴったりの歌だった。われわれが舞台に上がると、みんな本当にびっくりした。

アンニ・フリード・レウス
アバ

と題した特集記事は読者の熱狂的反響を呼び起こした。もちろんそこにはさまざまな秘話も満載されていて、ストックホルムの宮廷は苦い顔をしたことだろう。たとえば男友達にかこまれたビキニ姿の花嫁の写真や、このハイデルベルク娘に失恋した元ボーイフレンドの告白等々。花婿も無事にはすまなかった。なにしろカール・グスタフがあれこれの美女と親しげにしている写真はいくらでもあったから。しかし実際のスキャンダルはいっこうに暴かれず、スウェーデンとドイツの王室ファンは心おきなく当年最大の結婚式を祝うことができた。「結婚プレゼントの代わりに障害者スポーツ支援のために寄付金を」とジルヴィアとカール・グスタフが要請したにもかかわらず、やはり善意の贈り物を完全にはとめられなかった。あるフランスの薔薇栽培者は最新作の茎の長い薔薇に「クイーン・ジルヴィア」と命名し、スウェーデンの小企業連盟はあからさまに、ナショナルカラーの青と黄のゆりかごを送りつけた。ドイツのポップ音楽指揮者ゴットヒルフ・フィッシャーは『愛の王冠』という題名の賛歌を作曲し、頌歌の生原稿をロイヤル・カップルに進呈した。

一九七六年六月十八日、ついに祝典がはじまった。幕開けはストックホルム歌劇場でのガラ公演。国のトップ・アーティストたちが、とくにこの晩のために心血を注いだ作品を演奏した。国王夫妻への、スウェーデンのポップグループ「アバ」の贈り物が大ヒットした。このガラ公演で、バロック風衣装のアンニ・フリード、ベニー、ビョルン、アグネタが『ダンシング・クイーン』を初演した。ジルヴィア・ゾンマーラートは貴賓席で楽しんだ。「私はもう歌のなかのようなセブンティーンじゃなかった」とジルヴィアは思い出してにっこり笑う。「でも自分にこのようなセレナーデが贈られたことに、もちろんとてもびっくりしました」。そのあと『ダンシング・クイーン』はヨーロッパじゅうでナンバーワンのヒット曲になり、アメリカでもチャートのトップにのぼりつめた。翌日の十一時五十八分、ストックホルムの約二十五万の王室ファンと四十三カ国のテレビ視聴者が待ち受ける場面が、ついに現実となった。ジルヴィアとカール・グスタフ十六世がストルキルカン――ストックホルムの大聖堂に入場した。

彼女はすばらしく、まったく傑出していました。このうえ習い覚えることはなにもありませんでした。彼女は本当にどこのお姫様にも引けをとりませんでした。

アリス・トロレ・ヴァハトマイスター伯爵夫人
女官長

それは白雪姫といばら姫を合わせたようだった。王様がやってきて、ハイデルベルクの娘がスウェーデンの未来の王妃になるんだから。

ヨアヒム・フクスベルガー

この種の式典ではふつうのように、この日の「ファクト」は細部まで記録に残っている。花嫁衣装はアイボリー色のディオールのもの、トレーンの長さは四メートル。ウェディングヴェールはブリュッセル・レースで、これはすでに百五十二年前からベルナドット家が所有していたものだった。手にする花束は白い蘭、黄色のジャスミン、スズラン、教会自体も白いライラックと赤い薔薇で飾られた。花婿は瀟洒《しょうしゃ》な海軍提督の制服に勲章の飾り鎖、サーベル、花嫁の故国に敬意を表して西ドイツの功労大十字章もつけている。教会には高貴な賓客が集まっていた。ヨーロッパじゅうから王族が参集した。スカンディナヴィアの隣国からデンマークとノルウェーの国王夫妻、ベルギー国王ボードゥアンのかたわらに王妃ファビオラ、オランダのベアトリクス王女と夫君のクラウス――ヨーロッパの王侯貴族で参列の機会を逸したものはほとんどひとりもいなかった。花嫁の故国からは君主がいないので、大統領のヴァルター・シェールとその妻ミルドレートが国を代表した。

ドイツ人のオリンピック・コンパニオンがいきなり王妃になった。これはもちろん夢を誘うテーマだった。

パウル・ザーナー
ジャーナリスト

「私はことごとく覚えています」と、いまでもジルヴィア王妃は言う。「不思議なことに私はちっともナーバスになりませんでした。私のかたわらに夫がいる、これがいちばん重要なことでした。ほかの人たちはまったく目に入らなかった」。中央通路を進むときに花嫁が落ち着きはらっていた理由が、これで説明できる。そして観衆には着飾ったカップルを嘆賞する時間がたっぷりあった。花を持って先導する子供たちの足があまりにも遅くて、ジルヴィアとカール・グスタフは中央通路をよちよち歩きで進むしかなかった。王が前の小さな花持ちの背をそっと押したあと、やっと歩みがいくぶん速くなった。このシーンは会衆のくすくす笑いを誘った——そして氷が解けた。

祭壇の前ではすべて順調に進んだ。花嫁は全然あがっていなかった。婚姻の誓いを述べるスウェーデン語は流暢《りゅうちょう》で、花婿の長々しい洗礼名も順序正しくすらすら唱え、その間ずっと輝く笑みを浮かべていた——火の試練にはみごとに合格した。婚礼のあと新郎新婦はまずオープン馬車、つづいて「ヴァーサオルデン」という名の金色のボートで歓呼する民衆の前に姿を見せた。輝く陽光が花嫁の幸せそうな笑顔をひきたてた。ただ王宮のバルコニーに登場したとき、ちょっとした瑕瑾《かきん》があった。急に涙が出たときにそなえ、ジルヴィアは母の助言でハンカチをディオールのドレスの袖の下に輪ゴムでとめていた。手を振っているうちにそれが顔を出し、テレビの聴視者を面白がらせた。

つづく晩餐会では冷たいコンソメとキャビア、花嫁に敬意を表して「ジルヴィア王妃のパイ生地マントにくるんだ鮭肉」が供された。祝典のこの場面で緊張したのは花嫁の父だろう。古い伝統によってスピーチをすることになっていたから。のちにヴァルター・ゾンマーラートは、国王や大統領の前で話すことを考えると前夜は一睡もできなかったと、率直に白状している。しかしここでもすべて順調に進んだ。ロマンティックな「ロイヤル通《つう》」がひろめた噂によれば、娘はス宮廷はデモを予想し、警察は革命さえ考えた。ほんの数週間前にはスウェーデン人の84パーセントが王政の廃止を要求していたのだ。ところが。新郎新婦を乗せた王室の馬車がストックホルムの古い町を通ったとき、それは凱旋行進になった。議会から無意味な存在になりはてるまで権限を剥奪された王室が、昔のような光輝と尊厳を示したのだ。花嫁は微笑み——全スウェーデン人が彼女の足もとにひれ伏した。

アルフ・シュミット　貴族界の消息通

ピーチの直前に父親にメモを渡し、そこには「愛してるわ、パパ。あなたの子猫ちゃんより」と書いてあったという。

華麗な祝典を勤めおえると、ベルナドット夫妻はハネムーンをハワイとアフリカで過ごし、日焼けし、リフレッシュして、王宮での日常を開始した。

ジルヴィアは当初からスウェーデン人に抜群の人気があった。「彼女はまったくファンタスティックでした」と、王妃付き女官長のアリス・トロレ・ヴァハトマイスター伯爵夫人は讃嘆する。「彼女はどの王女とも問題なく協調できました」。王妃が生まれながらの貴族ではないという事実そのものが、臣民の心をしっかりととらえた。「彼女は職務をみごとに果たしました」とアリス・トロレ・ヴァハトマイスターは語る。「人びとが彼女を受けいれたのは、彼女が王妃の仕事の意味をわきまえていたからです」。初めて国内を巡行したとき、スウェーデン人は新王妃を心から歓迎し、すぐさまジルヴィアは慈愛をこめて手を振り、つねに興味深く耳をかたむけ、だれにでも愛想よく笑みをふりまくすべを習得した。そしてこれからは私人ジルヴィアでいられる時間がめったにないことも学んだ。一歩外に出れば、自分の一挙手一投足がカメラマンやリポーターの監視と注目と論評の的になった。自室にいても、初めは地位を意識しなければならなかった。数世代にわたって宮廷は年老いた王と、同じく年老いた廷臣によって運営されてきた。カール・グスタフはすでに即位したころから、すこしずつ王宮職員の若返りをはかってきた。若い国王が必要とするのは儀典の専門家ではなく、日々の業務を管掌する近代的なマネジャー・タイプだった。機構のなかのジルヴィアの位置も当初は論議の的になった。アリス・トロレ・ヴァハトマイスターは若い王妃の最初の数年をいまでもよく覚えている。「初め侍従長たちは、王妃の予定を意のままにし、王妃のすること、あるいはしないことを決められると思っていました」と女官長は言う。「私はこう言ってやりました。『いまは無理』と。そして『なぜだ?』と問い返されたら、『彼女はいま美容院』と言ってやりました」。

ジルヴィアがスウェーデンの王宮に入ったとたん、世間の

国王夫妻はすべてのスウェーデン人と同じことをしていたのです。夫妻の家は、たいていのストックホルムっ子と同じく、郊外にありました。夫妻が都城に行くのは9時から17時までの勤務時間だけでした。

アリス・トロレ・ヴァハトマイスター
伯爵夫人　女官長

たしかにこう言ってもいいだろう。王妃はわが国の王朝を救ったと。

ヘルマン・リンドクヴィスト
カール・グスタフの伝記作家

王室に寄せる好意は飛躍的に高まった。それまでスウェーデン人の三分の二が王政の存続に賛成していたが、それがいまや九十パーセント近くまで跳ねあがった。それにはジルヴィアが公開の場でも全然ものおじせず、悠然と落ち着いて義務をこなしたことが、大いにあずかっている。なんといっても新婚ほやほやの夫が、しっかりものの妻に助けられた。むしろ内向的な国王は、ときおり公開のスピーチをもてあましているように見えることもあった。「それは王にとってドイツから舞いこんだ天の恵みだった」と『ブンテ』のライター、パウル・ザーナーは言う。「それからは王自身はすこしばかり背後に引っこむことができるようになった」。

スウェーデン人は非常に大衆的だ。それは国王夫妻も留意している。明らかにジルヴィアに促されて。彼女はこう言った。「私たちはすべての面で開かれていなければなりません」。

パウル・ザーナー
ジャーナリスト

結婚したジルヴィアはストックホルムの王宮、それまでの王家の住居に移り住んだ。ワンルームマンション住まいから、いまや六百室を超える家の主婦になったのだ。迷子になったとしても、迷路から助けだして階段や広間や続き部屋を案内してくれる職員がいくらでもいた。このストックホルムのガムラスタン島にそびえる巨大建造物は、十八世紀のなかばに完成した。均整のとれたファサードと装飾の多い建築様式は、この城館にむしろ巨大な防塞のような外見をあたえた。建築家ニコデムス・テッシンの設計により、一六九二年から一七五四年までかかって建てられたもので、いまではスカンディナヴィアでもっとも優れたバロック建築とされている。いちばん古い部分はフランス擬古典主義の様式だが、大部分の空間はロココとアンピール様式の精神が息づいている。十九世紀の末にファサードが、本来の優しい黄色から今日の褐色へと塗り替えられた。国賓や日々の訪問者を迎える接見の間のほかに、城館は数多くの執務室や職員の住居をそなえている。ここに住みたいかどうかは人それぞれだろう。ともかくジルヴィア王妃は――王宮であろうとなかろうと――この新しい住居にそれほど感動しなかった。

一九七七年初め、ベルナドット家の王妃の懐妊が告知された。スウェーデン人が現君主の第一子誕生をストックホルムで祝うのは二百五十年ぶりのことだった。メディアは王子と予測したが、七月十七日にストックホルムのカロリンスカ病院で生まれたのは王女だった。それでも臣民は心から歓迎した。十二月二十七日に赤子は洗礼を受け、ヴィクトリア・イングリド・アリ

うちは社会主義的と言ってもいいほどです。そんなことは言わないほうがいいのかもしれないけれど、でも宮廷の日常に儀礼はありません。

アリス・トロレ・ヴァハトマイスター伯爵夫人　女官長

家庭内ではかれらはすっかりくつろいでいる。みんなとても仲がいい。ほかのどの家族でもそうであるように、家庭内ではじつにラフに暮らしている。

ヨーハン・ゲオルク・フォン・ホーエンツォレルン
カール・グスタフの義兄

ス・デジレと名づけられた。それから二年もたたない一九七九年五月十三日、弟のカール・フィリップが生まれた。本来は皇太子のはずだったが、この子の王位継承者の地位は、まだ「パパ、ママ」も言えないうちに第二位になった。すでに長いあいだ男女同権に慣れているスウェーデン人は、古くさい王位継承法の改正を議論してきた。そしてついに一九七九年十一月七日、スウェーデン国会は百六十五票対二十一票で新しい継承法を議決し、それは翌年から発効した。これからは性に関係なく第一子が王位に即くことになった。一九八〇年一月一日からヴィクトリアは後継王女となり、ほぼ確実にいつかは父の跡を継ぐことになる。

私はスウェーデンの王室に共感を覚える。かれらは大衆性といささかの高貴さの混合を体現している。彼はなんにでも興味がある。彼はいい王様だ。

シヴ・マルムクヴィスト
スウェーデンの人気歌手

子供たちのためにカール・グスタフとジルヴィアはベルナドット家の伝統的な住居をかたづけて、首都の王宮から立ち去った。陰鬱な建物はどう見ても幼い子供には不適切だった。子供に合った遊び場が少ないだけでなく、都心部なので取り立てて言うほどの緑地がなく、ドアから一歩出れば膨大な観光客と直面しなければならない。新しい住居は首都から十一キロはなれた郊外にあった。メーラレン湖のロヴォ島に築かれたドロットニングホルム城。この城館はスカンディナヴィアでもっとも美しい城のひとつとされ、ユネスコの世界遺産に登録されたスウェーデン最初の文化財だ。それまでドロットニングホルム城は、未亡人になった王妃の隠居所や王家の夏の離宮として使われていた。幼い子供がいる家族には理想的な住居だった。大庭園にかこまれた城館は充分な散歩道と遊び場にめぐまれている。ドアのすぐ前の船着き場からメーラレン湖の船遊びに乗り出せるし、ベルナドット家の子供たちが大好きな動物にも広大な生息地があった。このドロットニングホルム城でベルナドット王家の夫妻はふつうの勤め人のように暮らした。「おふたりは朝の九時に仕事に出かけ、午後五時に帰宅しました」と女官のトロレ・ヴァハトマイスターは回想する。「子供たちはそれを受けいれました。パパとママはまずお仕事をして、それから子供といっしょの時間を過ごすと」。一九八二年六月十日、ドロットニングホルム城でベルナドット家の第三子、マドレーヌが生まれ、現在の家族が全員そろった。

当初からジルヴィアとカール・グスタフは子供たちにかんしてメディアとかなりオープンにつきあった。適当な時期にカメラチームが招かれ、子供たちが城内の人形劇場で楽しんだり、ケーキを焼いたり、犬とじゃれ合ったりするところを撮影させた。両親はそれによって王子王女にたいする公衆の高まる関心にこたえるいっぽう、たえまなくつきまとうパパラッチを遮断した。

「子供たちができるだけふつうに成長できるよう、私たちは努力してきました」とジルヴィア王妃はふりかえる。「子供たちには国民と親しく交わってほしかったのです」。子供たちはみんな公立学校に通い、そこでラルソンやスヴェンソンたちといっしょに勉強した。ジルヴィア王妃は子供が友達をお城に連れてきたり、友達の家に行ったりすることも大切にした。「いま子供たちがだれとでもオープンにつきあえるのを目にして、私は喜んでいます」と王妃は言う。もっとも、ヴィクトリアはとても気配りをする人で、自分の義務を真剣に受けとめています。彼女はいつもベストを尽くすことを心がけ、感じがよくて、朗らかです。

マドレーヌ
2005年

ええ、学校時代はいじめられました。あれは地獄でした。朝授業に出るのがいやでたまらなかった。私は読み書きが苦手なので、級友に笑われました。

ヴィクトリア
2002年

王子王女は早くから宮廷での公式行事に顔を見せた。それによっていささか混乱が生じるにしても。ドイツの元大統領リヒャルト・フォン・ヴァイツゼッカーはストックホルムを訪問したときのことをいまでもよく覚えている。ちょうど国王とともにパレードを観閲することになったとき、激しいにわか雨が降りだした。「傘は儀典の目録に入っていなかったようだ」とヴァイツゼッカーはにんまり笑う。「そのため、われわれは礼服を着たまままずぶ濡れになって立っていた」。王子が城の窓からこの珍妙なシーンを見物していた。「見えるだけじゃなく、はっきり聞こえたよ。父親と客人がすっかり洗い流されるのを見て、窓ガラスのむこうで笑いころげているのが」。

夏を家族は毎年、エーランド島にあるソリデンの城館で過ごした。こぢんまりした田舎の白い別荘で家族はのんびり休養し、子供たちはボートや乗馬で遊んだ。七月十四日にはそこでヴィクトリアの誕生日、「ヴィクトリア・デー」を祝うのが習慣になり、隣人や友人がソリデンの城館にプレゼントを贈ったり、セレナーデを奏でたりした。

ほかにも後継王女は、弟妹とちがって、脚光を浴びる機会が多かった。一九八〇年の継承法の改正以来、ヴィクトリアは王位を継ぐものと定められていた。栄誉なのか、負担なのか？　ヴィクトリアの人生はその両方を感じているようだ。女官長のアリス・トロレ・ヴァハトマイスターによれば、王女はすでに四、五歳のころから、自分が弟や妹とはちがうことを意識していたという。「カール・フィリップはいつも言っていました。『ぼくは王様になるんだ』と」。そう回想して伯爵夫人はくすくす笑う。「するとヴィクトリアは言い返しました。『わたしが後継王女よ。だからわたしが王様になるの』と」。しかしそれが意味することも、長じるにつれてヴィクトリアは思い知らされた。入学すると後継王女は、父親と同じく、読み書きが苦手なことが判明し、授業についていくのにたいへん苦労した。「長年ひどいフラストレーションに苦しみました」とヴィクトリアは、作家アリス・バーと長年の家庭教師エリーザベト・タラス・ワールベリとの共著『ヴィクトリア、ヴィクトリア』のなかで述べている。「これは自分がいけないのだと、長いあいだ考えていました。私が充分じゃないからだと」。集中的な補習と手助けのおかげで、ヴィクトリアは先天的な読み書き能力障害を克服した。そしてついに同級生と歩調を合わせられるようになり、かなりの好成績で学校を卒業した。もっとも学友よりもはるかに規律と勤勉の日々を送らなければならなかったけれども。「ほかの生徒がカフェに行っているとき、私は帰宅して勉強しました」とヴィクトリア。

十五歳からヴィクトリアはすこしずつ将来の君主としての任務に引き入れられた。両親に伴われて公式の行事に参加し、そこでもたちまちメディアの関心の的になった。

一九九五年七月十四日、ヴィクトリアは十八歳になり、それによって成人に達した。それを祝賀する式典が王宮の広間で公式に行なわれた。首相以下の閣僚、貴賓、王族、そしてスウェーデン・テレビのカメラが列席した。プレッシャーが強すぎるのではないかという懸念をよそに、後継王女は落ち着いて自信のある態度を見せた。「陛下、愛するパパ！　人が成人に達する日は、だれにとっても大きな変化を意味しています。なぜなら、この日から人は自分の将来にみずから責任を負うからです。でも私にとってこの日は、将来は国王と王妃のために国家元首としての重大な仕事を手伝うことも意味しています——私は自分に授かった教育を両親に感謝します。私はスウェーデン王室、国会、そしてスウェーデン憲法につねに忠実であることを誓います」。

この後継王女の初演は大喝采をもって報いられ、大任を果たしてほっとしたヴィクトリアは、両親とともに王宮の前で群衆の歓呼を浴びた。成人したヴィクトリアのために王位継承者としての「公式の」教育もはじまった。一九九六年十月、王女は西フランスのアンジェーにあるカトリク・ドゥ・ルウェスト大学のフランス語科に入学し、翌年の夏はスウェーデン首相ゴラン・ペルソンのもとで実習した。

一九九七年、少女時代にはいつも活き活きしていた王女が突然やつれ、げっそり痩せた。とくにこの年のノーベル賞授与式の写真を見ると、夜会服姿のヴィクトリアは骨と皮ばかりのようで、世間を心配させた。どうやら王女は拒食症におちいったらしい。過大な要求とストレス過剰からくる典型的な症候。ジルヴィアとカール・グスタフはヴィクトリアを救うため、オープンにこの問題に対処することにした。国王夫妻は報道機関に、ヴィクトリアをそっとしておいてくれるよう訴え、娘をアメリカに留学させた。アメリカでヴィクトリアはメディアにそれほどわずらわされずに静養できた。一九九九年にスウェーデンに帰国したとき、王女は見るからに強くなっていた。アメリカで学んだのは、「私人ヴィクトリア」と公人「後継王女」を強いて対立させる必要はないということだったと、のちにヴィクトリアは語っている。いつしか両者はおたがいに並存し、折り合いをつけるようになりました。この時代に私は王位継承者の義務を受けいれ、それを利益と見なすことにしました、と。

ヴィクトリアの病《やまい》とオープンに取り組んだことで、国王夫妻はスウェーデンで大いに敬意を表された。王室が問題を隠そうとしなかったのは明らかだった。しかしこのエピソード

子供の幸福を損なうことがあれば、私はライオンになります。ヴィクトリアの病気を認めることを、私は長いあいだ躊躇しましたが、彼女の拒食症は明白でした。それに私は同じ悩みをもつ人たちに勇気を与えたかったのです。いつまでも恥ずかしがらずに、堂々と病気に立ちむかうようにと。心理学上の手助けがなければ、食欲異常は治癒できません。

ジルヴィア　2000年

それを知ったときはショックでした。私はしばしば自問しました。私はどんなあやまちを犯したのだろうか、どこに病気の原因があるのだろうか、と。でも答えは見つかりませんでした。それでももちろん私は自分を責めました。

ジルヴィア　2000年

ときどき私は隠れ蓑を着て、人に見られずに町なかを歩きたくなります。でもいっぽうでは、私に寄せられる大人気を嬉しく思うこともあります。

ヴィクトリア
2001年

は同時に、これまで非常におおらかだったベルナドット家のメディアとのつきあいにも限度があることを示した。とくにドイツの娯楽週刊誌は王子王女が成長すると、間近にせまった婚約や結婚だの、失恋や妊娠だのといった話を、つぎからつぎにでかでかと書きたてた。たいていはまったくのでっちあげだった。やがて王室はこのような報道にたいしドイツの弁護士マティアス・プリンツ——王室の意を受けてすでに何度か反論や訂正の記事を掲載させていた——を介して自衛手段をとった。それでもなお、かたい紙誌でさえ、ベルナドット王家はスウェーデンの内外で興味の中心であった。この種の記事を多くの読者が熱中してむさぼるように読み、ときおりスウェーデンの王政反対派をもひどくいらだたせた。「もちろん王室はつねに脚光を浴びている」と左派のマッツ・エイナルソンは言う。「しかし王室が実際にやっていることを見てみなさい。まったくなんの意味もない」。

たしかに王室の日常業務は、接見と開会式や催しごとへの訪問などの果てしない連鎖なのだ。週に一回、国王夫妻はストックホルムの王宮で側近と会合して、目白押しの日程を調整し、王族に仕事を割りふる。たびたびの国内旅行と既定の大イベント、たとえば毎年十二月十日のノーベル賞授与式のほかに、外国訪問もくりかえされる。このとき国王夫妻は、スウェーデン経済のための人脈づくりにも貢献する。「余人には閉ざされたドアを、国王は開けることができる」と、長年の首相イングヴァル・カールソンは君主の仕事を評価する。しかしこの種の旅行の枠内でも、ベルナドット王家の役割は象徴的なものにきびしく限定されている。いかなる種類の政治的発言も許されない。

「政治的発言」の定義が問題になると、スウェーデン人は過敏に反応する。ジルヴィア王妃がそのことを肝に銘じたのは、一九九六年に「子供の営利的搾取に反対する世界会議」で明確な言葉を選び、「奴隷制の近代的形態」と語ったときだった。王妃たちが慈善事業にかかわるのはエチケットにかなっている。しかしスウェーデン王妃は微妙な領域に踏みこんだ。一九九九年に発足した「世界子供基金《ワールド・チャイルドフッド・ファウンデーション》」とともに、ジルヴィアは全世界の子供の虐待に反対する運動に積極的に参加した。「チャイルドフッド」の設立大会で王妃は警告した。「子供の性的虐待と児童ポルノは絶えず増大しています——とりわけ、しかるべき立法の欠如によって。さらにその危険はインターネットを通した小児性愛の絶え間ない、野放し的蔓延によって膨張しています」。

これは、優しい笑みをたたえて慈母の役割を演じていればいい女性にとって、かなり大胆な発言だ。「ええ、そのとおり。私は子供の味方です」とジルヴィア王妃はインタビューで断言した。「私の真意を誤解して、私が政治問題に介入していると言う人びともいます。私はそうは思いません。これは人道の問題なんです。問題になっているのは子供たちの幸福なんです」。

数多くの義務――スウェーデン王妃は六十を超える慈善団体の後援者だ――のなかでも、とくに「チャイルドフッド」はジルヴィアにとって大切な存在になっている。二〇〇五年の夏に王妃は「ルア・ノヴァ」という名のブラジルの「チャイルドフッド」プロジェクトを訪れた。このプロジェクトの目的は、さまざまな虐待の犠牲になった若い母親とその子供に、住まいと未来を提供すること。王妃の訪問はかなり前から予告されていたので、若い母親たちは緊張した。「ルア・ノヴァ」の施設長ラケル・バロスは、王妃訪問の効果を強く期待した。「このよ

私の妻がどれほど働いているか、だれにも想像できないだろう。彼女は蟻のごとく勤勉で、疲れを知らずに恵まれない人びとのために尽くしている。

カール・グスタフ
2006年

王妃の人格を通してわれわれのプロジェクトにたいする関心が高まりました。そこには別の意味もあります。人びとは王妃に関心があり、それによって、王妃が関心を寄せることにも、関心を寄せるのです。

ラケル・バロス
「ルア・ノヴァ」プロジェクトの指導者

夫と私は旅行中に立派なものを見るだけではありません。私たちは舞台裏を見ることにもつとめています。私はよく知っています。何百万という子供たちが、売春や、性的虐待や、奴隷労働によって、子供らしく育つ機会を奪われていることを。この言語に絶する悲惨な状況に取り組むため、私は「ワールド・チャイルドフッド・ファウンデーション」を設立しました。それはとくに世界じゅうで約千万人に達するストリートチルドレンの窮状を救うことを目ざしています。

ジルヴィア　2000年

うな訪問は、そういうことでもなければけっして得られない世間の注目を、私たちにもたらしてくれるのです」。王妃自身もブラジルで、自分の最初の故郷で、きわめてオープンに、のびのびと若い母親や子供たちと接した。「母子が自分たちの未来を信じることができ、自分の人生を再建しようとしているのを目にするのは、私の喜びです」とジルヴィアはインタビューで述べた。王妃と知り合った若い母親たちも、ジルヴィアに夢中になった。「彼女は王冠をかぶって長いマントを着てるんだと思ったわ」と、このプロジェクトの支援を受けている女性、キルレーネは言った。「でも来てみたら、彼女はまったくふつうの人だった」。たしかにジルヴィア王妃の慈善活動はけっして王族の義務などではなく、明らかに心底からの行為なのだ。

スウェーデンの批判者はよくこう言って批難する。チャリティ・プロジェクトは慈善を受けるほうの幸福よりも、慈善を授けるほうの名声のためにある、と。これにたいしてジルヴィア王妃はきわめてプラグマティックに自分のさまざまな慈善活動を説明する。「私は自分の地位のおかげでこういったことに世間の注目を引くことができます。それを私は喜んでやっているのです。いつかわかってもらえるでしょう、この問題は政治とはかかわりのない、人道問題なのだということを」。

二〇〇四年二月、国王カール・グスタフ十六世は臣民が理解している「政治的発言」の域を超え、それによってスウェーデンに憤激の嵐を巻き起こした。このときのジルヴィアとカール・グスタフの訪問先はブルネイだった。ボルネオ島の一画にある人口三十万足らずの国では、国王《スルタン》ハジ・ハッサナル・ボルキアの専制支配が四半世紀以上つづいていた。このイスラム王国に自由選挙はなく、刑罰には鞭打ちも残っていた。膨大な石油資源がスルタンを世界最大の富豪にした。スルタンには約百三十億ユーロの資産があると言われ、その富をとりわけハレムに注ぎこみ、世界最大の宮殿には千人以上の客を収容できる宴会場があり、約二百台のロールスロイスと自前のエアラインを所有していた。

現地でスウェーデンのリポーターがカール・グスタフに、このような権力者とよしみを結ぶことに問題はないか、と質問した。ない、と国王はあっさり答えた。私の知っているスルタンはそんな人ではない。彼は国民と非常に親密である。たとえば自分の誕生日には四万人も宮殿に招いている。それを見てもブルネイがきわめて開かれた国であることがわかるではないか。

この取りかえしのつかない発言の直後、ストックホルムのスウェーデン王宮の広報部では電話が鳴りつづけた。そのとき王宮の広報官だったエリーザベト・タラス・ワールベリは困惑した。プレスの質問——王宮は国王の発言をどのようにコメントするのか？タラス・ワールベリはひとまず受け流した。国王と協議するまではコメントできない。しかし協議はそのときまったく不可能だった。国王夫妻はすでにヴェトナムにむかう飛行機に乗っていて、電話が通じなかったからだ。

これは王室の大ピンチだった。数時間後には国王の発言が放送で流され、スウェーデンに憤激の高波が渦巻いた。国王は人権無視の独裁者を公然と賞賛した！国王がスルタンに好意を寄せるのは、ふたりともスポーツカーのマニアだからだ、と推測する新聞記事などは、まだ無害なほうだった。もっと深刻な批判は、たとえば著名な法学者オロフ・ペテルソン教授のコメントだった。教授はこれを憲政の危機と見て、君主制の滅亡を予言した。「共和連合」は好機到来を嗅ぎつけ、ユーモアまじりで国王を「今年最高の共和主義者」に選んだ。

広報部に電話があり、われわれはコメントをもとめられた。そこで私は言った。「国王と協議をするまで、私はなんのコメントもできない」と。

エリーザベト・タラス・ワールベリ
王宮の広報官

ブルネイは非常に開かれた国であり、スルタンは国民と大いに親しんでいる。

カール・グスタフ

カール・グスタフが故国での騒動をエリーザベト・タラス・ワールベリからの電話で知ったのは、ヴェトナムに到着したあとだった。「国王はびっくりして、この反応をまったく理解できなかった」と広報官は回想する。スウェーデンに帰国すると、国王は外務省が作成した書類を示して、自分はこれを引用しただけだと弁明した。たしかにそこにはこう書いてあった。「ブルネイ国王は国民と親しく、公明正大であり、政治的安定を保証している」。もっとも外務省のコメントはさらに民主的機構の欠如や、鞭打ち刑、女性差別も指摘していた。しかし国王はこの箇所をまったく引用しなかった。

外務省の書類によって国王は、独自の判断で非民主的意見を公言したという批難はまぬがれた。しかしこの事件は気まずいものを残した。カール・グスタフは国王の非自律性をあからさまにしたのだ。もちろんカール・グスタフは混乱をまねいたことに遺憾の意を表したが、これからは一種の子守がつくのを甘受せざるをえなかった。政府の顧問が国王の外国訪問に随行し、発言の内容を指示する。王が外国ですることといえば、スウェーデン国内でも毎日やっていることだけになった。握手して、きまり文句をにこやかに語り――また握手、握手、握手。

「ブルネイ事件」は君主制の意味と無意味にかんする、長いあいだ眠っていた議論を目覚めさせた。「王は退位せよ」とスウェーデンの新聞『アフトンブラデット』は見出しに掲げた。不幸なアジア訪問をめぐる激浪がいちおう収まってからも、議論はつづいた。助言者の単なるマリオネットとして巡業する国家元首に、いったいどんな意味があるのか？　国会議員ブリッタ・レヨンは、スウェーデン憲法がこの点であいかわらず無駄遣いをしていることに抗議した。「わが国に大統領がいれば、多少は大事なことも話せるだろう。わが国家元首は黙っていなければならない。なんのためにそんなものがわれわれに必要なのか？」たしかにスウェーデンが君主制を維持していることは、当面の日常政治を超えた、根本的問題について考える動機をあたえ、国の立場を表明できる機関が存在しないという結果をもたらしている。過去の歴史の反省と克服を率直に述べたドイツ大統領リヒャルト・ヴァイツゼッカーやロマン・ヘルツォークの演説のようなものは、スウェーデンの国家元首からはけっして聞かれないだろう。スウェーデンの君主は超党派の機関にポストを占めており、ドイツの大統領のような意見表明は許されない。王政反対派をもっと怒らせているのは、そのポストが世襲であり、国民には決定に参与する権利がないことだ。「いまのところは平穏です」とブリッタ・レヨンは言う。「後継王女ヴィクトリアは適切に責任を自覚して職務を果たしそうだから。しかしまったく別のなりゆきもありえます。それをわれわれはしっかり受けとめなければなりません」。

批判の十字砲火は、王室のお手元金にも浴びせられた。言うまでもなくこれは納税者も負担している。財政の点ではベルナドット家はむしろ「貧乏王朝」だが、カール・グスタフが国からの給付金の使い道を説明しなくてもよいことに、不満の声が高まった。

ブルネイ・スキャンダルが最高潮に達したときでも、国民の七十二パーセントが王政の維持に賛成したが、それでも合理的で事実に即した論拠にもとづく議論の高まりは、ベルナドット家の王位が永遠にはつづきそうにないことを示している。

とはいえ最近の悲劇的なできごとは、国民の心に国王の存在の意義を再認識させた。二〇〇四年のクリスマス休暇中に、五百六十二名のスウェーデン人が南東アジアの大津波災害で死んだ。けっして戦争に参加せず、自然災害ともほとんど無縁だった北欧の住民は、心底から震撼した。「それは国民的悪夢だった」とスウェーデンのジャーナリスト、アグネタ・ボルメ・ベリエフォルスは言う。「多くの死者を出したフェリーボート、エストニア号の沈没以来、スウェーデン人が体験した最悪の事態でした」。

あの災害で運命に屈せず闘った人びとのなかに、マリア・エクダールがいる。この若い女性は夫とふたりの息子とともにクリスマス休暇を保養地カオ・ラクで過ごし、一家団欒を楽しんだ。十二月二十六日、ひとりで潜水ツアーに出かけたとき、地震に起因する津波が陸地を襲った。マリアが災害の規模を初めて知ったのは、すっかり壊滅した港を目にしたときだった。同行者とともに彼女はプーケットに連れていかれ、そこのホテルでひとまず仮の宿を得た。マリアが絶望したのは、スウェーデンの当局者から救援はおろか、情報すら得られないことだった。「もちろんスウェーデン人として、大使館なり教会組織なりが助けてくれるものと思っていました。でも彼らは青と黄のシャツを着てつったっているだけで、なんにもできなかった」。たしかそれは国王が本来越えてはならない境界すれすれの言動だった。国王は政府の行為に疑問をさしはさんではならないのだ。

イングヴァル・カールソン
元スウェーデン首相

勇気を持って助け合おう。勇気を持って仮面をはずし、人間になろう。

カール・グスタフ
津波災害のあと

にスウェーデンからの災害救援はきわめておそまつだった。母国の当局は情報が得られず、電話ホットラインは本数がごくわずかで、具体的な行動の指示を出せなかった。ついにマリア・エクダールは自力で対処することにして、十二月二十八日に独力でカオ・ラクにたどりついた。「到着したとき、夫と息子たちがもう生きていないことを知りました」とマリアは言う。「でも救援がもっと早かったら、彼らにも助かる見込みがあったかもしれません」。

ストックホルムでもスウェーデン政府は激しく非難された。のちに他の国々が救援にのりだしたとき、情報が全然ないか、あまりにも遅れて伝達されたと、世論は批判した。国王カール・グスタフはあえて一歩踏みだすことにした。『ダーゲンス・ニヘーテル』紙とのインタビューで、国王は率直な言葉を選んだ。「クリスマスの二日目の晩を、われわれは毎年そうするように姉のクリスティナ王女のところで過ごしました。そこでわれわれはみんなテレビに釘付けになりました。そして外務省と首相官邸に情報をもとめました――しかしわれわれの問い合わせは伝わらなかった。あれこれの『もしも』と『しかし』のあと、やっと二十七日の晩になって次官と話ができたのです」と国王は

タイ南部でおきた津波の被災者を慰問する国王夫妻
（2005年2月18日）（Photo:AP Images）

憤慨する。それだけではなかった。人びとが不安におびえているときに、この国では責任を引き受けて、みずからイニシアティブをとるものがいなかった、と国王は語る。この言葉によってカール・グスタフは臣民の心を代弁したのだ。しかし政府は侮辱されたと感じ、日常政治にかかわるなと国王に警告した。しかしスウェーデン国民は、危機にあって勇気を示し、多くの人びとが思っていることを口にした国父《こくふ》に味方した。

二〇〇五年一月十日に行なわれた津波犠牲者の追悼式で、国王にはスピーチの任務があった。それはカール・グスタフの君主としての人生において、もっともむずかしい任務だったかもしれない。王は責任の重みを自覚して演台にあがった。「私はなんと言って、みなさんをお助けすればよいのでしょうか?」とカール・グスタフは演説をはじめた。「たくさんの子供たちが親を失いました。私自身もそのような子供でした。父が飛行機事故で死んだとき、私はまだ赤子でした。父親なしに育つことがどういうことか、私は知っています。私の世代の多くの男性がそうであるように、私は感情を表わすのが苦手です。しかし私は同じように感じているみなさんに訴えたい。『恐れずに弱みを見せろ、感情を表わせ、自分の熱意を伝えろ』と。みなさん、勇気をもって助け合いましょ

国王はあえて自分の感情を吐露しました。彼の見せてくれた手本に勇気づけられて、私は自分の運命を分かち合い、ほかの被害者を慰めることができたのです。自分がとてもとてもきびしい運命の打撃をこうむったにもかかわらず。

マリア・エクダール　津波で家族を失った被害者

う」。

この熱のこもったカール・グスタフの演説は聴衆を驚かせ、深く心をゆさぶった。このような言葉を、いつもはむしろ享楽的な極楽とんぼと見られている国王の口から聞くとは、思いもよらないことだった。「あれは国王がそれまでに行なった、最高の演説だった」と元首相のイングヴァル・カールソンは言う。災害被害者たちも、あえて非常に個人的な言葉で語った国王を高く評価した。「本当に感動を呼ぶ言葉は習って覚えるものではありません」とマリア・エクダールは言う。「そして王の目を見れば、彼が本心からそう思っているのがわかりました。王の言葉は私を元気づけ、人に自分の運命を語り、それを担っていく力をあたえてくれました。この演説で王は全国民をひとつにしたのです」。

スウェーデン王政の道は二十一世紀にどこへ向かうのだろうか？　王室を時代おくれの古着と見なす国会の声

ヴィクトリアが27歳になったとき、私は彼女に言った。「私がきみの年齢で祖父から王位を継いだことを知ってるかい？」すると彼女はとてもショックを受けた。まだ自分はそこまで成熟していないと、彼女は感じていた――しかしそんな成熟はありえないのかもしれない。ひとたび王になれば、死ぬまで王なのだ。だからヴィクトリアはじっくりと任務の心がまえをすればよい。それが彼女にとってもスウェーデン人にとってもよいことなのだ。

カール・グスタフ　2006年

こんなにすてきな若者をつかまえて、宮廷はものすごく幸運だよ。

ロルフ・ラルソン
ダニエル・ウェストリングの友人

いつか結婚が現実になったときは、私の選んだ人が、尊敬されることを望みます。

ヴィクトリア
2005年

は、将来もけっして沈黙することはないだろう。しかしベルナドット家には王位継承者たるヴィクトリア王女がひかえていて、やがて彼女がしずしずと即位することはほぼまちがいないだろう。唯一気がかりな点は、将来の国王の子供の父親だ。だれに女王の夫君という、むしろあまりありがたくない地位を提供するか、まだヴィクトリアは公式にはきめていない。たとえリベラルなスウェーデン人の大半が、王女は愛する男と結婚すればいいという意見であっても、有力な候補者、フィットネス・トレーナーのダニエル・ウェストリングにたいする臣民の目はきびしい。このヴィクトリアのお気に入りの男性は無知で教養がなく、英語もろくに話せないとそしられている。この噂が本当なのかどうか、それは神のみぞ知る、だ。少なくとも本人は賢明にも、いっさいのインタビューに応じない。国の記録をすべて公開するというスウェーデンの基本的権利のおかげで、ダニエル・ウェストリングが年に三万四千ユーロの税金を納めていることはわかっている。まあ彼のありうべき将来の歳費については問題はないだろう。しかし、このスウェーデン、オッケルブー出身の体格のいい若者が王族になったらどんなふうに見えるだろうか？　たとえば彼がイギリスのクイーンを迎えて応接するときに、あるいはオランダの厳格な女王ベアトリクスとスモールトークを行なうときに？　いずれにしてもスウェーデンのお姫様は、舞台裏でヴァイキングのごとく彼女の蛙の王様のために闘っているようだ。挑発的にヴィクトリア王女はふたりのイニシャルを彫ったペンダントを身につけ、プライベートではかなり頻繁にダニエルとともに公衆の面前に姿を見せている。もっとも公式の行事では、後継王女の隣席はまだ空いたままだ。ヴィクトリアが最終的に選択すれば、王家の婿となったダニエルを待っているのは、あまりうらやましくもない人生だろう。王侯であることは、生まれながらの王侯でないものには至難の業だから。とはいえ平民出身者の王室入りが多大な効果を発揮しうることも、ジルヴィア王妃の物語が示している。彼女はスウェーデン人の心をつかみ、ベルナドット家の人気を今日まで保ちつづけている。スウェーデン王室は二十一世紀にも存在しうる君主制を体現している。時代に相応した、開放的で、王冠を戴く元首の新しいイメージにふさわしい、まさに現代のメルヘンを。

ベアトリクスと悲しき夫君

オランダの王室

新教会での挙式を前にして。ふたりのうしろに立つのが女王ユリアナとベルンハルト公。その左に王女イレーネ（ベアトリクスの妹）。
（1966年3月10日）（Photo: AP Images）

この職務は過酷なものにちがいない。ごくふつうの人間でありつつづけることは「まったく不可能です」とベアトリクス女王は言う。「いつも私の脳裏には小さな赤ランプが点灯していて、私にサインを送ります。これを言ってもよいのか、あれをしてもよいのか、こう答えるべきか、ああ答えるべきか。女王たるものはたえず用心しなければならないのです」。これは、なにごとも正しくあろうとする強い女性の思慮深い言葉だ。「彼女は完全主義者だ」と亡くなった夫、クラウス公は言った。息子のヨハン・フリソには母親のこの性格が、ときおり「ひどく神経にさわる」こともある。とはいえベアトリクス女王はアドリブの達人だ。二〇〇〇年五月十三日、エンスヘーデの花火工場の爆発で二十三人の死者を出し、周辺の住宅地が壊滅したとき、女王はすぐさま現地におもむいた。あふれる同情をこめて、ショックで茫然としている被災者を抱きしめ、泣いている少女をささえてやり、ひたすら犠牲者のそばにいた。そこに王侯のスタンスはまったく見られなかった。それは居合わせた人びとに強い感銘をあたえた。女王はあらためて国民とオラニエ＝ナッサウ家とのきずなを固めた、オランダの歴史に深く根づいた王朝とのきずなを。こ

本来、私にとって王室なんてどうでもいい。しかしベアトリクスは自分の仕事をうまくやっていると思う。すべてが円滑に進み、あからさまな批判は聞かれなくなった。というわけで——なんでわれわれは王政を廃止しなければならないのだ？

ハリー・ムリシュ　オランダの作家　2005年

こに君主制のシンボリックな力があり、世論調査ではつねに八十パーセントを超える支持を王室にもたらしている。

すでに四半世紀にわたってベアトリクスは王位にある。それが意味するのは、ほぼ四十回の外国訪問、例年の国会開会の式辞やクリスマスの挨拶、無数の宴会と開会式、何万回もの握手、そしてつねに変わらぬほほえみ、ほほえみ……。オランダ女王はヨーロッパの数少ない王侯のひとりとしてお飾りの添え物になっているのではない。政府が交代するときは、女王に指名された「元老」が新政府の可能性を忖度《そんたく》して、組閣を委託する。それによって女王は議会選挙制度においても、しばしば八から十を数える議会内政党に掣肘《せいちゅう》されることなく、重要な任務を履行する。

もっとも女王は個人的にはつつしみ深く、使用している城館はいずれもヨーロッパの標準では小さいほうで、オランダ国家が所有している。執務の場にはハーグの中心部にある三階建てのノールデインデ宮が使われている。首都の都市森林のなかのフイス・テン・ボッシュはかつては夏の離宮にすぎなかった。いま女王はここに住んでいる。宮廷の食事は学校給食なみで、煮込み料理か肉団子が定期的に食卓にのぼる。豪華な食卓や浪費を女王陛下は軽蔑する。時間が許せばベアトリクスみずから台所に立つこともある。女王は料理が上手だと、友人たちは言っている。ベアトリクスは犬が好きだが、ジャーナリストは好きでない。「オランダのプレス——くそくらえ！」と息子のウィレム・アレクサンデルが少年のころ、集まった記者団にむかって放言したこともある。すぐさま王子は母親にたしなめられたが、居合わせたジャーナリストには気まずいものが残った。

ベアトリクス女王が腹を立てるのは、真剣にうけとめてもらえないときだ。モスクワ訪問の際の宴会で女王はプーチン大統領に、巨大エネルギー企業ガスプロムにかんする大統領の決断がロシアの経済改革におよぼす影響について質問した。女王はプーチンとドイツ語で話したが、ロシア大統領はオランダ女王の問いにたいしてこう反問した。「われわれは文化について話すはずだったと思いますが！」

六十五歳になったとき、女王は公務員として支給される年金を請求し、それを慈善事業に寄付した。ベアトリクスは国の代表者の地位を大切にしているが、足はしっかり地に着いている。彼女に強い影響をあたえた父親のベルンハルト公が、かってこう言ったことがある。「ひとつ、自覚しておかなければならないことがあり、それを私は充分に自覚している。自分のほうが他の人間よりすこしでも上だなどと、けっして思ってはいけない。われわれはみんな完全に同等なのだ。王であろうと乞食であろうと。われわれにはみんな頭があり、腕があり、足がある。われわれの人生はほかよりましだと思われるかもしれないが、それによって他人より上になるわけでも下にわれわれは報道機関としてまともに受けいれてもらえなかった。われわれは王室に申し入れた。われわれは王族をまともに受けいれているのだから、われわれもまともに受けいれてもらいたい。われわれは王族と、王政について話をしたい、と。しばらく時間がかかったが、王政の近代化とのからみでそうなった。シリアスな報道機関をきちんと受けいれたほうが賢明だと、王室は気づいたのだ。

ヤン・ヘーデマン　王室記者

なるわけでもないのだ」。

娘のベアトリクスは女王となるべく生まれた。山あり谷ありの国王としての人生を、彼女は果敢に歩み通し、その間つねに自己に忠実だった。臣民にとって女王は大切な存在になっている。「女王であることは、国の母であることを意味します」とベアトリクスは十三歳のときに言った。「万人が女王を、子供が母親を見るように見ています。女王はつねに正しい模範にならなければなりません。これはものすごい責任です」。五十五年後のいま、彼女がこの任務を立派に果たしたことを確認できる。

王女ベアトリクス・ウィルヘルミナ・アルムガルドは一九三八年一月三十一日、ユトレヒト地方のスーストダイク城で、後継王女ユリアナとドイツ出身のベルンハルト・フォン・リッペ=ビースターフェルトの第一子として生まれた。五十一発の祝砲がオランダ人に女子の誕生を告げ知らせた――男子の場合は百一発。簡潔に父のベルンハルトは出産のあと報道陣に言った。

「私は男の子を期待していた。しかしいま女の子を得て、幸せな気持ちに変わりはない」。オラニエ・ナッサウ家の存続にとって新生児の性別はなんの関係もなかった。オランダ憲法は女系の王位相続を認めている。すでに一八九〇年からオランダでは女性の国王が君臨していた。

そのころ国じゅうが王家の子供の誕生を待ちこがれていたのは、当時オランダの歴史において王朝の存続が危ぶまれていたからだ――後継者不足によって。十六世紀にオランダ人がドイツ・ディレンブルク出身のウィレム一世（オラニエ公、ナッサウ伯）の麾下でスペインの支配に抗して戦って以来、オラニエ・ナッサウ家は今日のオランダの領域で傑出した役割を演じてきた。南フランスのウィレムの故地、オラニエ公国は、のちにフランスに再併合されたが、オレンジ（オラニエ）色というかたちでオランダのシンボルになった。

ベアトリクスが生まれるまで、数十年にわたって王室には未亡人のウィルヘルミナ女王とひとり娘のユリアナ王女しかいなかった。しかも一九三六年に二十七歳になった王女はまだ未婚だった。丸ぽちゃで、ことのほか内気な後継王女にはすでにいくつか縁談があったが、いずれもまとまらなかった。ひとりのドイツの貴族がオランダ王室の婿さがしの話

> オランダはけっして君主制国家ではない。オランダは共和国であり、国民と親密に接する世襲の元首がいるだけだ。1815年のウイーン会議で外務大臣たちは、オランダが王政国家になることで合意した――たぶんワルツの合間に。
>
> クラウス公　1999年

を聞いて、みずからゲームに参加することにした。ベルンハルト・フォン・リッペ＝ビースターフェルトはドイツの大企業IGファルベンのパリ支社で上級秘書を務め、当地のオランダ大使と顔見知りだった。大使はあるディナーの席でベルンハルトにこんな話をもらした。ウィルヘルミナ女王陛下は一九三六年にガルミッシュ・パルテンキルヘンで開かれる冬季オリンピックを機会に、ユリアナ王女とごいっしょに当地方でスキー休暇を過ごされるおつもりである、と。大使の口添えで、旧家の御曹司はインスブルックの近くのリゾート地イグルスにいるオランダの王族を表敬訪問することになった。若いドイツ貴族はすばらしい印象を残した。「彼は二、三日のうちに私たちと親密になり、ユリアナといっしょにスキーの講習をうけました」と、そっと背後にひかえていた母のウィルヘルミナは語った。「そのあとのことは、ご想像のままに」。ユリアナは世慣れた物腰の話し上手な貴公子にぞっこん惚れこんだ。

早くも一九三七年一月七日に結婚式がハーグで行なわれた。国民は熱狂した。たとえベルンハルトがナチスのさまざまな組織に属していることで、いささか波風が立ったにしても。ベルンハルトはナチス突撃隊の制服を着用し、熱狂的なパイロットとしてSS航空隊に入隊し、SS自動車隊とともにラリーに参加していた。ウィルヘルミナ女王は結婚式に先立って花婿に、王女の夫君としての独自の収入を約束した。ベルンハルト公は女王の文無しの付属物として生涯を送るつもりはなかった。ウィルヘルミナはこころよく彼の申し出に応じた。法にのっとって王家の婿になったドイツ貴族に「オランダ公」の称号が授けられた。ベルンハルト公にとって二歳上のオラ私たちの場所はここオランダにあります。危険が迫っていようといまいと。私たちはけっして私たちの部署を捨てないでしょう。

ユリアナ後継王女
1940年5月9日

王族のイギリス渡航を「急に決定した出発」と呼ぼうが、「予定された逃亡」と呼ぼうが——いずれにしてもウィルヘルミナ女王はオランダ国民を見捨てたのだ。

ナンダ・ファン・デル・ゼー
オランダの歴史家

ンダ後継王女との結婚は良縁だった。夫婦間の愛情も歳月とともに生まれてきたと、女王の夫君は生涯を終えるにあたって率直に告白した。

一九三八年の初めに王女ベアトリクスが生まれたことで、王朝の将来は保証された。だがほんの一年後にべつのほうから危険がせまってきた。一九三九年九月一日、ヒトラーがポーランドに侵攻し、それによって第二次世界大戦が勃発したのだ。オランダは伝統的な中立政策を盾にとった。第一次大戦ではこれが成功して戦乱から遠ざかっていることができた。しかし今回はこの戦略は効かなかった。一九四〇年五月十日、ドイツ軍は「西部攻勢」の一環として小さな隣国に侵入した。ドイツの「黄色計画《ブラン・ゲルプ》」は、ウィルヘルミナ女王とその政府をハーグで拘束する予定だった。後継王女ユリアナと子供たち——一九三九年にベアトリクスの妹イレーネが生まれていた——はドイツ軍侵入の直後、オランダ政府の勧告で、いつでも避難できるように内陸部のースーストダイク城からハーグに移った。ドイツの戦車部隊はライン下流地方を席巻したが、ハーグ周辺での空中戦ではドイツ軍は奇襲攻撃に失敗した。オランダ軍はデンマークとノルウェーにおけるドイツ軍落下傘部隊の出動から教訓を得て、とくにハーグ周辺の飛行場の防備を固めた。かくして予想に反して一九四〇年五月十日の第二十二歩兵師団の落下傘降下による飛行場周辺の占領は失敗した。ドイツ空挺部隊は多大な損害を強いられた。部隊はばらばらに分断され、命からがら戦うしかなかった。

しかし戦力の差は歴然としていた。一九四〇年五月十四日、ドイツ空軍はロッテルダムを壊滅させた。この歴史的な古い町はほとんど灰燼《かいじん》に帰した。九百人を超える市民が死に、一万人が家を失った。この日、オランダ軍は降伏した。最後の瞬間に王族はイギリスの駆逐艦ホーク・ヴァン・ホランドに避難して、ロンドンに向かった。オラニエ・ナッサウ家の未来を担う幼い王女たちは艦内の防毒ガス・コンテナーに収容された。そのときベルンハルト公は国に残り、ドイツ占領軍にたいする抵抗、かつての同国人にたいする戦いを、地下で続行するつもりだった。だが義母のウ

「この退去が国内に狼狽の印象をあたえることを、私は充分に承知していましたが、国益はそれを要求しており、私はこの逃亡と見られる恥辱を甘受することが、自分に課せられた義務と見なしたのです」

ウィルヘルミナ女王

『孤独だが、ひとりぼっちではない』（1959年）

イルヘルミナはなんとしても彼を国外に脱出させようとした。フイス・テン・ボッシュの庭園で女王は、ベルンハルトが妻子を見捨てるなら、自分は自殺するとせまった。ベルンハルト公は降参した。「ウィルヘルミナ女王のおどしが本気であることを、私は一瞬も疑わなかった」。結局彼は逃亡した妻と娘たちと合流した——もっともその前に大量の銘酒のワインを城の庭園に埋め、戦後それは無事に掘り出されたという。

ウィルヘルミナ女王と娘の夫のベルンハルトはロンドンにとどまり、占領者にたいする抵抗運動を組織することにしたが、幼い王女と母親のユリアナ後継王女はカナダの首都オタワに移送された。ドイツに占領支配された故国を遠くはなれて、ベアトリクスと妹のイレーネはスーストダイク城でのきびしい宮廷儀礼に縛られず、のびのびとした生活を送った。母子が住んでいるのはふつうの民家で、すばらしい自然にかこまれていた。宮廷職員はほとんどおらず、報道カメラに牧歌的生活を乱されることもめったになかった。夏は大西洋岸のケープ・コッドですごし、家の裏のプールでベアトリクスは水泳を習った。カナダに亡命した王女たちは土地の幼稚園や小学校に通った——オラニエ家の歴史の新機軸。ウィルヘルミナもユリアナも子供のころは宮殿内で家庭教師に教育をゆだねられた。

> それはまったく屈託のない生活だった——王族としてはふつうでないけれど。野次馬もスポットライトもそこにはなかったから。
>
> レイニルディス・ファン・ディツフイゼン
> 王室の消息通
> オタワ時代について

彼は英雄として歴史に残るだろう。そして第二次世界大戦を楽しんだ唯一の男としても。

ハリー・ムリシュ
オランダの作家

ウィルヘルミナ女王はわが祖国の母だった。オランダ人はよくこんなことを言う。彼女は当時わが政府で唯一の男だったと。

レイニルディス・ファン・ディツフイゼン
王室の消息通

カナダでベアトリクスがごくふつうの子供時代をすごしているとき、まわりの世界は炎につつまれていた。家族の団欒に父親が欠けているのは、戦時中のほかの何百万という子供たちの境遇と同じだった。

ベルンハルト公はロンドンのウィルヘルミナ女王にとって欠かせない存在になっていた。女王陛下の委託をうけて、彼は亡命地におけるオランダ軍の最高司令官を務めた。イギリス空軍のパイロットとしてドイツ上空にも出撃した。ベルンハルト公が躊躇《ちゅうちょ》なく本来の祖国に弓を引いたことを、オランダ人は公の生涯にわたって高く評価した。こうしてベアトリクスは、自分は戦争の英雄の娘であり、抵抗のシンボルの孫であることを意識しながら成長した。祖母のウィルヘルミナは夜のロンドンから放送するメッセージによって、苦しい歳月のオランダ人の士気を鼓舞する重要なささえになった。「ラジオ・オラニエ」を通して女王は数百万のオランダ人を力づけ、がんばりぬく意志を固めさせた。一九四三年初めにドイツ占領軍がすべてのラジオの押収を命令すると、地下放送がウィルヘルミナのメッセージの伝播をひきついだ。その不屈の意志を讃えて、イギリス首相ウインストン・チャーチルはウィルヘルミナ女王を「オランダ政府で唯一の男」と評した。戦争末期に武装抵抗グループは、ベルンハルト公指揮下のオランダ軍に編入された。一九四五年五月に連合軍がワゲニンゲンでドイツ軍の降伏を受理したとき、ベルンハルトはそこにいた。だが老女王――彼女の死んだ夫もやはりドイツ人だった――は、以来ドイツ語をけっして話さなかったという。

一九四五年八月、終戦の三カ月後、後継王女ユリアナは子供たちとともにカナダの亡命地から帰国した。戦争の傷跡はオランダに深く残った。飢餓が蔓延していた。赤子のときにはなれた国に、人形を手にして軍用機から降り立った七歳のベアトリクスは、自分が世間の脚光を浴びていることを知った。カメラマンが飛行機をとりかこみ、口々にベアトリクスの注目を引こうとした。リポーターのフリッツ・トルスにマイクを鼻先に突きつけられたとき、ベアトリクスはそれをきっぱりとはねのけた。こんな言葉で。「わたしはこんなもの大嫌い」。これが彼女のメディアとの緊張した関係のはじまりになった。

彼は1940年に、あらゆる誓言にもかかわらず、躊躇なく、わが国に襲いかかった自分の祖国に敵対しました。1940年5月10日にデン・ハーグの城館の庭園で上空のドイツ軍機を愕然として見上げたとき、彼のなかでなにかがはじけました。彼をオランダ人のなかのオランダ人に変えた瞬間があるとすれば、それはこのときでした。

カレル・テル・リンデン牧師　ベルンハルト公の葬儀にて　2004年12月

後継王女の家族はバールンの古い住居に入った。スーストダイク城。こうして王家の暮らしはふたたび身分に相応したものになった。王女ベアトリクスのための教育は、当時としてはきわめて革新的だった。ひとりっ子だった母のユリアナは、二人の娘を身分や宮廷の伝統にかかわりなく、ほかの子供たちといっしょに勉強させたかった。彼女が選んだのは城の近くにある新しい実験的な全日制学校だった。このビルトホーヴェンにケース・ボーケが設立した学校は「ヴェルクプラーツ」すなわち「作業場」と呼ばれた。この校名は設立の精神をあらわしていた。教育改革のコンセプトには、男女の生徒が日常生活の仕事を学ぶこともふくまれ、それには電気掃除機の使い方やトイレ掃除も入っていた。ベアトリクス王女も例外あつかいはされなかった。学校でみんなから「トリックス」と呼ばれていた王女が絨毯をたたいたり、「役割ごっこ」をしている写真が残っている。学芸会で小さな「労働者」たちはさまざまな芸術的才能をのばした。ベアトリクスの彫刻好きはこの時代につちかわれた。ただしリコーダーとピアノのレッスンはまるっきりだめだったと、のちにベアトリクスは嘆いている。学友はふつうの市民の子供たちで、パン屋の娘もいれば、郵便配達人の息子もいた。ほかのことでもすべて当時の子供たちと変わらなかった。王女姉妹は自転車で通学し、ほかの生徒たちといっしょにリンゴをかっぱらって捕まったりした。しかしビルトホーヴェンでの自由な教育には旧来の教科が足りなかった。父のベルンハルト公は、ベアトリクスと妹のイレーネが学校できちんと算数を習っていないのに気づき、伝統的な学校に転校させることにした。
一九四八年、ベアトリクスが十歳のとき、祖母のウィルヘルミナ女王が退位した。彼女は五十八年間にわたって君臨し、二度の世界大戦をのりこえてきた。一九一七年のロシア革命以後の混乱期に、オランダでも社会主義者が王政の廃止をさけんだときも、若い女王の人気が王朝を救った。古いヨーロッパの大王朝、ロマノフ家、ハプスブルク家、ホーエンツォレルン家が没落したとき、中立国の女王は、この騒動の局外にとどまることはできなかった。一九一八年十月の九日から十日にかけての夜、ドイツ最後の皇帝《カイザー》ヴィルヘルム二世が彼女のもとに保護をもとめてきた。ウィルヘルミナは亡命皇帝の国内滞在をみとめた――いささか躊躇してから。そのわけは、ドイツ皇帝のやり方がまったく「信じられなかった」から、と彼女は回想録に書いている。しかし連合軍がヴィルヘルム二世を軍事法廷に召還しようとしたとき、ウィルヘルミナ女王は断固として引き渡しを拒否した。一九四〇年にドイツ軍が侵攻してきたときは、女王はドイツの元皇帝に、いっしょにイギリスに逃れるよう誘った。しかしヴィルヘルム二世は国内にと

ユリアナはきわめて伝統的に、隔離されて教育された。しかし彼女は、自分の娘たちは他の子供たちといっしょに教育されることを望んだ。

コース・フイセン
女王の伝記作家

ベルンハルト公は、子供たちが計算できないことを知り、娘たちを別の学校、伝統的な学校に入れたほうがよいと思った。

コース・フイセン
女王の伝記作家

彼は人がいっしょに笑ってくれることを喜び、面白いことが大好きだった。儀礼なんて彼にはどうでもよかった。それはこういうガールフレンドにはすてきだったにちがいない。

レイニルディス・ファン・ディッツフイゼン
王室の消息通　ベルンハルト公について

私は典礼を重んじなかった。それは私の天敵です。

ユリアナ女王

どまることを選び、あろうことか、アドルフ・ヒトラーに戦勝の祝電を打った。

戦後三年目、ウィルヘルミナ女王時代の末期は、冷戦が大国間の関係を規定していた。ドイツはまだ占領地区に分かれ、連合軍の手中にあり、戦争で疲弊したオランダは、戦前の植民地をつなぎとめようとした。一九四八年、ユリアナ女王の即位とともに、ベアトリクスは後継王女になった。いま彼女は、この任に就いたものにもとめられるものを、初めて体験することになった。

たちまちユリアナ女王は君主として独自のスタイルを発揮した。ユリアナは親しみやすく庶民的であろうとした。手に触れられる女王。若い女王は膝をかがめておじぎする礼を廃止し、自分を「奥様《メヴルー》」と呼ばせた。赤絨毯が敷かれると、それを無視して絨毯の脇を歩いたりした。「典礼は私の天敵です」と言ったこともある。「もともと女王はソーシャルワーカーになりたかったのだ」と宮廷で噂された。後継王女ベアトリクスはそれをいちばん間近で見てきた。王室通のレイニルディス・ファン・ディッツフイゼンによれば、ベアトリクスが母とともに祝祭に出かけたとき、ライデンのユリアナはずっとひかえめで、ずっと国の母らしく、心優しい人柄で、幸いにも諸事にほとんど口出ししなかった。この点で王党派には物足りないかもしれないが、われわれ共和派としては、ユリアナのほうがよかったと思う。

ハンス・ファン・デン・ベルグ　「共和社会」

大学時代にユリアナと顔見知りだっただれかが、女王になれなれしく「ユラ、ユラ！」と呼びかけて、注意を引こうとした。若いベアトリクスには、この敬意の欠如が気に入らなかったようだ。一九八〇年、自分が女王に即位すると、伝統的な呼称を公式に復活させた。王室の広報部はこう告知した。「将来は公衆のなかにおいて『陛下』と呼ばれることを、女王は重視しておられる」。公衆はこの仰々しい敬称への逆もどりにびっくりした。

戦後の数十年のオランダは再起と経済的飛躍の時代であり、ユリアナ女王とベルンハルト公が幸福な国母・国父としてその先頭にいた。その間に王家は四人の娘に恵まれた。まだカナダにいたころ三人目の王女マルグリートが生まれ、いま彼女は公式の場でときおり姉ベアトリクスの代理を務めている。一九四七年には帰還したスーストダイク城で末娘のマリーケが生まれた。彼女は歌手になり、「クリスティナ」という芸名で長くニューヨークで暮らすことになる。第二次大戦中の長年の離散にもかかわらず、女王夫妻と子供たちは外向きには家族の調和の理想像を提供した。ふつうの主婦のような国母が住民と直《じか》に接触しようとするいっぽう、夫君ベルンハルトは世才ある貴族として、その魅力と人脈によってオランダ経済の再建に寄与した。だが陽気で鷹揚《おうよう》な表面の裏はかなりなまぐさかった。ベアトリクスの父は個人の自由をたっぷり楽しんだ。「国は妻に統治されているが、自宅では私の天下だ」とベルンハルトはアメリカの記者に明言した。公には情事が絶えなかった。ロンドン亡命時代に知り合った愛人は、ユリアナ女王の了解のもと、その後も長年、家族のスキー休暇に同行した。ベアトリクスは父の愛人と顔見知りにならざるをえなかった。しかし真の事情は思春期の少女に明かされなかった。

だが後継王女に隠しておけなかった事件もあり、それは王朝を存亡の危機におとしいれた。それは末娘のマリーケにたいする憂慮からはじまった。彼女は母親が妊娠中に風疹にかかったせいで、生まれたときから眼病を患っていた。医師は幼い王女を救えなかった。視力は急速に悪化して、ついに片目が見えなくなった。ベルンハルト公は狩りの仲間からグレート・ホフマンスという名の治療師の話を聞いた。その女性

人が私のことを、ときどき破廉恥漢のようにふるまうと思うとしたら、そのとおりだと私は言おう。しかし私が気を悪くするとしたら、人が私のことを、役立たずだと思うときだ。

ベルンハルト公

ベルンハルト公は北欧がこれまでに知っている最大の女たらしのひとりであり、それがオランダ以外でも無数の人びとに「パパ」と呼ばれるゆえんである。

レオン・デ・ウィンテル
オランダの作家

のおかげで、狩り仲間の六歳の子供が重い結核から治癒したという。娘のことが心配でたまらないベルンハルト公はこの話にとびつき、さっそく奇跡の治療師を家族に引き合わせた。グレート・ホフマンスは五十歳代の独身女性で、自分は神と「直接対話」して、全能の主から、神の名において治療するよう託された、と主張した。「主は私にたずねました。隣人の幸福のために、もっぱら神の務めに献身する覚悟があるかと。神は私に人びとを救う力をさずけてくださるかわりに、ひとつ条件を出されました。私はあらゆる世俗的な欲求を捨てなければならないと。もちろん私は受けいれました」。

ユリアナ女王には祈禱師の宗教的・霊的治療を受けいれる素地が充分にあった。もともと国母には神秘主義にかたむくきらいがあったので、喜んでこの最後の藁をつかんだ。ホフマンスは絶望的な状況で希望を約束した。そのため彼女は城への入居を許された。幼いマリーケと初めて会ったとき、ホフマンスはしばらく子供をじっと見つめてから、祈りに没入し、こう言った。「マリーケは見えるようになります。神はこの子の目に完全な光をさずけてくださいます――二年のうちに」。約束の期限が過ぎても幼い王女になんら変化はみられなかった。しかし奇跡治療師はその間に若い女王の信頼を得て、うまくいかない原因は父親が神に託された治療を信じていないからだと説明した。ベルンハルト公が心からキリストに帰依しなければ、子供は救われません、と。

しだいに祈禱師は女王夫妻のあいだにくさびを打ちこんでいった。ベルンハルトは王室財産を

> 「かつて伝説的な僧ラスプーチンがロシア皇帝の宮廷でやったように、スーストダイクの宮殿で61歳の女性グレート・ホフマンスが、国王の子供の病気を利用して、政治的にも個人的にも女王への影響力を獲得している」。
>
> 『シュピーゲル』1956年6月13日号

横領していると、ホフマンスは女王にささやいた。ふたたび従来の医療を末娘に受けさせていたベルンハルト公は、このオールドミスを宮廷から追い出すよう主張した。ホフマンスは城から立ち去ったが、近隣の町バールンにとどまって、ユリアナ女王にたいする影響力をいっそう強めた。しだいに女王は心から信頼する助言者のイデオロギーに染まっていった。宮廷は狂信者のたまり場になり、女王は大臣との定例会議で宗教的な質問を発したりした。一九五二年、オランダ女王のアメリカ訪問は大騒動をひきおこした。ニューヨークの国連総会でユリアナ女王は、ＮＡＴＯ加盟国の国家元首として、みずから書いた演説原稿を読みあげ、平和の原則をアピールした。そこで彼女は資本主義と共産主義のあいだの第三の道という考えを開陳したのだが、これは自国政府の立場と矛盾していた。女王の独断行動はオランダを憲政の危機に追いやった。このスキャンダルは恐るべきもので、事件を調査した委員会の報告書は、二〇五六年まで公開を禁じられている。第一次世界大戦の前にロシア最後の皇帝《ツァー》の宮廷にやってきて、血友病に苦しむ皇太子アレクセイの祈禱治療にあたった怪僧ラスプーチンとの類似は、だれの目にも明らかだった。

その前からオランダの君主夫妻の結婚生活は雲行きがあやしかった。

すでに離婚も話題にのぼっていた。ベルンハルト公は妻を退位させ、みずから王位に即きたがっているなどという噂もあった。マリーケより六歳上の後継王女ベアトリクスは、両親の不和をいやおうなく目にせざるをえなかった。こんな緊張した雰囲気のなかで、後継王女は十八歳の誕生日を迎え、それによって枢密会議の一員となる資格を得た。この王室の最高審議機関において政府の立法事業が話し合われた。両親にともなわれて公式の場に出席したベアトリクスは、つとめて目立たないようにした。しかし緊張は顔にあらわれていた。女王夫妻の危機をほのめかす噂は、つとに新聞種《だね》になっていた。いまベアトリクスは、家族内の不和が世間におよぼす影響を、身をもって知った。「彼女は両親の不和に苦しみました。彼女はふたりとも愛していましたから」と、ベアトリクスの伝記作者コース・フイセンは述べている。しかしことは家族の問題ではすまなくなっていた。

奇跡治療師をめぐるいさかいがさらに悪化したのは、ユリアナ女王が夫を城から遠ざけようとしたときだった。夫君は抵抗した。彼はひそかにイギリスのジャーナリスト、セフトン・デルマーを通して、オランダの王室の実情にかんする情報をドイツのプレスに流した。すべての人びと、「とりわけ内閣」に「ショックで目覚めてもらいたかった」と、のちにベルンハルトは王室の秘密をもらした理由を述べている。一九五六年六月十三日、西ドイツの週刊誌『シュピーゲル』は、ダンディにカーネーションをボタン穴に差したベルンハルト公の写真で表紙を飾り、特集記事を掲載した。「女王と政府のはざまで」と題した記事は、王室と政府のあいだで演じたグレート・

ベアトリクスは両親の不和に苦しみました。彼女はふたりとも愛していましたから。

コース・フイセン
女王の伝記作家

夫婦関係はまことに険悪で、ほとんど戦争状態だった。彼はこう洩らしたこともある。私はお情けでここに置いてもらっているだけだ、と。ユリアナ女王は夫を宮廷から追いだしたかった。

レイニルディス・ファン・ディツフイゼン
王室の消息通

ホフマンスの道化芝居を暴露した。西ドイツ首相コンラート・アデナウアーが「赤雑誌」と罵倒した『シュピーゲル』は、オランダ国内ですぐさま発売禁止になった。だがそれも無駄だった——西ドイツでもっとも権威のある週刊誌による暴露は、絶大な効果をおよぼした。グレート・ホフマンスは最終的にオラニエ家の生活から姿を消し、王朝は救われた。しかしユリアナ女王とベルンハルト公の夫婦関係は長いあいだ破綻したままだった。

もしこの事件でユリアナ女王が一九五六年に退位していたら、ベアトリクスは早くも十八歳で女王になるところだった。国家危機がなんとか収束したおかげで、ベアトリクスは国王の任務への心がまえができるのに必要な時間を得ることができた。世襲の王位継承を後継王女はつねに偉大な挑戦と見なしていた。「特定のゆりかごで寝たからといって、すべての心配ごとから解放されるわけではありません」とベアトリクスは言ったことがある。生まれのせいであらかじめ定められた職務を「うけるに値するものになる」ため精励努力することは、すでに幼いころから自分にとって重大な関心事だったと。

一九五六年から後継王女ベアトリクスはライデン大学で法学の勉強をはじめた。ここで二十年前に母のユリアナも大学教育をうけた。五〇年代後半の学生生活はまだ規律正しいものだった。後継王女が乱脈なパーティに参加したとか、授業をサボったとかいう話はいっさい聞かれない。いずれにしても、ベアトリクスはごくふつうの私邸に下宿し、召使いもコックもいなかった。とはいえこの人生の一時期に、ベアトリクスは将来のこと、王位を継ぐことについて、深く考える時間をもった。「あの時期に初めて王位に即く覚悟がだんだんできてきたのだと、私は思います。そしてあるとき、突然考えました。自分はそれを望んでいるのかどうか、いま決断しなければならないと。その瞬間のことはよく覚えています。それは私の人生の深い刻み目になりました。そのとき私は内心で一挙に受けいれました。私はうけて立ってやる、そのために最善をつくそうと」。五年後の一九六一年、ベアトリクスは大学教育を修了した。誇りでいっぱいの母親、ユリアナ女王は花束をもって娘を迎えにいった。

しかしベアトリクスは家族のふところにもどりたくなかった。牧歌的な森のなかの城、スーストダイクから遠からぬ場所にある、ドラーケン

もしベルンハルト公とユリアナ女王が離婚していたら、ベアトリクスははやくも18歳で女王になっていただろう。そうなれば彼女に青春時代はなく、ライデンの大学で学ぶこともなく、もちろんそれは悲劇的なことだったろう。

コース・フイセン　女王の伝記作家

ステインという名の水の城館に、独身女性は移り住んだ。いまや決意を固めたベアトリクスは、国と国民を親しく見聞することにした。それが単なる表向きの視察ではないことを、すぐさま彼女は明確に示した。王女は舞台裏をその目で見、臣民の社会環境を身をもって知りたがった。禁断療法中の麻薬中毒者の、夜勤の女性の、施設の障害者の置かれた環境を。後継王女は接触不安を知らなかった――その点では気さくな母親とてもよく似ていた。そして母親と同じく自分で考える頭をそなえていた。いったんこうときめたら、あくまでも最後までやりとおす――計画を実行に移すまで何年かかろうと。たとえばアムステルダムの売春地帯の視察のように。その視察の前にはさまざまな忠告が乱れとんだ。夜中に首都の赤線地帯を歩いてみたいという娘の提案に、ユリアナ女王とベルンハルト公はびっくり仰天した。政府はこの計画を危険すぎると判断し、いっさいの責任を拒否した。しかしついに後継王女ベアトリクスはこのおしのび訪問のために内閣の了承をとりつけた。王女はこの計画のためにアリダ・ボスハルトを味方につけた。この救世軍の女性少佐は、アムステルダムのせまい小路を歩く王女に同行することになった。正体を知られないように、ベアトリクスは鬘《かつら》、スカーフ、縁の太い眼鏡で変装し、女ふたりで夜の町に出かけていった。

アリダ・ボスハルトは高貴な生まれの若い女性にさまざまなものを見せた。「飾り窓のなかにすわって、体を金で売る女、ホモの男たちが客を待っているナイトクラブ、たくさんのホームレス」。ふたりの私服警官が居酒屋や売春宿をめぐる王女たちに影のように随行した。「私たちは、護衛の警官にけっして注意をむけてはいけないと言われました」と、いまや九十歳を超えたボスハルトは回想する。「彼らは客のようにふるまっていました」。急に救世軍の少佐はいたずら心をおこした。彼女は後継王女に二本の小路をむすぶ、ほとんど知られていない連絡路を指し示した。ふりかえると、仕事熱心なふたり組のすがたは見えなくなっていた。「ボディガードから解放されたいと、なんど思ったかしれないけれど、いちどもうまくいかなかった」とベアトリクスはアリダ・ボスハルトに言った。「でも今夜は彼らから解放された」。夜中おそくまで後継王女ベアトリクスはフィールドワークをつづけた。だがついにおしのびの散歩はおしまいになった。ジャーナリストのペーテル・ゾンネフェルドとばったり出会ってしまったのだ。王女は彼を知っていたし、もちろん彼も王女を知っていた。もはやスカーフも眼鏡も役に立たなかった。「彼は脚を見て私のことがわかったのよ」とベアトリクスは同行の女性に言った。かくしておこるべきことがおこった。翌日の『デ・テレグラーフ』紙に、滑稽な変装をした王女の写真が載った。だが後継王女ベアトリクスは後悔しなかった――その反対だった。これは私の人生で特筆すべき夜でした、とベアトリクスは救世軍の女性に告げた。そうたやすくは体験できない貴重な夜だったと。

ベアトリクスがライデン大学を卒業したのは二十三歳のときだった――結婚と出産の適齢期。なんといっても王朝は王族の再生産によって生きつづけているのだ。父のベルンハルト公はベアトリクスと妹のイレーネをヨーロッパじゅうの貴族の舞踏会に送りこんだ。一九六四年の夏、ド女王は国民の暮らしぶりを知らなければならない。彼女がアムステルダムの売春地帯を訪ねたかったのは、道徳上の問題だけでなく、社会的観点のためでもあった。

コース・フイセン
女王の伝記作家

それは危険でしたが、不祥事が起こるとは思いませんでした。ユリアナ女王とベルンハルト公、それに救世軍もそのことを心配しましたが、私はちがいました。

アリダ・ボスハルト
救世軍少佐

イツの貴族モリッツ・フォン・ヘッセンが自分の結婚前夜の祝賀舞踏会をタウヌスのクロンベルク城で催した。この祝宴でひとりのハンサムな男性がベアトリクスの関心を呼びさました。クラウス・フォン・アムスベルクというドイツ人で、ゴータの名もない下級貴族だが、外交官として国際的な経験を積んでおり、前途有望なキャリアを約束されているようだった。ちょうど彼はイスラエルの初代ドイツ大使になるロルフ・パウルスとともに、西ドイツとイスラエルとの外交関係を樹立する任務をおおせつかったところだった——戦後十九年目にして名誉あふれる責任の大きい任務。アムスベルクのイスラエルの友人アヴィ・プリモールは、コート・ジヴォアールのアビジャンで知り合った外交官で、のちに西ドイツ駐在イスラエル大使になった人物だが、その彼がすでにイスラエルでの住居を手配してもいた。そのときプリモールは友人から一通の手紙をうけとった。そこにはこう書いてあった。アムスベルクはイスラエルでのポストをあきらめ、ひょっとしたら外交官のキャリアも捨てるかもしれない。彼はオランダの後継王女と恋に落ちたが、オランダ国民がこのような結婚を歓迎するかどうか、危ぶんでいると。

アムスベルクの懸念は当たったった。一九六五年五月一日の朝九時に、ひとりのパパラッツォがドラーケンステイン城の庭園を散歩しているベアトリクスとクラウスの写真を撮ったことから、全土で憤激の声がわきあがった。よりにもよって「モフ」が、「邪悪なドイツ人」が、後継王女によりそい、しかもこの男はドイツ軍の元兵士だったのだ！　たしかに一九四五年三月、当時十八歳だったフォン・アムスベルクはイタリア駐留の戦車師団に配属された。そこで彼は終戦とともにアメリカ軍の捕虜になった。その前は多くのヒトラー治下の青少年と同じく高射砲部隊で補助員を務めた。「過去のゆえに非常に憂慮している。ドイツ人が……」と当時のオランダ首相ヨー・カルスは一九六五年五月初めの日記に書いている。後継王女が惚れこんだ男の経歴を、オランダ政府は慎重に調査した。国会の承認なしにベアトリクスが結婚することは許されない。王位継承権を放棄するつもりがなければ。そう憲法に書いてある。イタリアでもオランダ当局は調査を行ない、アムスベルクの所属部隊が戦争犯罪にかかわっていないかどうか調べた。調査の結果、いまわしい事実はなにも出なかったが、将来の故国ではいらだちがつのるばかりだった。

> 王子や王女にとって、愛し合っていることを世間に早々と知られるのは、非常に厄介なことなのだ。そうなると若い人たちは、もう自由に付き合うことができなくなる。そのため、そういうことはできるだけ長いあいだ秘匿しようとする。
>
> **コース・フイセン　女王の伝記作家**

彼はドイツ人だった。そして戦争とドイツ人にたいするオランダ人の記憶は「嫌悪」と同義語だった。そして彼は全ドイツ人のシンボルにされてしまった。

レイニルディス・ファン・ディツフイゼン
王室の消息通

それはひと目惚れだった。わが身にどんなことが降りかかるか気づいていたら、私は早々に退却しただろう。

クラウス公

「だめなものはだめ。なんでベアトリクスはオランダ人と結婚したくないのか」と、あるドイツの有力紙はオランダ国内の全般的な不満を表現した。

王室としては強行突破するしかなかった。「子供がだれと結婚すべきかを親がきめる時代は終わった」とベルンハルト公は明言した。一九六五年六月二十八日、ユリアナ女王は娘とドイツ人との婚約を発表した。オランダ人には意外だったが、クラウス・フォン・アムスベルクはすばやくオランダ語を習得し、記者会見で自分にたいする懸念をはっきりと語った。「私は皆さんの感情を充分に自覚しているし、皆さんの多くが最近の過去におこったことで困難をかかえていることは承知しています。私はそれを理解し、受けいれますが、私は皆さんの信頼を得るために最善をつくします」。このスマートなドイツ男の魅惑の攻勢も、六万人のオランダ人が結婚に反対する抗議文に署名し、アムステルダムのユダヤ人社会が結婚式をボイコットするのをとめられなかった。アムスベルクのイスラエルの友人アヴィ・プリモールも、このような状況では祝典への参列をことわらざるをえなかった。第二次世界大戦たいていの人間にとって結婚式の日は人生最高の日でもあるだろう。私の結婚式については、そうとは断言できない。婚約期間は困難な時期だった。

クラウス公
1978年

私はいくつか助言することもできただろう。娘のことはよく知っていたし、彼女が非常に強い性格をそなえていることも知っていた。私は彼に、彼女に屈服するなと言ってやってもよかった。

ベルンハルト公
1965年6月28日の婚約発表に関連して

とドイツ占領時代が負わせた傷は、まだなまなましかった。ドイツ人が花婿では「縁談がまとまらない」。一九六五年の夏、閣議は大まじめで議論した。クラウスという名前は「典型的なドイツ名」だから、将来の新郎のファーストネームを「ゲオルゲ」に変えたらどうかと。結局そこまではいかなかった。いずれにしても、オランダ議会はこの問題について九時間あまり議論したすえ、やっと後継王女の結婚を多数決で承認した。「クラウス公」と新たな称号で呼ばれることになった元ドイツ人は、歳月とともに非常に愛される王室の一員になった。

ヨーロッパじゅうの王侯貴族が列席するなか、一九六六年三月十日、結婚式が挙行された。とくに花嫁が希望して、ドイツ占領時代に抵抗の中心だったアムステルダムにおいて。しかしメルヘンのような婚礼になるはずだった祝典は、反ドイツ騒動の影におおわれた。新郎新婦が馬車で「新教会《ニーウェ・ケルク》」に向かうとき、「クラウス、出ていけ」「ベアトリクス、引っこめ」とデモ隊がさけび、煙幕弾が

教会での挙式を終えて、王宮へ向かう
(1966年3月10日、アムステルダム)
(Photo: AP Images)

とびかい、窓ガラスが破られた。少数派の抗議にかまわず、メディアは新婚夫婦を今年最高の愛のカップルとして祝福した。たしかにそうだった。ベアトリクスとクラウスはオラニエ・ナッサウ家の歴史において、なんらかの国家的打算でなく、愛によって結婚した初めてのカップルだった。ふたりがなしとげたことを、人びとは感じとった――あらゆる歴史的感情を超えて。オランダ人とドイツ人にとって、この愛は隣人関係の新たなはじまりだった。結婚式は両国を融和させたと、人びとは論評した。

ベアトリクスにとって結婚生活は――両親のそれとはちがって――私的な幸福の砦だった。たてつづけに三人の息子が生まれた。一九六七年にウィレム・アレクサンデル、一九六八年にヨハン・フリソ（今日では単にフリソと呼ばれている）、一九六九年にコンスタンチン。これによって一八九〇年以来初めて、次の世代には男の国王が玉座に即くことになるだろう。クラウス公は王朝に貢献した。十五年間、王女夫妻は比較的ふつうの家庭生活を送り、それを若い両親は存分に享受した。ベアトリクス王女は慈愛に満ちた母であり、クラウス公は思慮深い父として、息子たちのよき

> ふたりはオラニエ家の歴史において、政治的要因でなく、愛のみによって結婚した最初の王侯カップルである。
>
> コース・フイセン
> 女王の伝記作家

> この結婚を強く批判した左翼知識人の多くは、批判を撤回し、ドイツ人はみんな悪だというのはナンセンスだと納得した。
>
> ヤン・ヘーデマン
> 王室記者

この結婚の成功は、それが「ラブ・チーム」であることに依っている。ふたりは非常にうまく協力した。それは真の愛だった。

ヤン・ヘーデマン
王室記者

彼女は当時とても若くて、未経験だった。彼女はものすごく多くのことを彼から学んだ。彼女は彼から学ぼうとして、彼は彼女の夫のみならず、彼女にとって教師でもあった。

アヴィ・プリモール
王家の友人

相談相手になった。のちに、女王となったベアトリクスは、ドラーケンステイン城での歳月を郷愁をこめて回想し、「失われたパラダイス」と呼んだ。「もちろんドラーケンステインのころは――住居も、環境も――とてもすばらしい時代でした。私たちはとても幸福な歳月を過ごしました。夫と私がとくに望んだのは、三人の息子が幸せな家庭生活にめぐまれ、それによって調和のとれた、幸福な人間になることでした」。

十二歳上のクラウス公はその時代に後継王女の親密な助言者、協力者になった。義父とちがってクラウス公は意識的に表舞台に出るのをひかえた。大きな事業に手を出すことはなく、華麗な礼服も着なかった。ベルンハルト公のような有閑上流貴族の生活は彼には無縁だった。外交官としてアフリカに駐在した時代から、公はとくに第三世界の問題に関心があった。しばしばアフリカを訪れて、この地域にかんする知識をオランダ政府の政策に役立てた――発展途上国援助を担当する大臣の特別顧問として。

国王夫妻となるまでのモラトリアム期間中、ベアトリクス王女とクラウス公が緑のなかで幸福な生活を楽しんでいたころ、スーストダイク城では新たな嵐が吹き荒れた。よりにもよって活動的なベルンハルト公が、「オランダ経済の大使」としてオランダの戦後経済の復興に大きく寄与した女王の夫君が、百万ドルを超える賄賂をアメリカの航空機メーカーからうけとったかどで非難されたのだ。事件があばかれるきっかけとなったのは、一九七六年にアメリカの上院で、ロッキード社がジェット戦闘機F一〇四「スターファイター」を売りこむため、世界じゅうで賄賂をばらまいたことが公表されたときだった。収賄者のリストにオランダの政府高官の名が載っていた。オランダの調査委員会はさらに、ロッキード社にあてたベルンハルト公の個人的書簡を発見した。そこで公はオランダ軍によるスターファイター購入の手数料の支払いを要求していた。すべてが後継王女ベアトリクスの父親の関与を指し示していたが、収賄の事実は立証できなかった。推測の余地はいくらでもあった。大衆新聞は、ベルンハルト公のパリの愛人エレーヌ・グリンダの高

ロッキード事件は当時の新聞を賑わした。なかでも私の目を引いたのは、ベアトリクス王女がこう言ったという記事だった。母親がこんな事情で退位することになったら、自分は王位に即かない、と。私はすぐさま彼女にたずねた。「本当かい？」 彼女は答えた。「なんで私が王位に即いてはいけないの？　この事態に私が苦しんでいるのは個人的な理由からです。それが私の即位となんの関係があるの？」

アヴィ・プリモール　王家の友人

級マンション購入にあたって、ロッキード社が気前よく金を出したと書きたてた――のちに示されたように、これはけっして根拠がないわけではなかった。女王の夫君に刑事訴訟手続きがせまり、オランダ王室は没落の瀬戸際に立たされた。ユリアナ女王は、夫が裁判にかけられるなら退位すると言明した。このスキャンダルを女王夫妻は手をたずさえて切り抜けようとした。早くも世間はあれこれ推測した。母親がこんな情けない事情で退位せざるをえなくなったら、はたして後継王女ベアトリクスは新女王の地位に即くだろうか。ヨープ・デン・ウイル首相の中道左派政府は訴訟手続きを見合わせた。しかしベルンハルト公はあらゆる公職からの不名誉な辞任を余儀なくされた。それは三百近くあった。陸軍統合幕僚長、海軍と空軍の総司令官のポストも公は放棄し、大好きな制服の着用もあきらめた。社会主義者が王政を救ったと、ユリアナ女王は言った。

このスキャンダルの四年後、後継王女ベアトリクスは女王になった。母のユリアナは七十一歳の誕生日、一九八〇年四月三十日に退位して、それからはふたたび「王女」を称した。いつしか四

私はこの事実が「ロッキード」という言葉とともに私の墓石に刻まれるのは、がまんならなかった。

ベルンハルト公
2002年

かれはずっと役立たずのままでした。

ユリアナ

十二歳になっていたベアトリクスは、生まれたときから用意されていた職務に、新たな感動をもって立ちむかった。あらゆる王室の儀礼が再検討された。即位式にあたってベアトリクスが重視したのは、国王統治の表章である王冠、王笏《おうしゃく》、宝珠を、君主と国家の「協働の基礎」であるオランダ憲法によって補完することだった。へりをオコジョの毛皮で飾り、黄金のライオンを刺繍した国王のマントのかわりに、時代に相応した衣装を着ることも真剣に考えた。だが結局伝統が勝利して、ベアトリクスは威厳に満ちた緋色の王のマントをまとって儀式に登場した。王冠は――オラニエ王家では通常のように――表章として陳列されただけだった。「どっちみち似合わないでしょうから」とベアトリクス女王は言った。

騒然とした結婚式のときのように、アムステルダムっ子は即位式も抗議デモに利用した。戴冠の町はあらためて激しい騒動の舞台になった。今回の抗議は女王のドイツ人の夫にたいするものではなく、世襲王朝の全機関にたいするものだった。彼らを抗議にかりたてたのは、王族のハーグでの住居となるフイス・テン・ボッシュ城の修理に四千万ユーロも費やしたのに、首都では全般的な住宅不足に苦しんでいることだった。アムステルダムの空き住居占拠者たちが警察と小競り合いを演じた。安全上の理由から、今回は黄金の馬車は車庫にとめおかれた。かつてベアトリクスとクラウスが結婚式をあげた「新教会《ニーウエ・ケルク》」の内部で新女王が宣誓しているとき、外部ではデモ隊が「住宅なくして戴冠なし」と気勢をあげた。ベアトリクスの華やかな即位は不協和音でおわった。新女王は外にまったくすがたを見せなかった。自分の即位にたいする抗議にベアトリクスがどれほど苦痛を感じたか、それは想像するしかない。八年後にアムステルダムを非公式に訪問したとき、ひとりの市民がいきなりベアトリクスに抱きついて、頬に接吻した。これに女王は嬉しそうな笑顔で応じた――このハプニングが、この都市の女王にたいする和解のしるしであるかのように。

新女王は大名行列のような古くさいしきたりを廃止した。新しい硬貨には国王の抽象的な肖像を刻ませた。住居兼執務場を政府所在地のハーグに移したのは、政治の中心の近くにいたかったからだ。当初からベアトリクスは自分の任務ときわめてプロフェッショナルにとりくんだ。「ともかく仕事をしなければなりません。でも、やるならきちんとやりたいし、そのためにはできるだけきちんと情報を得たいのです」と女王は言明した。毎週月曜の午後はフイス・テン・ボッシュの宮廷に政府首班を迎える。首相との毎週の対話は女王陛下にとって「信じられないほど重要」なのだ。各大臣からも定期的に情報提供をうける。「国王」は、オランダ憲法が述べているように、政府の一員だが、国家元首のために責

ベアトリクスは強烈な性格をそなえた知的な女性である。

アヴィ・プリモール
王家の友人

権力、個人的な意志や要求、あるいは世襲の権威ではなく、共同社会に奉仕するという意志のみが、今日の君主制に内容を付与することができるのです。

ベアトリクス女王
1980年の即位に際し

ユリアナ女王はごくふつうの女性であろうとした。おだやかに、ふつうにふるまって。ベアトリクスは王位に即くと、プロフェッショナルな女王であろうとした。近所の男女と同じような人間でなく、国を体現し、王朝の存続のために奮闘する人間に。これが彼女の使命になった。

ヤン・ヘーデマン　王室記者

任を担うのは内閣なのだ。君主の発言は首相と同調していなければならない。しかし女王はなんらかの点を強調することもできる。ベアトリクスが諸問題に精通していることは、だれもがみとめている。「女王はなんでも知っている」と、政治家のあいだで語りぐさになっている。女王との会談に招かれるのを、まるで試験をうけにいくように感じる政治家もいる。歳月とともに、さまざまなテーマにかんするベアトリクスのノートは何百冊にもなった。「それを女王はめくって、いきなり言うんだ。『ほら、この問題はすでに七年前に話し合ったでしょ。あのとき私たちは……』とかね」。

ユリアナ女王のころはもっと気楽だったと、多くの人びとが感じた。しかしベアトリクスの生活能力にたいする評価は圧倒的に高い。彼女は前任者のいささか混沌とした宮廷を近代的な仕事場に変えた。それは、君主自身によって管理されているひとりの勤勉なマネジャー。「オランダ経営の管理委員長」と、ある新聞は敬意をこめてからかった。女王陛下が大臣とのふたりきりの会談でなにを語ったかは、世間には知らされない。「政治に影響をおよぼす権限は議会にあります」とベアトリクス女王は言う。しかし国王には助言を請われる権利があり、それを女王は好んで行使する。絶対に他言しないという約束で交わされる対話に、彼女は高い価値をみとめている。そこでなら女王が問題を指摘して、解決策を提案することも可能だから。「私はこの社会でおこっていることについてサインを送り、自分の考えを伝えることができます……これはいささか迂遠に聞こえるかもしれません」とベアトリクスもみとめているが、この慎重なやり方は「けっして効果がないわけではありません」。ベアトリクス女王が政治の舞台裏で自己主張を通したことは一度や二度ではない。「女王の力は宮廷の秘密である」と王室通の歴史家レイニルディス・ファン・ディッツフイゼンは言う。

オランダの共和主義者にとって、この「秘密の口出し」はしゃくの種だ。一九九六年、数人の共和主義者が神授の世襲王政の廃止をめざし、「共和社会」という団体を結成した。それは、少なくともいまのところ、風車にたいする戦いだ。二〇〇五年の調査では、王政廃止に賛成するオランダ人は八・五パーセントしかいない。しかしこの小さなサークルの人びと――そのなかには多くの大学教授がいる――は、ただの夢想家ではない。ベアトリクスの治下で王室を退場させる現実的な可能性がとぼしいことは、彼らもみとめている。要するに、ベアトリクスは優秀すぎ

ときどき私は
もっと影響力を
およぼしたくなります。

ベアトリクス女王
1988年

ベアトリクスは真のマネジャーであり、王室全体の綱紀を引き締めた。

ハンス・ファン・デン・ベルグ
「共和社会」

問題は、王室を疑問視することは政治的自殺に等しいと、多くの政治家が思いこんでいることだ。

ヤキャン・ウィルケン
新共和社会の指導者

とりわけ誤解されているのは、それがどんなに孤独かということです。これは、そうなってみなければけっしてわからないことです。

ベアトリクス女王
2005年

ると、多くの王政反対派は見ている。たとえばオランダの大作家ハリー・ムリシュは、二〇〇五年のベアトリクス女王在位二十五周年を機に、こんなことを言った。「本来、私にとって王室なんてどうでもいい。しかしベアトリクスは、自分の仕事をうまくやっていると思う。すべてが円滑に進み、あからさまな批判は聞かれなくなった。というわけで、なんでわれわれは王政を廃止しなければならないのだ？」

君主制は生きつづけている。しかし君主は悩んでいる。他のヨーロッパの王侯にはほとんどないことだが、ベアトリクス女王は高位の暗い面をしょっちゅう指し示し、それによって絢爛《けんらん》豪華で気楽な生活という想像を、伝説の王国に追いやる。最初にそれを口にしたのは即位式のときだった。ベアトリクスは母のユリアナにこう言った。「あなたが今日私に委譲した職務は、非常に孤独です。どんなに孤独か、そのことを知っているのは、母上、あなたひとりしかおりません。しかしあなたと同じく、私はひとりぼっちではありません。私にはわかっています、私のかたわらに夫がいて、私をささえ、補完し、修正してくれることが、どんなに幸せなことか」。いっぽうユリアナも自分が即位したとき、すっかり自己疑念におちいったものだった。「私はだれなの、こんな重荷を背負わされるなんて?」でも結局彼女は三十五年間にわたって王冠を背負いつづけた。多大な要求がつねに正当とは思えないという感情、自分自身にたいする疑念――それをベアトリクスも前任の女王たちも強く感じ、それを公然とみとめた。ベアトリクスの祖母ウィルヘルミナが回想録で述べたように、「孤独だが、ひとりぼっちではない」というモットーのもとで。それは職務疲れというよりも、むしろ経験なのだ。ベアトリクスが在位十年目に語ったように。「この職務は後天的に得るものではありません。それが内包する機能に、疑いをさしはさむことはできないのです。この職務が華やかに見えるのは外面だけで、じつは恒常的に重荷と自己規制を負わされているのです」。夫君のクラウス公は一九九八年にドイツのテレビ局にたいし、もっとはっきり口にした。「われわれの生活は義務と二十四時間ぶっつづけの勤務のはざまで演じられている。われわれはガラスの家に住んでいるのだ」。

私生活にたいする公衆の圧力はオラニエ家の悩みの種だ。少女時代のベアトリクスがカメラの砲列の前で、かわいいポーズをとってくれと言

嘘がわが国のジャーナリズムを支配している。

ベアトリクス女王
2000年

ちがいます、陛下、嘘が支配しているのではなく、従僕が支配しているのです――陛下の従僕が。

『NRCハンデルスブラド』の返答

われわれは自分の私生活を重視しており、それを公衆の目から遠ざけています。他方では、公的機能における公開は数世紀にわたるオランダ王室の特徴です。私自身は、人びとの諸問題や考え方に、現代の時代に、心を開いていなければならないと思います。

ベアトリクス女王　1991年

われたことがある。「前を向いて、うしろを向いて、はい、さようなら」。これで満足するジャーナリストはめったにいない。「イタチの蚤」とベアトリクス女王はセンセーションに飢えた報道カメラマンを呼び、この職能階級にたいする嫌悪の念をあらわす。夫君のクラウスは自分に要求される役割に気を滅入らせる。「妻が女王になると、私は自動的に女王の夫君になった。いっぽう王の妻はそういう場合、女王《クィーン》と呼ばれる」——ひかえめな夫君は自分も王になりたいわけではないが、自分の役割に苦しんでいる。王室の典範は、女王の夫君が自分のさまざまな関心事に専念するのをさまたげている。女王の夫が政治論議の対象になることはけっして許されない。これはとりわけロッキード事件から引きだされた結論だった。あの事件は女王の夫君から自由な活動の余地を最後の一片まで奪ってしまった。「それは子供の役割である」とドイツの週刊誌『シュピーゲル』は一九八二年に書いた。「ただすわって、耳をかたむけ、両手を組んで、口をつぐむ。それが夫君に鬱《うつ》をもたらした」。家父長的な意見の持ち主は、この男女の役割分担の逆転を伝統破壊と見なす。ちゃんとした夫なら妻の優位に意気消沈するはずだと。「クラウスが鬱になるのは当然よ」とドイツの作家エルケ・ハイデンライヒは述べている。「私にはそれがよくわかる。だって、つねに妻のうしろに二歩さがっていなければならないのだから」。たしかに儀典は女王の夫に要求している。妻のかたわらをうしろから歩き、公式の席では妻より三十センチ深く尻をひいて椅子にすわることを。

とはいえクラウス公は妻の女王即位のあと、非常に忙しい夫になった。途上国援助担当大臣に助言し、環境政策と地域開発計画の委員会に出席し、国立公園と文化財保護のための財団の理事を務め、女王に同行し、挨拶やスピーチをし、会議の開会を宣言する。そしてくずおれた。「ベアトリクス王女と結婚したときは、彼はまだオランダの外国大使になれると思っていた。妻の職務によってどれほど束縛されるか、まったくわかっていなかった」と王室記者ヤン・ヘーデマンは言う。

一九八二年秋、オランダ女王の夫君クラウス公は、初めてバーゼルの名声高いパウル・キーツホルツ教授の神経科病院に入院した。公は自殺をはかった、と新聞は書いた。公式には、クラウス公の状態は「無感動、抑鬱《よくうつ》症、疲労、喘息《ぜんそく》」と発表された。医師の勧告で公はしばらく宮廷の義務から解放された。女王の夫君はかなり長期間、ふたたび故国ドイツの友人たちのもとで過ごした。一九八三年、妻の戴冠からわずか三年目にして、初めてクラウス公はハーグでの国会開会式に欠席した。女王席のかたわらの、第二の、小さめの玉座は撤去された。ベアトリクス女王は初めて義務のプログラムを単独で遂行した。予定のデンマークとイタリアの訪問は延期された。

鬱病の遺伝体質が日陰の生活によって強められたことは否めない。自分が妻の職務によってどんなに束縛されるか、クラウスはまったくわかっていなかった。

ヤン・ヘーデマン
王室記者

彼は非常に幸福だった。その役割をふくめて。そういうことではないのだ。彼の病気は生理的な疾患であり、人びとはそれを理解しなかった。彼は生理的な神経疾患を病み、それが彼を圧迫したが、精神的には彼はつねに完全に正常だった。

アヴィ・プリモール
王家の友人

妻が夫を同伴せずに旅行したら、クラウス公の鬱が悪化するのを医師はおそれたのだ。クラウス公は自分を王室劇場の単なる端役にすぎないと見たのだろうか？　ドイツの週刊誌が表現したように、自分を「女王の隷属者」と感じたのだろうか？

ふたりを知る人びと、たとえばドイツの元大統領リヒャルト・フォン・ヴァイツゼッカーは、ふたりをぴったり息の合った夫婦と見ている。「クラウス公は非常につつましく背後にひかえているが、その思慮深い智恵によって、大いに、かつ決定的に妻を助けている。妻もそのことを、再三再四われわれに感じさせた。それはまことにすばらしいものだった。女王が私的な会話において、もちろん最初はつねに彼女が会話のイニシアティブをとるにせよ、話題がなんらかの点におよぶと、ここは夫が語る番だとして、まっすぐクラウスを見やるのを目にするのは」。家族の友人たち、たとえばアヴィ・プリモールも、クラウス公の鬱病を女王の夫君の役割と関連づけるのは、病気は一方では関係を親密にしたが、他方では状況を困難にした。彼は生理的に病み——彼はパーキンソン病だった——、生理的に、抑鬱状態になった。そして女王の仕事はそのままつづいた。たしかに彼女はくりかえし夫のための時間をつくろうとした。しかし当然ながら「ふつうの」妻のようにはいかなかった。もちろんそれは夫婦生活に負担をかけた。しかしふたりは誠心誠意、事態を克服して立ちむかおうとした。それは簡単なことではなかっただろう。私はそのことに深い尊敬の念を抱いている。

カレル・テル・リンデン　王族付牧師

ばかげていると見なしている。「ベアトリクスが女王になったとき、クラウスは彼女の緊密な助言者、盟友、パートナーになった。彼が陰にひかえているのは、もちろん、彼には公式な地位がないからだ。しかし彼は女王の夫君としての役割のみならず、オランダ政府が自分に託した役割にも、非常に満足していた。すなわち第三世界のための援助活動に。これに彼はつねに情熱をかたむけた。彼の病気は精神的なものでなく、他人には理解できない生理的な病なのだ」。

鬱病、人生にたいする絶望、自分の行為にたいする倦怠——これはヨーロッパの王室の華麗なイメージにまったくふさわしくない。クラウス公の病気は家族の幸福に暗い影を投げかけた。生気あふれる女王と妙にこわばった夫との対照は痛々しかった。有能なベアトリクスにとって、国王の家族が完全に機能することは君主制が成功する前提だった。女王夫妻は職務の重荷をこれからもいっしょに担いつづけられるだろうか？　女王は退位するのではないかという噂も流れたが、ベアトリクスのように責任を自覚した人間が簡単にギブアップするはずがない。女王とその夫君は苦悩と正面から対処することにした。「こういうことはだれにでもあることです」と、ベアトリクスは一九九〇年、夫の鬱の発症後数年たってから、テレビ・インタビューで冷静に説明した。「それがちょうどいま私たちにおこっているのです」。しかし闘病の辛労は女王の顔にあらわれていた。間延びした声でのろのろ話す夫に、ベアトリクスはしんぼう強く耳をかたむけた。「いつしか私はこれでよかったと感じるようになりました。私は病気を克服しました。でも、もちろんこの病は脚の骨を折ったようなこととはちがいます。それなら完治できるし、それ以上は思い悩むこともありません。夫の病はもっと深いもので、思考と全人格に影響をおよぼすものです。自己の機能、未来、そして地位にかかわるすべてのことに」。クラウス公はもはや元のクラウスではなくなっていた。しかし彼がくりかえし明確に示したのは、妻の助力がなければ人生最悪の時期をけっしてのりこえられなかった、「おそらく生き延びられなかった」ということだった。

ヨーロッパを一望すれば、ドイツ訪問はいまだに特別な次元であると言わざるをえません。

ベアトリクス女王
2005年

強い性格、独自の意志、理解力、自分がいま求められている要点との完全な自己同化、これは彼女が女王として身につけた特性である。

リヒャルト・フォン・ヴァイツゼッカー

後年になってもクラウス公の病気はつづいた。パーキンソン病、癌《がん》、心筋梗塞。静かな威厳をもって女王の夫君は疾患に耐えた。それが多大な努力を要することは、だれの目にも明らかだった。公が儀礼を最後まで演じぬくとき。自分で話すつもりだった会話が、第一に口から出てこず、第二に退屈になって、そのため第三に、すぐさま宴のくつろいだ部分に移りたがるようすを見せるとき。ネクタイをいかにももどかしげに頸からはずし、ぽんと舞台にほうり投げるとき。招待客の前で唐突にベアトリクスに愛の告白をするとき。「きみがいてくれて、私はとても幸福だ。そして、みなさん、あなたがたには想像できないでしょうな、私がどう感じているか。それはすばらしいものだ。ありがとう、ベアトリクス」――オランダ人はクラウス公の型にはまらない、質朴なやり方を愛した。

夫君の病気は王室をいっそう外界から隔絶させることになった。女王は家族の私生活の権利にこだわり、公衆にのぞき見られるのを断固として避けようとした。メディアが私たちの私的環境に闖入《ちんにゅう》するのは大問題です、と女王は主張した。そのことに私は「非常に過敏」になっています、私たちの私的な会話を外部に引きずりだされるのも、私は好みません、せめて束の間の平安を得るためにも、私生活は守られなければなりません、と。「王族は二つの人格を体現している」と王室通のレイニルディス・ファン・ディッフイゼンは言う。「彼女は女王であり、そして彼女はベアトリクスなのだ。彼女には二つの世界があり、両者をいっしょにされたくない。彼女の私的環境はきわめて少ないのだから」。批判者はベアトリクス女王がメディアを忌避していると非難する。しかしこの数年の、大勢の孫の祖母になってからの女王を見守ってきたものは、寄る年波とともに私的な付き合いが、彼女にとって一定のくつろぎになっていることを、認めざるをえないだろう。

当初から若い女王はドイツとの和解をとくに重視していた。「親戚」のルクセンブルクとベルギー――ベルギーは一八三〇年の革命までオランダ王家に属し、ルクセンブルクは一八九〇年のウィルヘルミナ女王の即位によって（同国は女系の君主を認めなかったので）別系の統治下にはいった――への二度の訪問ののち、ベアトリクス女王とクラウス公は一九八二年三月、即位からほんの二年後に、西ドイツを訪れた。母のユリアナ女王は戦後二十六年たってから、ふたたびドイツの地を踏んでいた。「他国の旗」――PAN《パン》・AM《ナム》チャーター機――のもとに女王夫妻はベルリンに飛んだ。まだベルリン市は連合軍の管理下にあり、西側戦勝国の空路のみがベルリン・テーゲル空港への着陸を許された。壁もまだ存在し、都市と国土は分断され、オランダからの訪問客はブランデンブルク門で東側をのぞき見るしかなかった。ベアトリクスは、ベルリン市民が分割された都市で三十年以上も理想のために耐えぬいていることを讃えた。おそらくベルリン市民のねばり強さは、とオランダ女王はシャルロッテンブルク城の賓客名簿にコメントを書き添えた。今後も長く他の諸国民を勇気づけ、「全ヨーロッパに幸福な未来への道を指し示すでしょう」。オランダの国家元首がこのような道義的支持を表明したことは、多くの賛同を得た。ドイツ・オランダ関係をやっかいなものにする過去は存在したし、いまも存在しており、オランダの国家元首とそのドイツ人の夫はそれに立ちむかわなければならなかった。女王はそれを、当時のベルリン市長リヒャルト・フォン・ヴァイツゼッカーとともに、抵抗の犠牲者を記念するプレッツェンゼーの墓地に花輪を献げることで実行した。

ナチスの独裁にたいする抵抗は多くの国々で讃美されており、オランダでもそうだった。反ユダヤ主義にたいする抵抗の歴史は不可侵のものとされていた。めざましい抵抗活動がオランダ人の勇敢さの輝ける記念碑になった。一九四一年、二日間にわたるストライキ（二月スト）によって勇敢な労働者は、四百人のアムステルダム在住ユダヤ人の強制収容所への輸送を妨害した。このストライキは残酷に鎮圧されたが、ドイツ占領下のヨーロッパの歴史上、比類なき抵抗の例証となった。約二万五千

1965/66年にベアトリクスと知り合ったとき、私は言った。「われわれは英雄的なオランダ国民の神話を聞いて育ちました。国民はみごとにナチスに抵抗し、ユダヤ人を救ったと」。彼女は言った。「やめて……やめて、そんな話は。もちろん抵抗の闘士だった人たちはいました。もちろんユダヤ人を救った人たちはいました。でもユダヤ人を密告して、ドイツ人と協力したものもたくさんいたんです。大部分はそのどちらでもなかった」。

アヴィ・プリモール　王家の友人

人のユダヤ人が占領下のオランダで潜伏した。その三分の二が生き延びた。四千五百人のユダヤ人の子供が非ユダヤ人家庭にかくまわれた。勇敢なオランダ人はみずから強制収容所に送られる危険を冒して、ユダヤ人に食料を供給し、偽造書類を調達した。一九四二年から一九四四年までアムステルダムの屋根裏に隠れ住み、父親の元従業員に扶養されたアンネ・フランクとその家族の物語は、世界じゅうに知られている。

しかし歴史の影の側面もあった。オランダのユダヤ人の七十五パーセントがドイツ占領時代に殺された。この比率は他の全西欧諸国よりも高い。それにはオランダにもやはり存在したナチス協力者や密告者の関与が大きく、協力者はドイツ占領下で唯一認められた政党、「国家社会主義運動（NSB）」の党員だけではなかった。多くのオランダ人がユダヤ人狩りに関与した。十六万八百二十人のユダヤ人が侵攻直後のドイツ占領軍の勧告によって数えあげられ、そのうち一万六千人がドイツから、八千人が他の国からの避難民だった。十万人以上がホロコーストで命を落とした。大部分がドレンター・ハイデにあるヴェスターボルグ中間収容所に送られ、そこから東方の絶滅収容所に輸送された。ユダヤ人の輸送と財産没収が比較的円滑に進められたのは、オランダ当局がユダヤ人の住所の捜査に協力し、アムス

> オランダ人はみんな戦争中にユダヤ人を護り、みんな抵抗の英雄だったと、多くの人びとが信じている——アンネ・フランクの話やなにかで。しかしそれは現実ではない。
>
> コース・フイセン
> 女王の伝記作家

テルダムの警察が輸送に関与したからだった。ドイツ軍は、全ユダヤ人を捕らえることはできないと見てとると、非ユダヤ人に金銭の餌をまいて、迫害された同郷人を密告させる手を打った。七・五グルデン（今日の約三七・五ユーロに相当する）の「捕獲奨励金」でユダヤ人はドイツ当局に売り渡され、「受領証」にサインして賞金が支払われた。オランダ人のウィム・ヘンネイケとウィレム・ブリーデの一派、いわゆるヘンネイケ部隊は、この人間狩りにとくに有効だった。首狩りは住民からの通報によって行なわれ、隠れ家を捜索し、あるいは路上で容疑者を捕まえた。この連中と共犯者だけで何百というユダヤ系オランダ市民が犠牲になった。アンネ・フランクの隠れ家も密告され、当時十五歳の少女は家族もろとも一九四四年八月に逮捕され、ヴェスターボルグに送られた。一九四五年三月にアンネ・フランクはベルゲン・ベルゼン収容所で衰弱死した。同収容所がイギリス軍に解放される数週間前のことだった。父親のみが収容所で生き延びた。

一九九五年五月四、五日の解放五十周年の記念祝典に、オランダ政府はドイツの政治家を招かないことにした。ベアトリクス女王は国民に、元の敵国との和解を勧告した。第二次世界大戦が終わってから五十年もたつというのに、いまだに過去が現在を支配してもよいのでしょうか。「抑圧のあとに解放がつづくなら、解放のあとには和解がつづくべきです」。さまざまなナチス組織に属していたことで批難を浴びた父親の娘は、融和的な語調を響かせた。当時のドイツ国民はナチス政権に「首を締められる不安」から恐怖でこわばっていました。当時にあっても善と悪を区別するのは、いまそう思えるほど簡単ではなかったのです、と。そして女王は、ドイツ占領時代に圧倒的多数のオランダ人が抵抗を行なったという、オランダ戦後社会の創成神話を公然と槍玉にあげた。「抵抗は全般的ではありませんでした。大部分の人びとは、生き延びることを願って、ただただ生きつづけることを優先したのです」。

三カ月後の一九九五年三月、ベアトリクスはこの告白、オランダ市民社会は残虐な独裁を前に無力だったという見解を、イスラエルの国会「クネセト」の前でくりかえした。「われわれは知っています、多くのわが国民が勇敢に、ときには成功裏に抵抗を行ない、しばしばみずからの生命の危険を冒して、脅かされた隣人を助けたことを。しかしまた、われわれは知っています、それは例外であり、オランダ国民はユダヤ人同胞の絶滅を阻止できなかったことを」。この言葉は相《あい》対立する感情を臣民のあいだに

イスラエル訪問に際し、私は考えました。自国を見なおすことも必要だと。われわれが戦争中に果たした役割、オランダ人が戦争中にどんなふうにふるまったか、それをふりかえるとき、幸いにも信じられないほど勇敢で、ものすごく善行を尽くした人びとがたくさんいたので、われわれはそれを基準にしがちです。しかしもちろん別の側面もあり、陰の側面もあって、全部が全部、言われているように勇敢で英雄的だったわけではないのです。私は考えました。戦後こんなに歳月が経ったのだから、そろそろこの部分も論じてよいのではないかと。

ベアトリクス女王　2005年

呼び起こした。一方は女王に賛意を表明し、歯に衣を着せずに語った勇気を讃えた。他方はこの批判を安直と見なした。ベアトリクス自身とその家族は、あのきびしい時代に快適な亡命地で過ごしていたではないかと。「問題は過去を清算することではない。そんなことはまったく不可能である。過去はあとから変えることも、なかったことにすることもできない。しかし過去に目を閉じるものは、現在にも盲目である。あの非人間性を記憶したくないものは、ふたたび新たな感染の危険におちいりやすいであろう」と当時の西ドイツ大統領リヒャルト・フォン・ヴァイツゼッカーは一九八九年五月八日、ドイツ連邦議会の追悼式で述べた。クラウス公はこの演説を翻訳させ、自分のコメントを添えてオランダのジャーナリストに配った。これが自分の立場を明確にする、女王の夫君のやり方だった。

自国の過去を訪ねる――これは国家元首たる女王にとって、けっして容易な課題ではない。ベアトリクス女王が自分の個人的な感情や見解を口にすることはめったにない。女王は全体を代表し、冷静沈着に、超然としていなければならない。その背後にある懸命の努力をおもてに見せてはいけない。ただ一九九五年の夏に旧植民地のインドネシアを訪問したときは、これは「きびしい」旅だと告白した。すでに十日間の訪問の前段階から紛糾した。オランダ最大の植民地、かつて「蘭領インド」と呼ばれた島嶼《とうしょ》国は、第二次大戦中に日本に占領されたが、連合軍の勝利ののち、日本軍は撤退させられた。オランダはあらためて統治を引き継ごうとしたが、スカルノが指導するインドネシア民族主義者の抵抗に遭遇した。こうして血なまぐさい独立闘争がはじまった。武装した民族主義者に旧植民地権力は残虐な暴力をもって対応した。村々が焼きはらわれ、捕虜はその場で射殺された。この血なまぐさい対決は「警察行動」として歴史に残り、約二十万のオランダ兵士が動員された。約六千人のオランダ人と混血児、約二十万人のインドネシア人が紛争で命を失った。ようやく一九四九年十二月にハーグはワシントンの圧力でインドネシアの独立を認め、南太平洋の島嶼国から撤退した。

それ以来、植民地の過去にかんする議論は情動的な対立をたえずくりかえしている。影響力の強い在郷軍人会は、インドネシア独立宣言五十周年を記念する祝典に、ベアトリクス女王が参列することに反対した。そんなことをしたら、遅まきながら独立を承認したと思われるというのが、そのときの旧軍人たちの意見だった。ベアトリクスはその意見にしたがい、公式のセレモニーの四日後にインドネシアの地を踏んだ。それは問題の多い旅となり、ベアトリクス女王はいくつかの無愛想なあつか

女王がインドネシアを訪問したとき、オランダの名において植民地時代の謝罪をしてもよかっただろう。しかし政治がそれを許さなかった。

コース・フイセン
女王の伝記作家

ベアトリクスは定められた仕事、テープカットや勲章の授与に専念していればよく、それ以上の口出しはすべきでない。

ハンス・ファン・デン・ベルグ
「共和社会」

いに耐えなければならなかった。公式の会談は予定より早く切りあげられ、そのあとの食事も突然とりやめになった。「女王は当地でまさしく追いたてられている、できるだけ早く出ていけと言わんばかりに」と、随行のジャーナリストはホスト側の奇妙な態度をコメントした。ジャカルタ政府は女王に、歓迎されていないことをはっきり感じさせた。インドネシア大統領主催の晩餐会で、人びとは固唾《かたず》を飲んでベアトリクスのスピーチを待ちかまえた。女王は一九四五年から一九四九年にかけてのインドネシア独立闘争の犠牲者に「深い哀悼」の意を表した。これは多くのインドネシア人にとってあまりにも不充分だった。しかしオランダの国内政治を考慮すれば、これ以上のことは言えなかっただろう。オランダではつい先ごろ、作家のグラー・ボームスマが「警察行動」をナチスの犯罪になぞらえたかどで、罰金刑に処されたばかりだった。三百年以上にわたる植民地支配にかんし、元植民地の国民が望んでいる公式の謝罪は、なされないままに終わった。「私は解決のこころみを他の人びとにゆだねるしかないのです」と、女王はいかにも残念そうに述べたことがある。女王の手は縛られていた。そのかわりベアトリクスは宥和のスピーチをこころみた。当時オランダでは、と女王は述べた。植民地体制は両国にとって有利であるという主張が支配的だったのです、と。それ以来ベアトリクス女王は旧植民地を訪ねていない。オランダ植民地史のもっとも陰鬱な章にかんする国民的議論は、いまだに決着がついていない。

世界じゅうがミレニアムを祝って平穏にはじまった新しい世紀も、ベアトリクス女王には個人的な悩みと一連のスキャンダルをもたらし、それは王室の基盤をゆるがした。最初の衝撃は二〇〇〇年の初め、在位二十年を機に行なわれた世論調査の意外な結果だった。オランダ人の約半分が、女王陛下が六十五歳になったら、つまり二〇〇三年に、退位すべきだという意見に賛成したのだ。「国母」として臣民に絶大な人気があった母のユリアナ女王が自発的に長女のベアトリクスに王位を譲ったのは、七十一歳のときだった。この世論調査の悪しき結果は、ベアトリクスの六十歳の誕生祝いにたいする批判と関連しているだろう。一九九八年に女王は自分の還暦を「まったく私的に」、閉ざされたドアの奥で親しい友人と親戚のヨーロッパの王族だけで祝ったのだ。女王陛下の記念すべき祝祭を全然見られなかったことに、国民は失望した。ベアトリクスはこの調査結果にたいし、二〇〇二年の誕生日に「魅惑の攻勢」で対応し、自己批判の語調を響かせた。私は総決算をしたい、と女王は声明した。「批判的な自己分析が必要だと、私は考えます。とくに一定の地位に長くとどまっているときは」。しかし私がもとめているのは、表面的な人気ではありません。私は自分の路線から逸脱せずに、じっくり仕事をつづけ、自分の信ずることを行ないたい。「とにかく

彼女は何日間もたえまなく泣いていた。私にとってそれは非常に稀有な、真の愛の歴史だった。それを目にするのはすばらしいことだった。

アヴィ・プリモール
王家の友人

彼はオランダの王冠の真珠だった。

『アルゲメーン・ダグブラド』
クラウスの死後

そういうことです」――神授の君主としてはおどろくほど率直な発言だ。これが広く受けいれられた。オランダの王権をさらに制限しようとする共和派の努力は水泡に帰した。二〇〇二年十月六日、各方面から愛されたクラウス公が長い病のすえに死去したとき、国民の多数はふたたび王室とその家長を一致して支持していた。

クラウス公の死は、三十六年間の結婚生活のあと、ベアトリクス女王の人生に大きな穴をあけた。女王の夫君はデルフトの新教会に葬られた。オラニエ家の父祖、ウィレム・ファン・オラニエの大理石の墓碑の下に。めったにないことだが、ベアトリクス女王は自分の感情を隠さなかった。夫の葬儀に際しても。彼女は何日も泣きくずれていたと、家族の友人アヴィ・プリモールは回想する。「ふたりは外に――カメラマンや国民に――たいしてだけでなく、真の夫婦だった。ふたりは真に愛し合い、とても、とても幸福だった」。

「夫は王家の指揮者でした」とクラウス公の死後に未亡人は語った。

最後にクラウス公が自分の影響力を行使したのは、皇太子ウィレム・アレクサンデルとマキシマ・ソレギエタとの結婚問題だった。クラウスは長男の選んだ嫁を歓迎し、家族のなかでふたりに肩入れした。その際女王夫妻のあいだでは、王子たちも恋愛結婚を許されるという、固いコンセンサスができていた。未来の妻の資質は人物本位であって、身分ではない。「夫と私は、息子が家に連れてくる娘さんを批判的に見なければならないということでは一致していました」と、ベアトリクスは息子たちがみんな結婚したあとで言った。しかし皇太子の結婚は国会の承認を得夫と私は、息子が家に連れてくる娘さんを批判的に見なければならないということでは一致していました。もちろん私たちの場合は、職務が高度な資質を要求するということが付け加わります。でも私は、「悪い姑」という決まり文句があるとしたら、私は幸福な姑だと言うことができます。皆さんも私が授かったようなすばらしい嫁に恵まれますように。私は嫁をとても誇りに思い、とても満足しています。

ベアトリクス女王　2005年

なければならないので、これには政治的な審理眼もふくまれていた。

一九九九年にウィレム・アレクサンデルがセビーリャでアルゼンチン人のマキシマ・ソレギエタと知り合ったとき、最初は王位継承者にふさわしいカップルに見えた。初めてこの恋愛関係が漏れ聞こえたとき、時の首相ウィム・コークは係官をアルゼンチンに送り、未来の花嫁の周辺を調べさせた。秘密調査の結果はけっして喜ばしいものではなかった。マキシマの父親、ホルヘ・ソレギエタは、一九七六年から一九八三年にかけてのアルゼンチンの軍事独裁政権時代に政府高官の地位を占めており、したがって職務柄、軍事政権が犯した何千という政敵の抹殺を知っていたにちがいないというのだ。コーク首相としては、娘のマキシマは父親の過去に責任はないという考えだったが、悪名高いアルゼンチン軍事政権の一員がアムステルダムでの祝典に同席するというのは、やはり祝賀の雰囲気を確実に損なうことになるだろう。

この花嫁にたいする広範な反対意見はベアトリクス女王に、

自分の夫にたいする当時の抵抗を思いださせたにちがいない。自分も一九六五年の婚約の際に敵視されたクラウス公は、未来の義理の娘を擁護した。ウィム・コーク首相はこの難問をたくみに解決した。コーク首相の賢明な勧告にしたがってマキシマの父は、自分は軍事政権のテロ支配を関知していないと言明した。「私は軍事独裁を断罪する。なぜならば、私は政敵の拉致、殺害、拷問をけっして容認できないからである。私は自分の属した政権下で、このような人権侵害が犯されたことに、多大な苦痛を感じている」。さらにソレギエタは、娘の結婚式に出席しないことにも同意した。二〇〇二年二月二日、アムステルダムはアルゼンチン・タンゴ付きの夢の結婚式を体験し、感きわまった花嫁を目にした。花婿の父、クラウス公にとっては、長男の結婚式が、大きな催し事で公衆の前に登場する最後の機会になった。つづく歳月に起こった家族内のスキャンダルを、もはや公が体験することはなかった。

なにしろそれは、もっとやっかいなものだったから。ヨハン・フリソ、ベアトリクスとクラウスの次男で、ウィレム・ア

こんな父親がいるのでは、マキシマは王妃になれない。ウィレムが彼女と結婚したければ、王位に即く権利を辞退すべきである。

ヤン・ファン・ワルセム
オランダの政治家

ホルヘ・ソレギエタはアルゼンチン軍事政権の共犯者です。われわれは彼を断罪するけれど、娘はちがいます。

エンリケタ・バルネス・デル・カルロット
アルゼンチンの人権活動家

ベアトリクス女王は苦境に立たされた。彼女はマーベルを受けいれることにした。息子がマーベルと結婚するのは適切と判断した。彼女はまた、マーベルを真剣に事に当たる知的な女性と見なした。そして女王がひとたび決意して、だれかを家族に迎えいれ、抱擁したら、ふたたび放りだすようなことは、この女王にふさわしくない。暴露の直後、全家族が日曜日にマーベルとヨハン・フリソとともに教会に詣で、満天下に示した。われわれは家族であり、けっして引き離されることはないと。それはPR攻勢だった。

ヤン・ヘーデマン　王室記者

レクサンデルの一歳下の弟は、長いあいだ女っ気なしで公衆のなかに姿を見せたので、ホモだという噂がたっていた。王子はその噂を王室の広報を通して公式に打ち消したこともある。そのヨハン・フリソがようやく二〇〇三年に平民のマーベル・ウィッセ・スミットを将来の妻として紹介したとき、世間の関心は大いに高まった。兄のウィレム・アレクサンデルの場合と同じく、議会がふたりの結婚願いを承認する前に、未来の妃の身上調査をする必要があった。なんといってもヨハン・フリソは王位継承の第二位に位置していたから。しかし過去にかんする問いに、フリソの恋人の返答は曖昧模糊としていた。そしてしぶしぶ認めたのは、犯罪者クラース・ブリンスマとの交友関係だった。この男は麻薬界の大物で、数々の殺人事件に関与していた。一九九一年にブリンスマは、ユーゴスラヴィア・マフィアが雇った殺し屋に街頭で射殺された。批難に直面してマーベルは、ブリンスマとの付き合いは単なる「ヨット友達」にすぎないと抗弁した。

とても愛らしく才能豊かな義理の娘がわが家族を増やしてくれることを、私は幸せに思います。

ベアトリクス

ヨハン・フリソとマーベルの婚約について

しかしこれは半分の真実でしかなかった。ブロンドのマーベルはしばしばプリンスマのヨットで夜を過ごしていた。証人の証言によれば、そのヨットでときどき不都合なビジネスパートナーが殺害されたという。麻薬王の元ボディガードは、ボスは若いマーベルに夢中だったと証言した。

とんでもない話はこれだけではなかった。マーベルは元ボスニアの国連大使ムハメッド・サチルベイとも親密な交友関係を結んでいたというのだ。この男は三十四億ドルにのぼる国連援助金を着服したかどで、アメリカの刑務所に入っており、ボスニア・ヘルツェゴヴィナ政府が引き渡しをもとめていた。「根も葉もない嘘だ」とヤン・ペーテル・バルケネンデ首相は、ベアトリクス女王と同じく、断片的な情報の操作に立腹した。いずれにしてもこのような状況では、フリソの花嫁が「王妃候補」の役割をはたせないのは明らかだった。そのため皇太子ウィレム・アレクサンデルの弟は、議会への結婚承認の申請をとりさげた。しかしベアトリクス女王は義理の娘の味方についた。女王はマーベルを家族の一員として迎えいれ、この若い女性が二つの博士号をもっていることを評価した。家族のためなら女王はライオンのごとく闘う、と宮中で噂された。マスコミがいやなゴシップを暴露した直後、女王は見せつけるようにマーベルとヨハン・フリソを同行して教会に詣でた。われわれは家族である、われわれのあいだを割くことはだれにもできない、というわけだろう。とくに女王がマーベルを高く評価していることを示したのは、早くも二〇〇二年、クラウス公の葬儀の際にフリソの恋人を墓所まで同行させたときだった。そのころマーベルとフリソはまだ婚約もしていなかった。

ベアトリクスの次男とマーベル・ウィッセ・スミットとの結婚式は二〇〇四年四月二十四日、デルフトの教会で行なわれた――愛の勝利。しかし外国の王侯貴族は列席をひかえた。ヨハン・フリソ王子との結婚は平民の新婦を名目上は王子妃にしたが、同時に新郎は王位継承から閉めだされた。フリソ王子は歳費、ボディガードを付ける権利、そして王族としての外交上のステータスを失った。王室の公式行事に家族とともに登場することもない。女王が黄金の馬車でハーグの議会におもむき、開会の式辞を述べる、伝統的な儀式にも、マーベルとフリソは参列を許されない。「マーベルゲート」で女王はひとりのありうべき後継者を失った――家長として苦痛な経験。彼女は君主制と王室にかかわる重責を担っている、と伝記作家コース・フイセンは言う。二〇〇五年の夏にマーベルの写真が世界じゅ

国家元首の個人的近縁におけるマーベル・ウィセ・スミット嬢の将来の正規の交際は、国家元首の安全と不可侵性にとって支障はない。

バルケネンデ首相
2003年　マーベルをめぐるスキャンダルのあと

家族の一員のためなら女王はライオンのごとく闘う。

コース・フイセン
女王の伝記作家

うで反響を呼んだ。ノースリーブの緑青色のドレスで近親者の結婚式に出席したときの写真。この衣装でマーベルは花嫁の影を薄くしてしまった。なぜならこのドレスは、かつてベアトリクス自身が、それもクラウス・フォン・アムスベルクとの婚約発表の際に着たものだったから——悪評高い義理の娘を守る義母ベアトリクスのPR攻勢？

フリソの結婚式から数週間後、母のユリアナ元女王が九十四歳の高齢で亡くなった。老母はアルツハイマーと老人性認知症を病んで、しまいには近親者の顔もわからなくなっていた。故人の特別な希望により、娘のクリスティナことマリーケがデルフトの教会で、「It's a Gift to Be Simple」を歌った。ユリアナ元女王は略式の葬儀を望んでいたので、近親者は喪服を着ずに葬儀に列席した。

九カ月後の二〇〇四年十二月一日、ベアトリクスは父のベルンハルト公も失った。享年九十三歳だった。ベルンハルト公も自分の最後の道行きに独自のイメージをもっていた。もともと遺書には、家族は白い象に乗って私の柩《ひつぎ》につづくように、とあった。ベルンハルトは象が大好きで、スーストダイク城には膨大なミニアチュアの象のコレクションがあった。だが最後の瞬間に公は思いなおし、王族の象行列は遺書から削除した。この奇抜な演出を考えるだけで、ベルンハルト公は大いに楽しんだと、公の友人は述べている。公の柩は一九四〇年製の砲架に載せられ、九千人の儀仗兵が出動した。葬儀が軍事的色彩を濃くしたのは、葬送される人物が第二次世界大戦の英雄だったからだ。五人の娘が墓所に随行した。ベアトリクス女王と三人の妹のほかに、ベルンハルトとフランスのフォトモデルのあいだに生まれた非嫡出子、アレクシア・グリンダも。彼女の存在はとっくに公然の秘密になっていた。

　ベルンハルトの葬儀からたった三日後に、老父が死の直前に点火した爆弾が破裂した。ベルンハルト公はずっと前から、自分に投げかけられた批難や疑惑にたいし、政府の指示で公然と反論できなかったことに憤懣《ふんまん》やるかたなかった。そこで公はリベラルな新聞『フォルクスクラント』のふたりの記者とひそかに会い、延べ二十時間にわたるインタビューを行なった。いまだかつて王族の一員が非公式にこれほど詳細な質疑応答に応じたことはなかった。ベアトリクス女王は、このプレスを利用した父の最後っ屁のことをまったく知らなかったようだ。バルケネンデ首相は「びっくり仰天した」と告白した。「公は語る」というタイトルで二十四ページにわたるインタビュー記事を載せた『フォルクスクラント』の特別号は、数時間のうちに売り切れた。まずオランダ人がびっくりしたのは、女王の夫君の奔放な生活ぶりだった。そこではい

うちの新聞にこの暴露記事が掲載される前の晩、うちの編集長は城に電話して、翌朝この女王の父親のインタビューが公表されることを伝えた。それだけでもたいへんなショックなのに、事実が白日の下にさらされたとき、ショックはいっそうひどいものになった。それは非常に手痛い奇襲だった。

ヤン・ヘーデマン　王室記者

きなり六人目の娘のことが語られていた——アメリカ女性とのあいだにできた娘、アリシア、すでに五十歳。家族は彼女の存在を知っていると、ベルンハルト公は記者の質問に答えていた。「ふたりの子供はマミー(ユリアナ)が優しくしてくれることにおどろいた。私の妻は、とても可愛い子供たちね、と言った」。ちなみに妻のユリアナは、夫の奔放なふるまいを「正常」と見なしていた。「まるで私が、明日はテニスをしようか、と話したかのように」——ユリアナはベルンハルトを「愛すべきのらくらもの」と呼んでいた。

ベルンハルト公は後世に、自分の名前と結びついたスキャンダルについて、真意を伝えようとした。いや、私はナチスではなかった。そう、私はアメリカの航空機メーカー、ロッキード社から金を受けとった。しかしこれはべつの目的のため、私が創立した世界野生生物基金(WWF)のためでもあった(もっとも、同基金への入金は確認されなかったと、他の新聞が書いている)。ベルンハルトは賄賂を受けとったことを悔やんだ。「私はつねにたくさんの金を稼いでいた。ロッキードからの百万そこそこの金なんて必要なかったのだ。どうして私はあんなばかなことができたのだろう?」

> 不愉快なことは忘れることにしている。それを笑い話にしてしまえばいいのさ。
>
> ベルンハルト公

裕福な女王ベアトリクスという神話を崩すことも、公の動機のひとつだったようだ。経済誌『フォーブス』は長年にわたり、ベアトリクスを世界一の金持ち女性のリストに挙げていた。女王の父のイニシアティブで『フォーブス』はオランダ女王の財産を二十五億ドルから二億七千万ドルに引き下げた。ベアトリクスは怒っていたな、と父親は言った。彼女は家産のことで世間がとやかく言うのをきらっていたから。

ベルンハルト公のセンセーショナルな暴露は、すでに数カ月前から女王の姪の公開発言によって熱くなっていた状況に油をそそいだ。ベアトリクスの名づけ子で妹イレーネの娘、ブルボン家のマルガリータは、女王を激しく批難した。彼女は自分の平民の夫エドウィン・デ・ロワ・ファン・ズイデウィン――いささか軽薄なビジネスマンで、主として助成金で暮らしていた――が女王の密偵に監視されたことに腹を立て、王家の私事を言い触らしたのだ。ベアトリクス女王は飲酒が過ぎて、地位にふさわしくない。王族はノールデインデ城のバルコニーに出御したあと、卑猥な客たちと民衆を笑いものにしている。そもそも伯母は家族を完全にコントロールしたがっている、等々。

たしかに「女王の官房」、ベアトリクスの個人的なオフィ

多くの人びとがベルンハルト公の暴露に衝撃を受けた。もちろん噂は前からあった。しかしそれを本人が語り、しかもそれが死後に語るという特異なかたちをとったことは、まことに衝撃的だった。

ヤン・ヘーデマン　王室記者

かれらは権力と地位を濫用しています。それは親族にたいしてはもとより、だれにたいしても許されないことです。そんな人たちとは付き合えません。

マルガリータ
ベアトリクス女王の姪

スは、不釣り合いなペアにたいするスパイ行為を行ない、そのことを首相には黙っていた――これは職権濫用にあたる。気分を害したペアは、とっくに離婚していたけれども、損害賠償の訴えをおこした。盗聴行為によって名誉を毀損された女王の姪の夫に、うん百万を支払え。この泥仕合は女王には大ショックだった。いつものやり方とまったくちがい、ベアトリクスは故国を遠くはなれたチリ訪問中に、この批難にたいして公式に見解を表明した。「私はきっぱりと言明します、いまひろがっている家族にかんする報道に、われわれはいっさい関知しないと。私はこれ以上、この件に立ちいるつもりはありません。なんといってもこれは私の妹の娘にかかわることですから」。

二〇〇四年はオランダ女王にとって「厄年」だった。義理の娘と姪をめぐる事件はベアトリクスに権力の限界を示した。ともかく――もっとやっかいなことだってありえたのだ。父のベルンハルト公はもともと自分の葬儀で「Goodbye to All the Beautiful Ladies I Knew」を歌わせるつもりだった。ありがたいことに、最後にはこの箇条を遺書から削除したので、娘は恥

女王のオフィスはエドウィン・ド・ロワ・ファン・ズイデウィンの過去にかんする調査を依頼した。女王の姪に当たるマルガリータの婚約者の。この調査が国家情報機関によって行なわれたことを、マルガリータは発見した。そのため彼女は激怒した。彼女はそれを結婚の妨害と見なし、私生活が損なわれたことをインタビューで公表し、なんでも介入したがる女王の傾向を暴露した。

ヤン・ヘーデマン　王室記者

ウィレム・アレクサンデルを叩いてもいいけれど、殴り殺さないでくれ——さもないと私が王になるはめになる。

ヨハン・フリソ王子

ずかしい思いをせずにすんだ。
オラニエ王朝の未来は保証されている。皇太子ウィレム・アレクサンデルのあとには、二〇〇三年に生まれたカタリナ・アマリア王女が王位に即くだろう。こうしてふたたびオランダ人は、一世紀以上なじんできた女性の君主を戴くことになるはずだ。しかしベアトリクス女王は、近年のスキャンダルにもかかわらず、愛と玉座を結びつけた近代の君主として、歴史に残ることだろう。

JAPAN

皇太子妃の涙

日本の雅子

皇太子とハーバードの卒業生、小和田雅子との間近にせまった婚約を、最初に報道したのは『ワシントン・ポスト』だった。それまで日本のマスコミは宮内庁との沈黙協定を守ってきたが、これによってもはや歯止めはなくなった。テレビ局は既定の番組を中断し、新聞の号外が大急ぎで印刷された。すでに多くの人びとが、三十二歳になる徳仁《なるひと》皇太子の花嫁さがしのハッピーエンドを、もう信じなくなっていた。それだけに喜びはひときわ大きく、一年近い報道の自粛のあと、街じゅうに祝賀のクラクションが鳴り響き、花火が打ち上げられた。早くも一九九三年一月六日の夕方には、三百人を超えるジャーナリストが小和田邸の前に陣どり、未来の皇太子妃の動向をつかみそこねた失を挽回しようとした。だが雅子は一日半にわたって報道陣を寒空の下に立たせたすえ、ようやく姿を現した。テレビ局のヘリコプターが東京の高級住宅地の上空を旋回するなか、彼女は玄関口に出てきた。フラッシュの嵐が若い女性に襲いかかり、リポーターが雨あられと質問を浴びせ、野次馬が歓呼した。おずおずした笑みを浮かべて雅子は丁寧にいくつかの質問に答えた。宮内庁との公式の取り決めのない写真撮影はこれが最初で最後になった。

▶「朝見の儀」を終えて（1993年6月9日）
(Photo:Kyodo News)

皇太子の結婚の申し込みを受け入れるという決断は、外交官の娘にとってけっして容易にくだせるものではなかった。五年以上にわたって徳仁は雅子に求婚し、一度ならず彼女の側から拒否された。日本の伝統主義者の観点からすれば、雅子は貴族の家の出身ではないので、けっして第一候補にはなりえないはずだった。しかも独自の職業に就いている女性――これはこの国の皇太子妃にはいまだかつてないことだった。外務省の高官である父親を通して、彼女は子供のときから世界を知っていた。一九六三年に東京で生まれ、幼少期を故国から遠くはなれたモスクワとニューヨークで過ごした。そのあと数年間、東京の学校に通学し、そこで友人の原久美と知り合った。「雅子はどんなにいやなことがあっても、けっして感情をおもてに出さない少女でした」と原は回想する。「彼女はすでに十二歳のときから、自分は外交官になるのだと言っていました」。十五歳で雅子は両親とふたりの妹とともにアメリカ、マサチューセッツ州のボストンへ移り、のちにアメリカの名門大学ハーバードの入学試験に合格した。経済学を好成績で修めたあと、日本に帰国した――外交官として国に尽くすことを望んで。一九八六年に東京大学で法学を履修し、同じ年に外交官試験に合格、一九八七年に外務省に入省した。二十四歳にしてここまできたのだ。ある新聞に雅子は自分

> 私のなかには伝統もあれば新しいものもあります。私の目標は、善き旧習と新時代の挑戦とのバランスをとることです。
>
> 雅子皇太子妃

の将来計画を語っている。「いま結婚は考えていません。私にとっては仕事がすべてです」。

雅子はキャリアを積むつもりだった——父親も賛成していた。「父親はトップ外交官だった。長女である彼女に期待されたのは、父親の職業を成功裏に引き継ぐことだった」と精神科医の香山リカは言う。「この期待を彼女は満たしました。彼女はけっして逆らわず、反論しなかった」。たしかにこの若い日本女性の前途は洋々だった。知的で、魅力的で、流暢《りゅうちょう》に英語を話し、マナーは洗練され、とりわけ疲れを知らぬ勤勉さによって、外務省の上司の注目を集めていた——そして、注目したのは上司だけではなかった。


皇太子にふさわしい花嫁さがしのリストに、雅子の名もあがっていた。そのころ、若くて教養があり、魅力的な良家の子女で、宮中の花嫁ハンターの目にとまらなかった女性はほとんどいなかった。重臣たちの委員会は、皇太子妃候補のリストを慎重に作成していった。それが厳密にどのように進められたか、重臣の視点からは、完璧な配偶者としての要件を満たす基準とはいかなるものか、それは宮中の秘密とされている。いずれにしても、それは将来の皇后の資質にかかわることなのだ。徳仁皇太子は選定に同意することはできても、みずから選びだすことはない。感情豊かなロマンスのチャンスはほとんどなかった。

二十五歳の誕生日を迎えたとき、一九六〇年生まれの皇太子は、自分は五年以内に結婚すると、堂々と明言した。かつては内気だった天皇の御子は、二年間の修学をおえてイギリスのオクスフ

皇太子妃は父親とともに1986年にスペインのエレナ王女の茶会に招かれた。徳仁皇太子は雅子にひと目惚れした——それがなれそめだった。そのとき皇太子がまったく知らなかったのは、彼女は花嫁候補に選ばれたことがあり、雅子のほうにその気がなかったことだ。しかし皇太子は周囲にたのんで、彼女とのつぎの出会いをアレンジしてもらった。

小林洋子　ジャーナリスト

ォードから帰ってきたばかりだった。イギリスで皇太子は、将来の妻に必要な資質について具体的な観念を育んだ。「私の理想的なパートナーは自分の考えをしっかり主張できなければなりません。さらに希望するのは、ある程度外国語に通じていることです。私たちはしばしば外国人と接することになりますから」。

旧士族出身の小和田雅子は、自分はなにも知らないうちに、だんだんくっきりと花嫁ハンターの照準に入っていった。一九八六年十月十八日、初めて徳仁との出会いがあった。赤坂迎賓館で催されたスペインのエレナ王女の歓迎宴で、雅子は——偶然のように——皇太子に紹介された。私はかなり神経質になり、緊張したと、のちに彼女は皇位継承者との初会について述べている。二十六歳の皇太子にとって、これは一目惚れだった。もう徳仁は手をゆるめなかった。彼女でなければ結婚しないと、周囲に言ったという。早くも翌月から皇太子は雅子との対面をアレンジした——ひそかに地下駐車場で、友人たちとともに。一年間にわたって徳仁は熱愛する女性に想いを告げ、ようやく的を射とめたと思われた一九八七年の末、小和田家の両親がこの求愛を謝絶した。なんそこで非常に大きな役割を演じたのは、皇太子が雅子を夢の妻だと感じ、彼女のキャリアにかかわりなく、彼女といっしょになりたいと思ったことだ。

香山リカ　精神科医

といっても娘は外務省で仕事をはじめたばかりであり、しかも夏には二年間の留学のためオクスフォードに派遣されることになっている、と。日本人ならだれでもわかることだが、これは明確な「ノー」を婉曲に表現するものだった。

その間に宮内庁でもこの配偶を危惧する声があがっていた。雅子の祖父は化学会社チッソの社長として、日本の戦後史上最大の環境汚染スキャンダルに巻き込まれていると。チッソの工場は一九五〇年代と六〇年代に九州で毒性のある水銀を海にたれ流し、魚介を激しく汚染した。百二十人がそれを食べて毒死し、数千人が脳障害を病み、新生児は奇形を負って生まれた。いわゆる「水俣病」である。皇太子が雅子に求愛していたころ、まだ二千人の被害者がチッソを相手どって訴訟をつづけていた。たとえ雅子の祖父にたいする批難が、徹底調査によって当たっていない——彼は化学汚染事故のあとで社長に就任した——ことが証明されても、これは汚点として残った。そのことが唯一の理由で、宮中の花嫁ハンターが恋する徳仁に将来の妻をあきらめるようせまったのかどうか、それは明らかではない。それでなくても宮中の伝統主義者の観点からすれば、このキャリア女性はあらゆる基準に抵触していた。身長一六一センチの雅子は皇太子より数センチ背が高いばかりでなく、幾人かの長老の目には、彼女は皇太子妃としてはあまりにも自負心が強すぎた。伝統主義者が望むのはあくまでも完璧な花嫁だった。そんな宮中の思惑をよそに、雅子は明らかにほっとして、一九八八年六月一日、オクスフォードでさらに外交官のキャリアに磨きをかけるため、イギリス行きの飛行機に乗りこんだ。

一年あまりあとの一九八九年九月、老いた裕仁《ひろひと》天皇が腸癌《がん》を病み、あらためて花嫁さがしが促進された。天皇は孫君の結婚式をその目で見たいと願っておられる。すこしでも候補者ではないかと目される女性は、みんなパパラッチの標的になった。雅子もほうってはおかれなかった。数々の日本のテレビチームが静かな大学町オクスフォードに来襲し、若い女性外交官とのインタビューをものにしようとした。日本のテレビニュースに、決然として、自信に満ちた、エレガントな雅子が、重そうな書類鞄をもって現われ、すべてきっぱりと否定した。「私はそれになんの関係もありません。私は外交官として勤務するつもりです。私にはまったくかかわりのないことです」。多くの若い日本女性が同じように感じていた。成功し、自負心があり、容姿端麗で、コスモポリタンな日本女性は。このような特徴は、女性解放が多くの男性にとっていまだに外来語である国では、自明のことではなかった。「かなりの日本人が、男

雅子の父親は成功した外交官だった。彼女は長女として生まれた。そして日本の親は第一子に、女子であろうと男子であろうと、大きな期待をかける。とくに雅子には親の職業を継ぐという、いわば後継者としての期待があったようだ。

香山リカ　精神科医

性は女性より強くて優れた人間だと確信している。かれらの考えでは、女性は主として男性に仕え、家事にたずさわるために存在する」と、フェミニストたちは慨嘆する。結婚した女性を呼ぶ「奥様」という敬称は、「家の内の後方にいる女」という意味なのだ。

小和田雅子は同世代の女性にとって、旧来の女性の役割から自己を解放し、自分の人生をみずから引き受ける女性の典型だった。ヨーロッパの王室とちがい、たいていの日本の若い女性にとって、伝統でガチガチに硬直した皇室に嫁ぐのは、もはや魅力的ではなくなっていた。そこで待ち受けているのは数かぎりない義務であり、ヨーロッパの王侯が享受しているような特権はほとんどない。断念と禁欲の人生を恐れ、幾人かの花嫁候補者は大あわてで外国に逃げだした。こうして花嫁さがしは五年間、成果なくつづいた。

皇太子の意中の女性は一九九〇年に日本に帰国し、そのまま外務省北米局でのキャリアに専念した。長年の友人原久美は、雅子が職場でしばしば早朝まで働いていたのを覚えている。ほかのことに割く時間や余暇はあまりなかった。学校時代のあだ名「ハード・ワーカー雅子」に恥じない勤務ぶり。それだけに、おどろきは大きかったにちがいない。花嫁ハンターが一九九二年四月、最初の出会いから五年過ぎてから、選択肢がないため雅子に二度目の攻勢を開始したときは。四カ月後、ようやく雅子の両親は新たなランデブーに同意した。小和田家の閉ざされたドアの奥でなにが話されたか、それは推測するしかない。名家にかけられた重圧はかなりのものだったにちがいない。なにしろ雅子の父親はその間に日本の外務次官になっていたのだから。外務省職員である娘が皇太子に二度も肘鉄《ひじてつ》を食わせるのはほとんど不可能だった。のちに雅子は「複雑な気持ち」だったと述べている。一九九二年十月三日に徳仁がプロポーズしたとき、雅子はとりあえず返答を避けた。求婚者が彼女に皇太子妃であることの利点を説いて、外交活動もできると約束すると、一週間後に雅子は求婚を受けいれた。それは愛だったのか、それともむしろ義務感だったのか？　噂によれば、父親が娘を説得して、皇太子の願いを聞き入れさせたという。「たしかに彼女は皇太子のキャラクターを大いに尊敬していました。でもそれは、愛したという意味ではありません。彼女ははじめからわかっていたはずです、これまでの人生を放棄しなければならないことは。だから彼女は当初、求婚を拒絶したのです。彼女はそのタイプからして自分が皇室に適しているとは思っていなかったでしょう」と、ジャーナリストの小林洋子は雅子の逡巡を解釈している。

しかし、いかなる近代人が、百二十五代にわたって「万世一系」とされる皇室に適しているというのだろうか？　たとえ初代から二千六百六十五年というのは誇大だとしても、現存する世界最古の王朝であることに変わりはない。これを日本人はとくに誇りにしている。皇室の血脈のルーツは太陽神たる天照大神《あまてらすおおみかみ》にさかのぼるという。天皇という言葉が「天の支配者」を意味するように、天皇は神であり、それが少なくとも一九四五年までは公式の見解だった。

もっとも天皇が政治権力を握ることはめったになかった。古い日本では十二世紀以来、武士階級の統領である将軍が実権を握ってきた。将軍が天皇を必要としたのは自己の権力を承認させるためだった。あらゆる国家権力は天皇に由来した。そのため将軍は、天皇を手厚く遇するよう気を配った。将軍が江戸——今日の東京——の城で天下を統治するいっぽう、天皇は十九世紀まで、遠くはなれた京都に居住した。そこで天皇は歌を詠み、神々との対話にいそしんだ。日本の君主は詩人であり、書家であり、司祭だった。天皇は紅葉を愛で、虫の音に耳をかたむけた。「日本の皇帝はめったに権力をもたなかったが、つねに権威を有した」と、天皇研究者の高橋紘は日本の王朝の特殊な地位を説明する。「ヨーロッパの帝王は大きな城と深い堀の奥に立てこもらなければならなかった。かれらのもとで宮廷反乱、クーデター、そして革命さえあった。かれらの何人かはギロチンにまで行き着いた。日本の皇帝にそのような不安はいっさいなかった。そもそも天皇に敵はまったくいなかった」。

一九四七年の新しい日本国憲法で、天皇の役割は厳密

> 暦年を天皇の在世期間によって数える制度には、深く根づいた心理的効果がある。天皇は空間と時間の統治者であるという考えは、古来のコンセプトなのだ。
>
> 村上重良
> 宗教史家

> 日本の天皇の機能はダライ・ラマのそれに似ている。司祭として天皇は非常に静謐な、威厳に満ちた生活を送り、いちばんふさわしいのは京都の旧皇居にもどることだろう。「皇帝」という意味の訳語は誤解を招きやすい。
>
> 加瀬英明
> 皇室ウォッチャー

日本が大国になるには、強い精神的な力が必要だと、保守主義者は考えた。かれらにとってこの力とは神道と天皇制だった。かれらが一歩また一歩と過去へ逆進したわけが、これでわかる。

村上重良　宗教史家

に規定された。天皇は日本国と日本国民の統合の象徴——それ以上でも以下でもない。これが天皇の国家的機能なのだ。とはいえ、天皇は超俗的な首長とも見なされている。古来の宗教、神道の最高司祭として、天皇は民のために祈り、神々と交流する。神道は太古の信仰であり、それによればすべての自然現象に、人間の運命を決定づける力が宿っている。森羅万象は神の世界、無数の神々、自然の精霊、霊的存在の世界である。神道の世界には火の神もいれば、水の神、蛙の神、鳥の神もいる。合わせて八百万《やおよろず》の神がいて、天皇もその一神とされる。神々は神社に祀られ、神社は日本の津々浦々に建てられている。京都だけでも二千を超える神社がある。厳かな儀式、祈禱、供物によって神々は恩恵をもたらす。たとえば豊かな収穫、良縁、学業や職業上の成功、健康、ときには安らかな死も。台風、地震、火山の噴火が頻発する国で、人びとはこの「神の立ち寄る場所」を死活にかかわる呪術のために必要とした。

今日でも天皇を頂点とする神道は、日本の民族的アイデンティティを形成する、もっとも重要な柱のひとつとなっている。神々への仲介役を務めるには、伝統主義者の観点からすれば、皇族全員の非の打ちどころのない立ち居ふるまいが前提となる。

そのため、不都合なことが起こっては一大事なので、千人を超える宮内庁の役人は、儀典が厳密に遵守されるよう目を光らせている。かれらは皇族の一挙手一投足、一言一句をコントロールする。宮内庁は皇室関係のあらゆる事柄を管掌する最高機関なのだ。それは沈黙と硬直の砦と言える。宮内庁の官僚体制にはなんぴとも手を出せない。天皇本人といえども。「イギリス王室のようなスキャンダルは、日本では宮内庁のおかげでありえないだろう」と、神道研究家の大原康男は誇らかに断言する。大原の見解によれば、この官庁の任務は、皇室を外界にたいして完全に遮断することにある。「皇族の秘密が外界に洩れたりしたら、それは皇室の存在基盤を破壊することになる。もし皇室が開かれたら、日本の統一は失われるだろう」。

この神々と直接つながる神聖な家に、いま近代的なキャリア外交官、小和田雅子が嫁ぐというのだ。それは外務業務から宮中の閉ざされた世界への巨大な一歩だった。外務省の同僚に別れを告げるとき、花嫁は苦い涙を流した。しかし彼女には、一種の皇室外交官として国に尽くすという夢があった。「外務省を辞めること

天皇は国の父、皇后は国の母である。明治憲法にあるように、天皇は神聖にして不可侵である。

若島和美
皇室を崇拝するテロリスト

たしかに宮内庁は職掌柄、腰が重く、保守的な慎重さに傾きがちだが、その機能はわれわれの仕事を支える秘書の役割にかぎられている。

高円宮
裕仁天皇の甥

が悲しくなかったと言えば、嘘になるでしょう」と、雅子は正直に述べた。「でも私は悔やんでいませんし、皇室のお役に立つことが私の任務だと感じています」。これは、心ならずも嫁ぐ花嫁の言葉だ。彼女の将来の姑、みずからも宮中の官僚主義にひどく苦しんだ美智子皇后は、雅子を懇々と説得したといわれ、徳仁も生涯にわたって妻を忠実にささえると約束した。

将来の皇太子妃が大昔からの皇室のしきたりに習熟する時間はあまりなかった。皇太子妃の基本的な礼儀作法を記した分厚い手書きの書物で、初めて彼女は概要を知った。いかほどの距離を置いて夫のうしろを歩くべきか、いかほどの速さで歩を進め、どのように手を振るべきか。言葉のひとつひとつ、歩みのひとつひとつ、しぐさのひとつひとつ——そのすべてが儀典にさだめられ、ひと月半と五十時間のレクチャーでそれを覚えなければならなかった。

一九九三年一月十九日の徳仁とともに行なった最初の記者会見に、大いに変身した雅子は、しとやかなレモン色の絹のドレスに淡い黄色の帽子という姿で現われた。靴のヒールがごく低いのは、自分より背の低い婚約者をおもんぱかってのことだろう。衣装は短期間のうちに宮廷の好みに合わせても、彼女の本質はもとのままだった。雅子がジャーナリストの前で婚約者より九秒多く話し、その際独自の意見を表明したとき、最初のスキャンダルが巻き起こった。そのとき彼女は、将来の夫を尊敬し、愛したいと述べたにすぎなかったのに。すぐさま保守的な批判者は文句をつけた。雅子は利己的な人間であり、皇太子妃にふさわしくないと思われる。日本の妻は夫にしたがうべきである。この花嫁があまり日本的でないのは、長く外国で暮らしたせいだろう、と。

こういう批難はその後もやまなかった。皇室の神話に破壊的な影響をおよぼすという声さえあがった。さらに彼女が二十九歳であることも、適齢期を過ぎていると論難された。

それにたいして国民の大多数は、八年にわたる花嫁さがしのすえに目的を達した徳仁と喜びを共にした。全般的な雅子フィーバーが日本じゅうで沸きあがった。指導的な政治家にとっては政治スキャンダルや経済の低迷から国民の目をそらす好機になった。花嫁衣装の生産者やベビー用品業者はバラ色の未来を予測した。何千ものカップルがロイヤル・カップルにあやかって結婚し、家族をつくろうとした。新しく生まれた女の子に「雅子」と名付ける親が格段にふえたのも不思議ではない。皇太子とキャリア女性との「夢の結婚式」は「政府による八百七十億ドルの景気対策計画よりも強い経済効果がある」と、そのころ岡田卓也、東京のスーパーマーケット・チェーンのボスは試算した。とりわけ若い日本女性が、自立した、コスモポリタンな花嫁のイメージが発するシグナル効果に期待した。近代的な、成功に輝く日本の広告塔としての雅子？　ただ女性解放論者たちはそれほど楽観していなかった。彼女らは皇太子妃の暗い未来を予言した。

婚約の儀式も完全に伝統に則って行なわれた。それまで一度も着物を着たことがないと言われる雅子は、一九九三年四月十二日の朝、宮廷の侍従官を伝統的な衣装で迎えた。厳格な儀礼にしたがって勅使は花嫁に結納を手交した。絹五束、数本の酒、二尾の鯛。絹は裕福の象徴、酒は神道の供物、魚は幸福の象徴として。この納采《のうさい》の儀は数分で終わり、婚約は結納の受領で確定した。結婚式の日取りの告示も同じような形式で行なわれた。このたびは山本侍従長が小和田家を訪れた。型どおりに勅使は告げた。「皇太子の婚礼は六月九日に行なわれることを、ここに伝える」。もはや雅子は「謹んでお受けいたします」と言うほかはなかった。

婚礼の朝、皇居から黒いリムジンが、花嫁を両親の家に迎えにきた。別れのシーンに居合わせたおびただしい数のリポーターのために、雅子は最高の笑顔をつくって見せたが、両親は困惑して目を伏せ、ふたりの妹は泣いた。雨があがっても、このシーンの胸苦しさは晴れなかった。ふりかえらずに雅子は車に乗りこみ、車は皇居の方角に動きだした。重い城門が背後で閉ざされたとき、もはや元の人生への帰還はないことを雅子は知った。

皇居での祝典には八百十二名の賓客が列席した。ただし伝統に則って、新郎新婦はそこにいなかった。太陽神の神殿である賢所《かしこどころ》で、本来の婚礼は行なわれた。深い静寂のなか、冠、オレンジ色の袍《ほう》、白い袴を着用し、笏を手にした徳仁が登場。この「束帯《そくたい》」は千年以上前の平安時代から、朝廷の大行事における正式の装束となっていた。その数歩あとから雅子が現われた――複雑な鬘、白塗りのメイク、十二単《ひとえ》。この装束だけで十四キロの重さがある。鉛のように、王朝のあらゆる尊厳と硬直が二十九歳の女性にのしかかった。人形のようにこわばった花嫁は、この世のものとは思えなかった。

結婚式の客たちは、本来の宗教儀礼を目にすることはできなかった。神殿の内部で新郎新婦は天皇の神話上の先祖、天照大神を拝礼した。皇太子は神官の前で誓詞を読みあげ、妻とともに仲むつまじく暮らすことを誓い、神の祝福を願った。そのあとカップルが三口ずつ酒を飲んで、約十五分間の儀式は終了した。婚礼の儀式では終始無言だった雅子は、こうして皇族の一員になった。

これも伝統に則って、そのあと新婚夫婦は皇太子の両親、明仁《あきひと》天皇と美智子皇后のもとにおもむき、成婚を報告した。伝統的な装束はその間に西洋風の婚礼衣装に替わっていた。天皇皇后との儀礼的な食事のあとにつづくプログラムは結婚パレード。天はこの慶事を見そなわし、水門を閉じた。このときほど幸せそうな雅子の笑顔は二度と見られないだろう。この日の午後、徳仁とともにロールスロイスのオープンカーで東京の市街を行進したときほど。何十万という観衆が約四キロの沿道にひしめき、街並みは日の丸、提灯、赤いバラで飾られた。日本人は熱狂して新婚夫婦に歓呼した。いっとき、すべての心配ごとは消え去ったようだった。だがこのパレードのあと花嫁は、自分には異質な伝統と儀典の世界に逆もどりした。ロマンチックな新婚旅行は神々への奉仕に席をゆずらなければならなかった。祝典の一週間後、若いカップルは東京から西に四百キロはなれた伊勢に旅立った。神社のなかでも最も神聖な神社で、天照大神に拝礼するためである。その

「本人が望もうと望むまいと、雅子は現代日本の最も重要なシンボル像になるだろう。彼女は国に、人間よりも製品のほうが知られている国に、緊急に必要としている人間の顔をあたえるだろう。集団志向の社会にあって彼女はいやおうなく突出し、夫を凌駕するだろう。まさにダイアナ妃がそうであるように」。

『ニューズ・ウィーク』1993年

あとさらに諸方の神社の参拝がつづいた。婚礼の三週間後、ようやく若い夫婦は結婚にともなう義務を完了した。疲れはてて東京の住居、皇居から約四キロはなれた東宮御所にもどった皇太子夫妻は、ここでも宮内庁の役人の監督下におかれた。

はじめは改革派の願望が満たされるかに見えた。この結婚は皇室をふたたび市民に近づけた。しかし市民と親密になることは、菊の宮廷の意図するところではなかった。皇族は人民と距離をたもたなければならない。この鉄則にふさわしく、現天皇の明仁が公衆のなかに姿を現わすことはめったにない。外界から遮断され、天皇は東京のまんなかの、おそらく世界でいちばん高価な土地で、人口千二百万を数えるメガ・シティの、ビルの海にかこまれた緑のオアシスに住んでいる。皇居は旧江戸城の敷地内にあり、かつてそこはサムライの軍隊の最高司令官たる征夷大将軍の居城だった。華麗な建造物でも豪華な城館でもない。現在の天皇の住居、一九六〇年代に新伝統派の建築様式で建造された御所の外観は、おどろくほど簡素である。

日本の皇帝は独自の財産をもっていない。戦後、全資産を押収されたからだ。いまでは全皇族が税金で暮らしており、消息通はその額を年間約二億六千万米ドルと見積もっている。イギリスの王室予算が約一億五千二百万米ドルであることを考えると、これは莫大な金額と思われるかもしれない。しかし天皇の個人的な必要経費に当てられるのは、この金額のごく一部で、大部分は千名をはるかに超える役人をかかえる巨大機構に流れている。

天皇は国を代表し、神道儀礼をつかさどり、展覧会やスポーツイベントの開会式に列席し、慈善行事に出向き、国賓を迎えなければならない。しかも天皇は政治的発言を許されず、選挙権も被選挙権もない。「にもかかわらず天皇はつねに多忙だ」と、元宮内庁式部官長の苅田吉夫は語る。「週に二回、陛下は山のような政府書類に署名しなければならない。天皇は法律を布告し、議会の開会を宣する。国賓を迎え、茶会を催す」。各国の大使が天皇に謁見するとき──たいてい馬車で送迎される──は、簡素な接見の間で行なわれる。

宮廷が民衆のために門を開くのは年に二回しかない。十二月二十三日の天皇誕生日と、新年の拝賀のために。テレビで中継される映像はおどろくほど画一的だ。青い制服を着た警備員が二重橋の高さ三メートルの門扉の閂《かんぬき》をあげ、祝賀の群衆に入城を許す。その際整然たる秩序はつねにたもたれる。数千の民衆は日の丸の小旗を手にして皇居の前に参集する。そこで民衆は辛抱強く待ちつづける。国のトップ・ファミリーがつねに同じ儀礼にしたがって防弾ガラス張りのバルコニーに登場するのを。天皇明仁、皇后美智子、皇太子徳仁、皇太子妃雅子、そして徳仁の弟の秋篠宮文仁《ふみひと》、その妃の紀子《きこ》が、慈悲深く笑みをたたえて拝賀の民衆に手を振り、民衆は小旗を振ってそれに応える。皇族たちの表情は一様で、その動きは厳密に教えこまれたように見える。「天皇陛下、万歳！」と民衆は熱狂してさけぶ。天皇がバルコニーに登場するたびにマイクを通して同じスピーチを独特の言葉で語ると、全皇族は指揮にしたがうようにもう一度手を振り、ふたたび別世界に消える。「天皇が民衆に語るときは、敬語を使わない。天皇はきわめて簡略に、親が子供にむかって話すように語る」と、長年日本で取材しているドイツ人特派員ゲープハルト・ヒールシャーは言う。

日本国民が目にすることのできる皇族の映像は、ほとんどつねにポーズをとっているので、妙に硬直している。とくに好まれるのは家族水入らずで庭園を散歩する写真。ときにはいっしょに音楽を演奏している映像もある。しかしその音楽を、あるいは家族の語らいを聴くことはできない。宮中での録音は禁止されているから。音なき皇族の映像は、水族館の魚を見ているようだ。あらゆる登場、あらゆる写真、あらゆる発言が、あらかじめ定められている。皇族にはディスコ遊びも、パーティも、宮廷の外の世界へのおしのびの行楽もない。たとえあったとしても、ひそかに撮った写真を公表する勇気はだれにもない。そのような違反行為は宮内庁によって厳しく罰せられる。写真家の中山俊明が宮内庁から出入り禁止にされたのは、天皇の義理の娘の紀子が、夫の秋篠宮の髪を顔から撫であげている写真を公表したからだった。皇族のゴシップはマスコミのタブーでありつづけている。ときおり行なわれる記者会見には、質問の内容を何週間も前に提出し

皇室は意図的に国民から遠ざけられている。かれらはカーテンの裏に隠れていて、そのカーテンはたまにしか開かれない。

ゲープハルト・ヒールシャー
日本在住のドイツ人ジャーナリスト

われわれはすでに大いに開かれていると、私は思う。もっともそれが、われわれが宮廷を万人に開放することだと解釈されるとしたら、私は反対する。われわれは永続パーティを望まない。

高円宮　裕仁天皇の甥

宮内庁の職務は、天皇皇后と皇室の公私にわたる諸相を——私に言わせれば……護ることにある。その際われわれは一定の規範に沿って行動しなければならない。

苅田吉夫　元宮内庁式部官長

なければならない。質問はふつう穏当なものにかぎられ、返答も同様だ。天皇から独自の意見を聞けることはめったにない。

国と国民の統合の象徴としての任務は天皇に、機構の背後に隠れた、目立たない、なにやら個性のない人格であることを義務づける。まだ天皇が神として崇められたころは、天皇が利用するものはすべて、天皇しか利用を許されなかった。いまでも天皇は専用の鉄道車両と専用の乗車ホームを使っている。東京の気象庁は、日本でしばしば起こる地震を計測しているが、その庁内に独自の地震計があり、もっぱら皇居の敷地の揺れを計っている。天皇は日本の暦法も定めている。日本人はみんな今年がキリスト教暦で何年か知っているが、もっとなじんでいるのは明仁天皇の治世を示す元号「平成」で、それは彼の即位とともにはじまった。本書刊行時の二〇〇六年は、日本では平成十八年にあたる。日本の公文書の日付は元号を使うことになっているので、外国人はそのつど今の天皇の在位年数と「平和を成就する」という政府のモットーを知らされることになる。東京から発するすべての鉄道や高速道路は「下り」と呼ばれ、東京に向かうのは「上り」という。これも首都に天皇が在住することを示している。メディアでは天皇にたいして最高級の敬語が使われる。「天皇」とのみ報ずることはけっしてなく、つねに「天皇陛下」と言わなければならない。いわんや「明仁」と名前で呼ぶなど大不敬とされる。

天皇夫妻が旅行するときは、いかなる偶然の成りゆきもあってはならない。すでに何カ月も前から宮内庁のチームが訪問予定地に来襲し、天皇と皇后がたどる一歩一歩をあらかじめ決める。何百もの制服私服の警官が、ときには年に四十回に達する天皇夫妻の旅行に随行する。天皇の旅行はしめやかで、ファンファーレも華やかな演出もない。ジャーナリストやカメラマンの同行は許されるが、礼儀正しく距離をたもたなければならない。近くで観察すると、いつもは表情にとぼしい天皇夫妻はおどろくほど優しげで、温かい心がこもっており、かつ威厳に満ちている。深い同情をこめて明仁天皇と美智子皇后は社会の底辺の人びとに気を配る。二〇〇五年十一月に夫妻は岡山県の島を訪れた。そこには元ハンセン病患者が住んでいる。かれらはつい最近まで不可触民あつかいをされてきた。同情心でいっぱいになって皇后は元患者たちの前に膝をつき、かれらと言葉を交わした。その際彼女は、みずからすすんで患者たちの病んで指が欠けたり、ゆがんだりした手を撫でさすった。たいていは六十歳を過ぎて、家族からも孤絶して生きてきた老人たちの胸中を察するのに、たいした想像力はいらないだろう。

民衆との出会いは細部まであらかじめ決められていたが、この膝をついての対話は想定外だった。美智子皇后が初めて人前で膝をついたのは、一九九一年に雲仙で火山の噴火の被害者を慰問したときだった。一九九五年には神戸の地震被害者と膝をついて語っている。このときの壊滅的

◀ 神戸大地震の被災者と（1995年1月31日）
（Photo:Kyodo News）

な災害では六千四百人以上が命を落とし、四万三千人が負傷した。この被害者にたいするジェスチャーの効果は計り知れないものがある。伝統主義者にとってこれはショックだった。天皇が人前でひざまずくなんて！　民衆にたいしてオープンになると同時に神聖不可侵であるというのは、危険な綱渡りだ。あらゆる警告にもかかわらず、この点では明仁天皇と美智子皇后は自分の意志をつらぬいた。国内で災害が起こるたびに、天皇夫妻は現場にかけつけ、人びとを勇気づけ、慰める。日本通のゲープハルト・ヒールシャーは言う。「皇室の真の存在意義は、大きな危機が生じたときに推測できる。そのとき天皇あるいは皇室は一種の希望の担い手、国難の際に人びとが必要とする、救済の象徴となる」。

天皇のいない日本——それは大多数の日本人にとって想像を絶することだ。長年にわたり天皇制の最も厳しい批判者だった日本共産党は、いまなお天皇制の廃止を要求しているが、天皇の敵対者はごく少数にかぎられている。天皇制の批判者である天野恵一は言う。「世論調査によれば日本人の十パーセントのみが天皇制に反対している。ということは残りの八十パーセント、ないしはそれ以上の人びとが天皇制に賛成か、少なくとも反対はしていない」。国民の高い支持は、雅子のトップ・ファミリーへの嫁入りともかかわっているだろう。ダイア

> 共産主義者でさえ天皇を日本の公的機関として受けいれている。それは国民の心に定着していると言えるだろう。
>
> ゲープハルト・ヒールシャー
>
> 日本在住のドイツ人
> ジャーナリスト

後継者として生まれ、皇室を守るということは、現代の人間に耐えられるものではない。その意味でそれは非常に非人間的な体制である。

山田朗
歴史家

「金魚のほうがまだ私生活に恵まれている。子供をつくるときは」。

『ワシントン・ポスト』
1999年

ナ効果がメディアで話題になった。雅子の笑顔は日本人を魅了したが、時とともに取りざたされなくなってきた。皇太子妃として国のために対外的に貢献するという彼女の夢は果たされなかった。五回しか宮内庁は皇太子妃に外国旅行を許さなかった。ゲープハルト・ヒールシャーは推測する。雅子は「そのような機会を得ることを意識的に妨げられたのだ。つまるところ、すべてはひとつの問題に集約された。いったいいつになったら雅子妃は男子の皇位継承者を産むのか？」

「夢の結婚式」から三年たっても後継者誕生の気配がなく、世間のプレッシャーは高まった。雅子妃は子づくりに専念すべきであり、外国旅行は当分のあいだおあずけにしなければならぬ。徳仁皇太子の弟、秋篠宮と紀子妃にはすでにふたりの娘があり、雅子に代わって外国訪問の任に当たった――さからえない元外交官にとっては痛烈な失望。皇族の一員として、雅子の生活も厳格な規則と管理のもとに置かれた。外出して家族や友人と会うこともままならず、外界との電話は届け出なければならない。黄金の檻のなかの生活は、エネルギーと創造意欲あふれる女性だった雅子をますます絶望に追いやった。つねに味方になると約束した夫の徳仁は無力だった。皇太子妃は各方面からの批判日本ではまだ多くの人びとが、天皇は神だと信じている。だから天皇がふつうの市民のようになってしまったら、どうすればよいのかわからない。

小林洋子
ジャーナリスト

天皇は今日ではもう神のように崇められてはいないが、メディアでは今日でも絶対的に神聖なものと見なされている。天皇を批判することは許されない。

天野恵一
皇室の批判者

にさらされた。いわく、雅子は男子を産むためにもっと尽力せよ。いわく、雅子を妃に選んだのは失敗だった、なぜなら小和田家には女子しか生まれていないではないか。その論者が忘れているのは、皇室でも男子が生まれたのは一九六五年が最後だったことだ。天皇の友人、橋本明は自分の見解を隠さない。「雅子妃はアメリカの教育を受けている。彼女は日本で育った女性ではない。彼女が日本女性なら、自分の状況に多少は耐えて、相手を理解しようとするべきだ。しかしそのような日本的な考え方が彼女にはない」。雅子は黙って、けなげに微笑みつづけた。たとえその笑みが以前とちがってこわばっていても。彼女の肩に全責任が負わされていた――世界最古の王朝を存続させるために。彼女には宮内庁の指示にしたがう以外、なにも残されていなかった。日本の女権論者の目には、自分たちの最悪の懸念が当たったように見えた。雅子の皇室入りに多くの人びとが期待した新鮮な風は、たちまち古来の因習のかび臭い空気に押しやられてしまった。皇室の改革や開かれた皇室など、聖域の守護者には考えられないことだった。

日本で天皇を批判したり、けなしたりするものは、身体生命の危険を覚悟しなければならない。日本の右派や旧体制派は骨の髄まで天皇に忠実だ。「右翼」と呼ばれる超民族主義戦闘集団にとって、天皇は「日本の優越性」の不可侵のシンボルなのだ。悪名高い宣伝カーで軍歌と罵声の大音響をまき散らす右翼は、天皇批判者の生活を地獄に変え、殺害をも辞さない。「たとえば天皇の戦争責任に言及すると、右翼からしつこく抗議と脅迫をうける」と歴史家の山田朗は述べる。「圧力は家族や雇い主にもかけられる。批判者は〈左翼〉と罵られ、国賊と見なされる」。長崎の元市長はそのような「批判的コメント」のせいで、あやうく命を落とすところだった。彼は一九四五年八月九日の長崎への原爆投下に関連して、天皇の戦争責任に言及したため、右翼に狙撃された。

狙撃犯の若島和美はいまだに天皇を父なる神と崇めており、恥辱に耐えられずに武器をとったという。「自分の父親が病の床についているとき、他人に父を足蹴にされたら、どのように応じればよいのか？　なんらかの行動に出るしかない。あのときはみんなそう思ったのだ」と、彼は長崎市長殺害のくわだてを正当化した。「市長が死ぬことは望まなかった。彼が相応する罰をうけるだけでよかった」。

たまたま市議会でこんなことがあった。共産党の議員が私に質問した。「天皇は戦争に責任があったと思いますか？」。私は小声で答えた。「はい、そう思います」。これは私の正直な見解だった。

本島等　元長崎市長

このタブーは現天皇の父親、亡くなった裕仁天皇にかかわっている。彼は日本を世界の強国に押し上げようとしたが、実際には没落へと導いた。第二次世界大戦での昭和天皇の役割については長年議論されてきたが、今日ではその戦争責任を疑う歴史家はほとんどいない。

一九〇一年に生まれた明治天皇の孫、裕仁は、六十年以上にわたって日本の国家像を形成してきた。昭和天皇の治世は、父の大正天皇、祖父の明治天皇の時代にレールが敷かれた。一八六八年、いわゆる「勤王の志士」が宮中の貴族と手を組んで最後の将軍の統治機構「幕府」を転覆し、裕仁の祖父の睦仁、明治天皇を立憲君主の座にすえた——明治維新。ここに近代日本は誕生した。当時十五歳の天皇は「維新の元勲」によって近代化の促進者に祭り上げられたが、実権を握っていたのは元勲たちだった。彼らは新生日本を冒険的な対決に動員した——まず一八九四~九五年に中国との日清戦争、十年後の一九〇四~〇五年にはロシアとの日露戦争、そして一九一〇年に韓国を併合する。日本は西欧の植民地大国に追いつき、肩をならべようとした。弱体化した中国を日本の権力者は自分たちの勢力圏と見なし、西欧列強とのかけひきをくりかえしながら、中国大陸への進出をはかった。

日本の権力者の膨張の夢は、つぎの天皇、裕仁の父の治世にも引き継がれた。この大正天皇が

> 間一髪で市長は死ぬところだったが、殺しても無意味だろう。
>
> **若島和美**
> **長崎市長の狙撃犯**

> 裕仁天皇は誕生の直後にある華族の庇護にゆだねられ、そこで養育された。明治天皇にとって孫・裕仁は、息子の大正天皇が病気がちだったので、希望の担い手だった。そこで裕仁は特別な教育を受け、両親ではない人びとのもとで育てられた。
>
> **橋本明　ジャーナリスト・明仁の友人**

議会の開会式の際に勅語の文書を筒状にまるめ、それで望遠鏡のように議員たちをのぞいたとき、天皇の脳疾患はもはや隠しおおせなくなった。さいわい皇太子の裕仁は、すでに父天皇の摂政を務める用意ができていた。もっとも、初代天皇から百二十四代目の後裔は、光輝あふれる英主のようには見えなかった。小柄で、内向的で、声は細くて甲高かった。歩くときに膝を充分に踏みこまないので、足どりがどこかぎごちなかった。二千数百年にわたる天皇の歴史上、初めて裕仁皇太子はヨーロッパ訪問を許された。イギリス王室の生活様式は彼に感銘をあたえた――同じく近代兵器も。たとえヨーロッパ訪問の外交的成果は望むべくもなかったにせよ、イギリス滞在は裕仁の性格に強い影響をおよぼした。「イギリスは初めて私に個人的な自由の経験をあたえてくれた」と、彼は手紙で弟の秩父宮に打ち明けている。彼は生涯にわたって西洋式の衣服を着用し、好んでベーコンエッグを食した――宮内官は慨嘆し、このまったく非日本的な習癖をやめさせようとしたが、むだだった。

精神を病んだ父が一九二六年に亡くなり、裕仁皇太子は帝位に即いた。その治世の年号「昭和――平和を照らす」とはうらはらに、最初の二十年間は平和とはほど遠かった。軍によるクーデターの策謀、世界経済恐特徴的なのは、昭和天皇が幼時から、日本軍の最高司令官となるべく、軍人として教育されたことである。

山田朗
歴史家

日本帝国に自由な人間はひとりしかいなかった――裕仁。最後まで選択の自由は彼にあり、彼の意志は先祖以外の何者にも隷属しなかった。

ハーバート・P・ビックス
裕仁の伝記作家

慌、不幸な同盟政策、そして軍事的膨張は、内外にすさまじい政治的緊張をもたらした。

明治以前の天皇とちがい、裕仁は無力な君主ではなかった。明治憲法は天皇に絶対的な権力をあたえていた。すべての法律は天皇の署名によって発効し、天皇は最高司令官として軍を統括し、宣戦を布告し、和平を決定する。とはいえ天皇の職務行為は所轄大臣の副書を必要とする。公式には天皇は政治に口をはさまないことになっていた。本来の権力は軍部の手中にあった。むしろ裕仁の役割は、不可侵の帝王として国を統合することにあり、国策が誤っても、責任を問われることはない。君臨すれども統治せず――これはある意味で日本の天皇にも当てはまった。一九三七年に日本軍が中国に侵攻したとき、この戦争は天皇の名において行なわれた。その年の十二月、日本軍は蔣介石政府の首都、南京にせまった。中国軍の司令部が逃亡したあと、つづく数週間のうちに、「南京虐殺」として歴史に残ることになる事件が起こった。南京を占領した日本兵は捕虜や住民の殺戮、婦女暴行を重ねた。犠牲者の正確な数は確認できない。いずれにしても六桁にはなるだろう。裕仁の叔父に当たる朝香宮も、南京占領部隊の司令官として捕虜の殺戮を命令しているが、そのために釈明をもとめられることはなかった。

中国での軍事的成功は、日出ずる国の国民感情に劇的な変化をもたらした。極右のスローガンが他国にたいする憎悪の火に油をそそいだ。同時に日本人は信じがたいほどの天皇崇拝へと上りつめ、軍国主義に染まったジャーナリズムがそれを煽った。天皇のために死ぬことが人生の最高の目的とされた。おおかたの日本人にとって天皇は神に等しかった。天皇がリムジンで東京の街路を走るとき、通行人はひざまずき、目を伏せた。市街電車が皇居のかたわらを通るとき、乗客はみんな最敬礼した。そして軍国日本の神なる帝王のイメージは、元帥服を着て白馬に騎乗し、軍の大演習の観兵式に臨む天皇に表現された。

アジアにおける日本の膨張欲は列強を不安におとしいれた。しかし大英帝国は手を縛られていた。イギリスはすでにヒトラー・ドイツとイタリアとの戦争の渦中にあった。

いやます外政的孤立から脱するため、日本政府は一九四〇年九月、ヒトラーとムッソリーニとの三国同盟を結んだ。裕仁の弟、秩父宮がドイ

「いまでは豚のほうが（中国の）人間の命より価値がある。なにしろ豚は食えるから」。

日本兵、東史郎の日記から

「中国軍の頑強な抵抗が日本軍に重大な損害をもたらしたので、日本軍は多くの中国の兵士と市民を殺戮した」。

1983年の日本の教科書

ツを訪れ、同盟を固めた。アメリカが日本の東アジアへのさらなる進出に、石油の輸出禁止で待ったをかけたとき、東京では対米開戦派が優位を占めた。

開戦の際の昭和天皇の役割については長年議論の的になっている。天皇の擁護者は世事にうとい君主を平和主義者とみなし、批判者は戦争犯罪人と断ずる。一九八九年の裕仁天皇の死後、関連する記録が公開され、それに依拠してアメリカの歴史家ハーバート・ビックスがこの問題を研究した。それによれば裕仁は平和主義者でもなければ軍部の操り人形でもなかった。その伝記でビックスはむしろ、当初は従順な生徒だったが、いつしか舞台裏で軍略家に成長した人物像を描いている。すでに幼少のころから裕仁は、最高司令官となるべく厳しく教育された──内気だが一徹な人間に、「生まれたときから、だれにも対処できない重荷が押しつけられた」。ビックスによれば、裕仁は積極的に政治上・軍事上の決定に「巣のなかの蜘蛛のように」影響をおよぼした。彼は全能の最高司令官に成長した現人神《あらひとがみ》としてふるまい、自分の決定が最終的な決定であることを心得ていた。真珠湾攻撃の前には将軍たちとくりかえし協議し、けっきょく開戦に同意した。まだ

兵士たちは娘たちの衣服を剥ぎ取り、かわるがわる強姦した。二、三の兵士が16歳の、3人の兵士が14歳の少女を強姦した。ことが終わると、日本兵は年長の少女を単に刺殺するのでなく、竹棒をワギナに突っこんだ。年少の少女は銃剣であっさり刺殺された。

1937年12月の南京における日本軍の暴行の目撃証言

諸事は天皇のあずかり知らぬところで決定されたのではなかった。それでもやはり天皇自身は1941年9月まで戦争にたいして消極的であったことはたしかである。しかしそのあと軍部は、とりわけ参謀本部は天皇にさまざまなデータを示し、戦争は可能であると説いた。それによって天皇自身が戦争は遂行可能との結論に達し、ますます攻撃に傾いていった。つまり天皇は戦争を強いられたのではなく、むしろ了承して戦争をはじめたのである。

山田朗　歴史家

和平に転じる機会があったころも、裕仁は意識的にそれを無視した。天皇は独裁者ではなかったが、「指導的な関与者」だったとビックスは言う。裕仁はつねに戦況に通じていたと、日本の歴史家、山田朗も述べる。「日本の軍司令部は天皇に直属する大本営にあり、すべての命令は天皇によって裁可された。天皇が非常に強力に戦争指導に関与したことは疑うべくもない」。

日本海軍が一九四一年十二月七日、ハワイのアメリカ海軍基地を爆撃し、米太平洋艦隊の大部分を撃沈したことは、世界大戦へのアメリカの参戦を挑発した。裕仁の海軍侍従武官だった城英一郎は攻撃当日のようすを書きとめている。「一日じゅう陛下は海軍の軍服を着用し、きわめて上機嫌に見えた」。太平洋戦争は四年間つづき、アジアだけで約二千四百万の人命が失われた。フィリピン、中国、インドネシアでの緒戦の成功のあと、日本軍はじりじりと守勢に立たされていった。一九四四年十一月からは連合軍の爆撃機がシステマティックに日本の都市や工業地帯を空襲した。一九四五年三月十日の東京大空襲では八万八千を超える人びとが死んだ――これはドレスデン空襲の犠牲者より三倍も多い。戦争最後の年には恐るべきカミカゼ・パイロットが人間爆弾となって、進攻してくるアメリカ艦隊に突入したが、この特攻作戦も天皇のためだった。まわりの世界が瓦礫に没しているとき、天皇は宮城の安全な防空壕のなかにいて、将軍たちのしたいようにさせた。

連合国がポツダム宣言で要求した無条件降伏を、依然として軍部は拒否していた。東京の最高戦争会議が決断をためらったのは、連合国が天皇の処遇について沈黙していたことも理由にあげられるだろう。国はとっくに疲弊しつくして、おおかたの都市は灰燼に帰していたのに。八月六日に広島、十日に長崎に投下された原子爆弾は、日本が戦争に敗北したことを、いやおうなく見せつけた。この絶望的な状況にあって、天皇が発言し、国の運命について決断を下した。軍部はしばしば判断を誤ったと、天皇は述べた。アメリカ軍を撃退できるかどうか、はなはだ疑わしい。これ以上戦争を続行したら、国は破滅するだろう。私はそれに耐えられないので、ポツダム宣言を受諾する。私と私の家族の運命はどうなってもよい。大切なのは、平和をもたらすこ

彼はヒトラーやムッソリーニではなかった。彼は邪悪な、あるいは悪魔的な役を演じるような教育は受けていなかった。

ハーバート・P・ビックス
裕仁の伝記作家

野獣を相手にしなければならないときは、野獣のようにふるまわなければならない。

ハリー・S・トルーマン
1945～53年アメリカ大統領

戦争をこの状況で続行することはわが民族の完全な絶滅のみならず、人類の文明の破壊をもたらすであろう。

裕仁　1945年8月15日

昭和天皇はたしかに国家元首であったが、政治的な責任は負っていなかった。

北啓太　宮廷記録者

とである。私はこの決断をラジオ放送で国民に伝えよう。

これは驚天動地のことだった。なにしろ日本国民は君主の声を聞いたことがなかったのだから。この放送を、狂信的な将校グループが最後の瞬間に宮廷クーデターによって阻止しようとした。かれらは宮中を占拠して、裕仁が録音したばかりのレコード盤を捜索したが、発見できなかった。クーデターは鎮圧され、天皇の発言は一九四五年八月十五日の正午に放送された。ラジオ放送で天皇は国民にたいし、「耐えがたきを耐え」て、外国軍による初の日本占領を無抵抗で受けいれるようもとめた。多くの臣民が茫然自失し、泣きくずれた。数千人が皇居の前でひざまずき、天皇のために祈った。儀式的な自殺法「切腹」や、拳銃自殺で命を絶った将軍や将校もいた。国民は麻痺したようになった。商店は閉ざされ、バスや市街電車は運行を停止した。異様な雰囲気が焼きつくされた都市をおおった。住民が虚脱感から脱するには時間がかかりそうに見えた。

八十万の市民をふくむ三百万の日本人が、この戦争で天皇のために命を落とし、三人にひとりが家を失った。無惨な敗北のトラウマは深かった。外国では天皇を戦争犯罪人として裁けという声があがった。皇族のなかには退位をすすめるものもいた。「天皇も退位を考慮したことはある。しかし本当に真剣に考えたわけではなかったので、きわめて簡単に翻意した」と、歴史家の山田朗は言う。

罪はほかの人びとが償った。東京の戦犯裁判で十四人の軍人と政治家が死刑判決を受け、天皇と皇族の戦争責任は不問に付された。裕仁が告発されず、帝位にとどまることができたのは、かつての敵、アメリカの占領軍のおかげだった。日本におけるアメリカの最高司令官ダグラス・マッカーサー元帥と初めて会見したとき、天皇は「いっさいの責任」を自分が負うと述べたという。マッカーサーはこのジェスチャーに感銘をうけたようで、その回顧録で裕仁天皇を「日本第一のジェントルマン」と評している。天皇を戦犯法廷にひきだすという考えを、マッカーサーはとっくに捨てていた。十二歳になる長男の明仁に譲位させるという当初の計画もとりやめた。歴史家の高橋紘は述べている。「マッカーサーはワシントンの政府に脅しをかけた。彼はこう言った。もしも天皇を退位させるなら、私はさらに百万の兵士を必要とする、さもなければ日本を統治できないだろう、と」。占領軍最高司令官は日本を民主化し、安定させるため、天皇の権威を利用するこ

天皇が法廷に立たされた場合、占領計画は完全に変更されざるをえない——彼の告発はまちがいなく恐るべき動揺を日本国民にもたらし、その結果は計り知れないものになるであろう——私の判断では日本全体がかかる行動に、消極的あるいは半積極的手段によって、抵抗することが予測される。

ダグラス・マッカーサー　1946年1月25日

マッカーサーはラフな服装をして、天皇の権威を完全に打ち砕いた。

山田朗
歴史家

天皇をあらゆる責任から、あらゆる戦争責任から免除することは、受けいれがたいことだ。

ゲープハルト・ヒールシャー
日本在住のドイツ人ジャーナリスト

とを優先した。アメリカ政府は切歯してマッカーサーの新友好路線に同意した。きわめてシンボリックな写真がある。裕仁がすっかりくつろいだ元帥とならんで立っている写真は、敗者がこうむる屈辱の目に見える証左になった。「これは日本人にとってショックだった」と高橋紘は述べる。「天皇は礼服を着て直立し、アメリカ人はネクタイも締めず、襟のボタンをはずしたシャツ姿で、手を腰に当てている。これが勝者であることを示すマッカーサーのやり方だったのだろう。あのとき多くの日本人は、マッカーサーはまったく礼儀作法をわきまえないやつだと思った」。

いずれにしても天皇裕仁の処遇は寛大なものだった。ドイツとちがって日本はホロコーストに責任を負わなかったので、アメリカ占領軍がかつての敵と折り合いをつけるのは、はるかに容易だった。民主化の過程で裕仁は神であることを公式に否定し、全財産を譲り渡すことを余儀なくされた。そのかわり天皇と皇族が裕福に暮らせるだけの歳費が国から支給されることになった。アメリカ人が起草した一九四七年施行の新憲法は天皇を、全能の支配者から「国と国民の統合の象徴」に格下げした。だが裕仁天皇はその地位にとどまり、それによって贖罪も忘れられた。戦後ドイツとちがって過去の克服は日本では問題にならなかった、とゲープハルト・ヒールシャーは言う。「日本では天皇は玉座にとどまり、政府は役職にとどまり、いわゆる議会の勢力関係は手つかずのままだった。そのためすべてのテーマがこの国では棚上げにされた」。

自分の新たな役割に天皇はすばやく順応した。かつて天皇は、日本がアジアを侵略した時代を「不幸な過去」と呼んだが、いつしかそれについては語らなくなった。この沈黙のせいで、日本の隣国がこうむった傷はいつまでも癒されなかった。いまだに韓国朝鮮人や中国人が日本にたいして抱いている深い不信感の根はここにある。日本では天皇の責任と関与にかんする問題は政治的タブーになっている。マッカーサー元帥が天皇を免罪したことは、日本の政治家の全世代、ひいては国民の広い層に、戦争の惨禍と犯罪を意識から排除することを可能にした。かれらには侵略戦争を謝罪するつもりはいっさいなく、いわんや被害者の賠償など論外なのだ。

戦後の天皇は平和の君主のイメージにせっせと磨きをかけた。

アメリカ人、とりわけ占領軍最高司令官、ダグラス・マッカーサー元帥は、占領を可能なかぎり支障なく具体化することに関心があった。天皇を除去したらいかなる結果をひきおこすか、彼にはわからなかった。天皇をその職務にとどめておくことによって、多くのことが順調に進んだ。しかし結局それによって過去の処理は阻害された。

ゲープハルト・ヒールシャー　日本在住のドイツ人ジャーナリスト

この天皇の治世は、これまでにあった最長の平和の時期として、世界史に残るだろう。

モース・斉藤
日本のジャーナリスト

天皇が平和の人だったとは思わない。戦後初めて彼はそうならされたのだ。

本島等
元長崎市長

一九四六年から一九五四年にかけて天皇はソフト帽に背広の姿で日本じゅうを旅行し、土地と住民に接した。宮廷儀礼が旅行中にいくつかの問題をひきおこした。食事中の天皇を見られてはならないので、鉄道の運行時間を厳密に計算しなければならなかった。食事時間には列車がとくにトンネルの多い箇所や近寄りにくい山間部を通るようにして、天皇が好奇の目に触れるのを避けた。この民衆との接近という新機軸を苦々しく思っていた宮廷官僚は、しだいに自分たちの地歩をとりもどし、それによって天皇へのコントロールを回復していった。かれらの考えでは、天皇が国民の目に触れるのは、海洋生物学者にして良き父親であることを示す天皇の写真を、ときおり公表するだけで充分だった。

とはいえ天皇は、自分のまわりに張りめぐらされた目の細かい網から、何度か脱出することに成功した。一九七一年に裕仁天皇はヨーロッパを訪問し、一九七五年にはかつての仇敵アメリカを旅行した。アメリカ旅行のクライマックスはディズニーランド訪問で、天皇はミッキーマウス時計を買い、帰国してからも自慢げに腕に付けていた。侍従たちの驚愕をよそに、裕仁は生中継された記者会見で、事前に取り決めのなかった質問にも答えた。戦争、パールハーバー、何百万もの死者などは、その日本ではアメリカの占領終結後の1952年にまさしく0：0の法的処理がなされた。

マンフレッド・キッテル
歴史家

戦前のわが国の全教育制度は天皇崇拝に合わせられていた。天皇は神と見なされた。天皇自身が戦後「人間宣言」をしたときも、この教育制度はもちろん消滅せず、天皇にたいする基本的態度はむしろ人心にとどまりつづけた。

本島等　元長崎市長

ころはもはや話題にならなかった。日本はとっくにアメリカの友人になっており、隆々たる経済大国、南東アジアにおける重要な同盟国だった。

裕仁の後継者、明仁皇太子は、一九三三年、日本軍が中国に侵攻した直後に生まれた。三歳になると慣習にしたがって養育係の庇護下にはいり、独自の御殿で暮らすことになった。学友、橋本明は皇太子の孤独な日常を回想する。「彼の御所には独自の奉安室があり、そこに両親の写真がかかっていた。毎朝彼はそこにおもむいて『おはようございます』と言った。晩はまたその部屋に行き、『おやすみなさい』と唱えた。こうして彼の一日は始まり、一日が終わった」。

十二歳になると、父の死後は神なる帝王として君臨することを自覚するよう教育された。「彼にはふつうの生活がなかった。彼は女官と宮内官に教育された。甘やかされるのをおそれて、両親とはめったに会わせてもらえなかった」と、明仁とともに学習院に通学した橋本は語る。明仁の勉強机が教室のまんなかに置かれたのは、教師のチョークや唾で汚されるのを避けるためだった。彼の椅子は神道儀式によって清められ、同級生は厳格な基準にしたがって選ばれた。戦火が日本の首都に近づくと、明仁は地方に疎開させられた。その間は両親と一度も会っていない。学校生活で他の生徒と同等であることに彼は喜びを覚えた。「彼は名札もみんなと同じように付けたがった。五十人の生徒のうちのだれが皇太子なのか、もちろんだれの目にも明らかだったにもかかわらず」と橋本は語る。「彼は単にみんなのひとりでありたかったのだ」。日光の山中で明仁は父の声を聞いた。一九四五年八月十五日の敗戦を告げるラジオ放送を。十二歳の明仁にとってこれは悪夢のような体験だった。父は戦犯として処刑されるかもしれず、皇室の運命もさだかではなかった。

四十万のＧＩが、外国人の支配を許したことのない国に進駐してきた。日本は飢餓のふちにあり、厖大な数の復員兵が状況を改善するわけでもなかった。労働組合が結成され、天皇制の廃止をさけぶ声が高くなった。しかしまもなく明仁の恐れは杞憂であることが明らかになった。父の裕仁はきわめて柔軟に対応し、アメリカ軍の要求をすべて受けいれ、自分と息子のための玉座を保持した。「神」から「象徴」への変身は少年皇太子にとって簡単なことではなかった。そのため占領軍は一九四六年秋から、アメリカ

平和時でも彼は両親に多くても週に一度しか会えなかった。戦時中は他の子供たちとともに疎開して、東京を去らなければならなかった。

橋本明　ジャーナリスト
明仁の友人

のクエーカー教徒エリザベス・グレイ・ヴァイニングに明仁を教育させることにした。西洋人の女性が皇室でこれほど重要な地位に就いたのは、空前絶後のことだった。明仁が中等教育を修了すると、ヴァイニングは一九五〇年十二月にアメリカへ帰国した。弟子の明仁は多くのことを彼女から学んだ——英語とならんで民主主義制度の最も重要な基本を。課された要求は高かった。明仁は理想的な日本人を体現しなければならない。メディアは皇太子を「日本の希望」と書きたてた——ごくふつうの人間的な欲求をそなえた若者には容易でない任務。一度だけ青年皇太子は禁を破ったことがある。期末試験が終わった晩、彼はふたりの学友を説き伏せて、きびしく監視された寄宿舎から脱けだした。三人はこっそり市街電車に乗って東京の都心部、夜の銀座にくりだした。そこで三人はコーヒーを飲んだ——それだけ。もちろん帰ってからひと騒動あったが、皇位継承者にとってこの晩はまったく特別なもの

われわれは念のため皇宮警察のひとりの役人に護衛としてついてきてもらった。役人はすっかり度を失い、われわれにただちに寄宿舎へもどるよう懇願したが、われわれは言うことを聞かなかった。なんとか彼は寄宿舎に電話で知らせたらしく、寄宿舎は東京の警察に通報し、本部が設けられ、皇太子の捜索がはじまった。銀座では20メートルごとに私服警官が配備された。東宮御所の役人はわれわれを満足するまで遊ばせることにした。帰宅したとき、われわれは大目玉を食らった。天皇は部屋にひきこもった。友人と私は事務室に連行され、罵詈雑言の爆弾を浴びた。

橋本明　ジャーナリスト　明仁の友人

だった。「あんなに幸福そうな明仁を見たことがなかった」と、銀ブラをともにした学友、橋本は回想する。

一九五〇年代の日本は経済的飛躍をもって刻印されている。破壊された産業と工場を息を奪うようなテンポで再建し、行動の自由と世界における地位を大幅にとりもどした。占領が終わった一九五一年にアメリカと安全保障条約を結び、アメリカの軍事基地を国内に存続させる見返りに、戦時にはアメリカ軍が日本を防衛することになった。このコストのかからない安全保障は日本に、ひたすら経済発展に集中することを可能にした。数年のうちに日本はラジオとテレビの生産で世界第二位となり、世界第三の自動車生産国になった。そして経済的成功は社会的変動も日出ずる国にもたらした。

> 皇宮の高官が私に言った。感情的にはわれわれを理解できるが、理性的にはわれわれはばかものだと。
>
> 橋本明　ジャーナリスト
> 明仁の友人

財界のいくつかのファミリーが短期間のうちに非常に富裕になり、それによって影響力も強くなった。こうして実業家が貴族の地位に、二十世紀まで日本の特権階級を形成し、第二次大戦後アメリカの命令で少数の例外をのぞいて廃止された華族の世界に進出した。

もっとも宮廷役人はそんなことにまどわされず、明仁の花嫁さがしでは、もっぱら元華族とごくかぎられた現存する貴族の家の結婚適齢期の子女が、宮内庁の候補者リストにあげられた。選考委員会の悩みの種は、将来の皇太子妃のリストが明仁の好みに合わないことだった。

いくつかの家族は縁談をすげなくことわった。これはほんの十数年前には考えられないことだった。その間に皇太子は見聞をひろめ、皇位継承者としては初めて大学を卒業した。彼は熱狂的なドライバーであり、情熱的なスポーツマン、才能ある音楽家だった。自分のパートナーには同じ特性をそなえた女性が好ましい。明仁は自分の運命をみずから引き受けることにした。

一九五七年の夏、高級避暑地、軽井沢のテニスコートに皇太子の姿があった。そこで彼は試合に敗れただけでなく、実業家の娘、正田美智子にハートをも奪われた。美智子は平民で、父親は日本最大の製粉会社の会長だった。そのため彼女はやがてマスコミから「麗しき粉屋の娘」と呼ばれることになる。二十三歳になる英文科の卒業生は知的で、美しくて、魅力的であるだけでなく、英語もみごとに話した。しかし保守的な天皇崇拝者はこの花嫁候補に難色を示した。美智子は東京のカトリックの大学で学んでおり、両親もキリスト教徒であるうえ、な

美智子を動かして結婚を承諾させたのは、彼は家族に憧れており、家族なしには生きていけないという、天皇の請いだったと思う。

橋本明　ジャーナリスト
明仁の友人

平民として日本最古の家に嫁ぐことが、どんなにプレッシャーになるか、余人にはまったく想像できないだろう。美智子皇后もこの別世界に慣れるには、非常に多くの時間を必要とした。しかし雅子はもっと長くかかるだろう。彼女は非常に活動的な人生からやってきたのだから。

渡辺みどり
皇室ウォッチャー

により貴族ではない。しかし保守派にとって本来の屈辱は、皇太子自身がみずから花嫁を選びだしたことだった。これほどの大変革を一挙に行なうことは、神代からの皇室の尊厳を損ないかねない、というのが伝統主義者の意見だった。明仁は屈せず、宮中の反対派に抗して意志を貫き通した。

九十七時間の皇太子妃教育を受けたあと、一九五九年四月十日、美智子は夢のプリンスとの結婚を許された。新婚カップルが四頭立ての馬車で東京の街路を行進したとき、五十万の観衆が沿道に人垣をつくった。メルヘンが現実になったように見えた。千五百万の人びとがテレビ画面で結婚の祝典を追った。明仁と美智子は若い、近代的な、戦後世代の見本になった。

明仁は父親に、自分の子供を手もとに置いて、みずから養育することを願った。昭和天皇はそれを了承した。こうして明仁は3人の子供をみずから養育し、愛に満ちた、人間的な家庭を築いた。

橋本明　ジャーナリスト
明仁の友人

結婚の祝福すべき成果はたった一年で実現した。一九六〇年に後継者の徳仁が誕生し、五年後に秋篠宮、一九六九年に娘の清子《さやこ》が生まれた。すでにそのころには皇室の新しいスタイルが目につくようになっていた。男子の後継者を産んで、儀式用の装束のために蚕を飼うのが、それまでの将来の皇后の義務だったとすれば、明仁と美智子はまるでお隣のサラリーマン家族のように、びっくりしている国民の前に姿を現わした。テレビクルーは皇太子夫妻の私室に入ることも許された。皇太子妃がエプロンドレス姿で食事の用意をするところ、夫妻がいっしょに赤ちゃんをあやすところ、子供の本を読んでやるところ、庭でくつろいで遊ぶところを、テレビは放映した。美智子は自分の意志を貫いて、みずから子供に授乳し、養育した。そういうことは皇室の太古からの歴史において、かつてないことだった。

これは宮廷役人にとっては重大な衝撃で、さっそく反撃がはじまった。皇太子の明仁は神聖不可侵なので、宮内官たちは大衆的人気のある美智子に襲いかかった。陰謀とひどい陰口が近代的な皇太子妃の宮廷生活を地獄にした。それには姑の良子《ながこ》皇后がかかわっていたと言われる。宮家の親族たちは若い嫁に、皇室に嫁ぐのは身分不相応だと見ていることを、はっきり感じさせた。美智子のクリスチャンの両親は宮中への参内をけっして許されなかった。「美智子は宮中でいやがらせをうけ、さらしものにされた」と天皇の学友、橋本明は言う。「たとえば彼女は服装の規定について嘘の情報を聞かされた。みんなが夜会服で現われたとき、彼女は着物でやってきた。ひどい話じゃな

陛下は動物と植物の発生学に関心がある。直接の専門分野はハゼの研究で、これは陛下のライフワークであり、それにかんする多くの論文がある。

苅田吉夫
元宮内庁式部官長

いつも私の頭にあるのは、多くの人びとの期待を、私がそこから出たふつうの国民の期待を、裏切ってはいけないということです。

美智子
2004年　70歳の誕生日にあたり

いか」。美智子は黙って微笑んだ。たとえそんな気分ではなくても。彼女がこうむった運命は、四十年後に義理の娘、雅子の身にもふりかかることになる。いじめと適合へのプレッシャー。雅子は流産し、鬱になった。「皇族の一員になるものは、それに適合しなければならない。それが彼女を病気にした」と皇室批判者、天野恵一は言う。「宮廷は彼女がイメージに合致するまでねじ曲げた。それは性格を変える。日本の皇室は平民の参入によって変えられるものではない」。

そのことを美智子は痛烈に感じさせられた。彼女は屈従しなければならなかった――自己を否定するほどまでに。いまでは彼女は影のように、規定の距離を置いて夫のうしろをちょこちょこ歩き、宮廷の壁のなかの厳しい生活が全身に表われている。公式の場では彼女は天皇よりすこし深く頭を下げる。過剰な動きはいっさいなく、笑みは仮面のようにこわばっている。一九九三年に彼女は脱力状態の発作をおこし、数週間にわたって口が利けなくなったという。おそらく彼女はそれによって大衆マスコミの異常に激しい批判に反応したのだろう。週刊誌や夕刊紙は彼女をとがめ、職員との接し方が高圧的だ、客を頻繁によびすぎる、寝るのがおそすぎる、などと書きたてた。これらの情報が自分の近辺から出たことを、皇后は五指で数えることができただろう。七十歳の誕生日にあたり、美智子皇后は来し方をふりかえって告白した。明仁との結婚以来、「重い責任」を感じなが

> 天皇の崩御とともに国民心理は敗戦の恥辱から解放され、ようやく日本は自由な、独立した国になれるだろう。
>
> 加瀬英明　皇室ウォッチャー
> 1989年

1992年の中国訪問の前に政府は、天皇は「謝罪」の言葉を口にしてはならないと言ったが、彼は間接的に謝罪した。それによって彼は個人的にも歓迎された。

ゲープハルト・ヒールシャー
日本在住のドイツ人ジャーナリスト

日本がつねに謝罪することは、若い人びとにとっても受けいれがたい。そんなことはそろそろやめるべきである！

鈴木英男
元特攻隊員

ら生きてきた、「皇族の面汚しにならない」ようにと。

宮中の私事をどの程度外部に洩らすかは、今日でも宮内庁がきめている。とくに好んで広報室が提供するのは、個々の皇族の趣味にかんする毒にも薬にもならない情報だ。美智子はハープとピアノを演奏し、明仁はチェロ、その息子の徳仁はヴィオラとヴァイオリンを弾く。明仁は数十年来魚類の研究にいそしみ、とくにハゼにくわしく、いっぽう長男の徳仁はイギリスの水路を研究している。そういえば裕仁天皇も海洋生物学者として後半生を過ごした。

神なる帝王として崇められたこともある裕仁とちがい、明仁は当初から国民に近づこうとした――自分を拒否する人びとにも。一九七五年、彼は初の皇室の代表として日本の南端の島、沖縄を訪れた。沖縄の住民は、一九四五年四月から六月にかけて荒れ狂った凄惨な地上戦の後遺症に、いまなお苦しんでいた。約二十万の死者のなかには、軍指導部によって容赦なく防戦に駆りだされた少年少女や、おびただしい数の一般住民もいた。沖縄は本土防衛のための捨て石にされ、日本本土が独立してからも長いあいだ米軍の統治下に置かれた。過去にくりかえし冷遇された住民の積もり積もったルサンチマンが、いま激しい抗議となって噴きだした。厳重な警備にもかかわらず皇太子夫妻のリムジンは投石され、一本の火炎瓶が間一髪で的をそれた。住民の怒りの本来の対象である裕仁は、沖縄訪問を終生避けた。

一九八九年一月七日に裕仁天皇が病死したとき、六十四年つづいた昭和時代は終わった。数万の人びとが皇居に参集し、弔問者名簿に記帳した。当局の発表によれば殉死者が二名いたという。裕仁天皇の死のほんの数時間後に後継者の明仁が百二十五代目の天皇として最高位の表象を授かった。鏡、剣《つるぎ》、勾玉《まがたま》。

一九九〇年十一月、服喪期間が過ぎて公式の即位式が行なわれ、世界じゅうの国家元首が参列した。神道の典礼に則った神秘的な儀式を、新天皇は一種の試験のように耐えなければならない。明仁は六十一種の即位儀礼をみごとにこなしたという。この儀式の終了とともに新しい時代がはじまった。平成時代。

早くも明仁は「平和の成就」というモットーを真剣にうけとめていることを示した。おおかたの日本の政治家よりも明確に、彼

なぜ靖国神社の参拝が軍国主義と結びつけられるのか、私には理解できない。

小泉純一郎
2005年　当時の首相

中国と韓国は、日本が戦争を美化し、なんの改悛の情も示さないという論拠を持ちだす。しかしこれは内政干渉以外のなにものでもない。

鈴木英男
元特攻隊員

シンガポールで日本軍に捕らわれた590名のイギリス人のうち、戦争終結を体験したのは70名である。

ジャック・エドワーズ
イギリスの在郷軍人

他者の立場に身を置いて、その心の痛みを理解することが、私は大切だと思います。

明仁
1998年　イギリス訪問を前に

は当初から自国の暗い過去と向き合った。一九九一年に天皇夫妻はアジア近隣諸国、タイ、マレーシア、インドネシアを訪問した。沖縄の経験から明仁は、これが容易ならざる使命であることを知っていた。戦争によって冷えきったアジアの隣国との関係は、慎重に修復しなければならない。真珠湾攻撃から五十年を経て、日本の新天皇は平和的相互関係のための明確なサインを送ろうとした。

明仁の最も重要な外国旅行は一九九二年十月の五日間にわたる中国訪問だった。日本の君主が中華の地に迎えられたのは史上初めてのことだった。日本の民族主義グループはこの訪問を阻止しようと画策したが、むだだった。天皇が北京で催された饗宴のスピーチで、中国人がこうむった苦しみを「深い悲しみ」という言葉で表現し、直接には戦争犯罪の謝罪に触れなかったことは、東京の一部政治家を安堵させた。とはいえ、中国側が口頭による声明に満足せず、文書による謝罪を関係改善のための前提として要求したにせよ、この訪問は和解のための重要な前進として評価された。

深い怨恨は今日まで韓国・朝鮮との関係にも刻まれている。三十年以上にわたる日本の植民地支配で朝鮮半島の人びとがこうむった苦悩は、まだ忘れられていない。そのため二〇〇二年にソウルで行なわれたサッカー・ワールドカップの開会試合では、天皇は観覧をさしひかえた。

皇室の側からのあらゆる平和の努力にもかかわらず、過去の葛藤はたえず燃えあがる。天皇の軍隊の戦争犯罪を故意に矮小化する歴史教科書が日本で刊行されたため、二〇〇五年四月に数十万の中国の学生が街頭にくりだした。デモ隊は日本大使館、日本の企業やレストランに投石した。警察は日本車が破壊されるのを手をこまねいて見ていた。Eメールで日本商品のボイコットが呼びかけられた。「ひとつ日本商品を買うごとに、日本軍国主義の手に新たな武器をあたえるのだ」と。だれがこれを発信したのか、いまだに明らかではない。中国の当局はこの反日抗議デモを、扇動したのではないにせよ、容認したとの見方もある。日本の企業家や投資家は安全を懸念して、中国へのビジネス旅行を一時キャンセルした。

戦後六十年もたっているのに、とくに若い中国人が怒りを表明したのだ。これには日本側の責任がないとは言えない。小泉純一郎首相の挑発的な靖国神社参拝は、けっして隣国との良好な関係に資するもの

キンカセキで戦争捕虜は、一日じゅうきわめて危険で非人間的な環境のなかで奴隷のように働かされる。虐待は日常的だ。病気や衰弱で決められたノルマを果たせないものは、残酷に殴り倒される。飢え、拷問、赤痢に苦しめられ、何百もの捕虜が死ぬ。

ジャック・エドワーズ　イギリスの在郷軍人

ではなかった。皇居から遠からぬところに建っている靖国神社は、多くのアジア人にとって日本の軍国主義と歴史修正論のシンボルになっている。この神道の宗教施設には、天皇と国家のために命を落とした二百五十万の兵士が祀られている。争点は、東京裁判で死刑判決を受けて処刑された戦犯が、一九七八年に殉教者としてひそかに「合祀」されたことだ。時とともに靖国神社は日本の愛国主義の牙城、極右のメッカになった。しかしまた、ここは元軍人兵士と戦死者遺族のための追悼の場でもある。特攻隊員たちは出撃の直前に、靖国神社での「再会」を誓い合った。「ほかにどこで遺族たちは死者の霊に祈ればよいのか、ここではないとしたら?」と、多くの日本人が異議を理解できずに反問する。靖国神社をめぐる論争は国内でも戦わされた。だが新しい、宗教やイデオロギーと無縁の追悼施設をつくるという考えは、いまのところ実現の見込みがない。アジアの民衆にとっては解放記念日である八月十五日に、この問題の多い施設に首相として参拝するのは、中曽根康弘につづいて小泉がふたり目だった——選挙目当てにせよ独自の信念からにせよ。「この神社に戦死者を祀る主要な動機は、軍事的敗北の彼岸で日本民族のアイデンティティを確認することにある」と、ドイツの日本学者スヴェン・ザーラーは解釈する。

戦争の影は明仁のヨーロッパ訪問の際にもつきまとった。一九九八年にイギリスで、元戦争捕虜と日本軍に収容されたイギリス市民が抗議の声をあげ、自分たちのこうむった苦痛に相応する損害賠償を日本政府に要求した。天皇夫妻の訪問地のいたるところでデモ隊が日本の国旗を焼いた。バッキンガム宮殿でのスピーチで明仁は明言した。「皇后と私は、かくも多くの人びとがこの戦争でこうむったさまざまな苦難を、けっして忘れることはできません……私たちの胸は深い悲しみと痛みでいっぱいです」。

二〇〇〇年にも天皇夫妻はヨーロッパを訪れ、オランダに立ち寄った。アムステルダムの追悼施設で明仁は、第二次大戦中のインドネシアで日本軍に収容され、強制労働や売春を強いられた十万を超えるオランダ人を想い起こさせた。かれらの多くは虜囚を生き延びられなかった。オランダの戦争犠牲者の損害賠償要求は国家訪問の前夜に東京で拒否された。天皇にとって愉快な旅行ではなかったが、イギリスとちがって大きな抗議行動は起こらなかった。

イタリア、ベルギー、フィンランド、ドイツ、スイスの旅行は平穏無事に進んだ。一九九三年に天皇夫妻がドイツを訪問したときのことを、当時の大統領フォン・ヴァイツゼッカーはよく覚えている。「天皇と臣民の結びつきはとくに固定していて厳しい規範のもとにあるだけに、彼は、だれかが外からやってくると、とくに開放的で親しみやすくなる」。これは美智子皇后にも当てはまり、彼女は常にないくつろいだ態度で主人側をおどろかせた。皇后はみずから希望してビーレフェルトのベーテルにあるボーデルシュヴィング施設（ドイツ最大のプロテスタント系総合施療施設）を半日かけて訪れた。「それは彼女に特有のものだ。彼女の関心はここにあった。ふつうの人間ならだれだって、自分の心を真に動かすもの、それを身をもって実践したいと思うはずだ。たとえその人間が日本の天皇あるいは日本の皇后であろうと」。リヒャルト・フォン・ヴァイツゼッカーはいまでも天皇夫妻と私的に交際している。

このような外交的活動は、義理の娘の雅子には長年にわたり拒まれていた。国じゅうが彼女の下半身を凝視した。彼女の月経が公共のテーマになった。まるで妊娠を呼び寄せようとするかのように。彼女がローヒールをはいたり両手を腹に当てたりすれば、それが妊娠の明らかな徴候と見なされた。あれこれの雑誌が雅子に教示を垂れた。男の子を産むには、いまなにをすべきか。大豆のタンパク質がよく効くとか、貝、タコ、イカ、あるいは乳製品を食べるとよいとか。生まれる子供は男でなければならなかった。皇室典範によれば男子のみが皇位を継承できるのだから。たしかに歴史上は女帝も存在したが、皇位が女系に受け継がれることはなかった。女帝自身の子供はけっして天皇にならなかった。皇位の継承法は十九世紀後半、明治時代にできたもので、そのころはまだ正妻のほかに多くの側室を置くのがふつうだった。側室は宮廷に仕える貴族の子女から選ばれた。そして側室の腹から生まれた息子でも、問題なく天皇になれた。良子との幸福な一夫一婦の結婚生活を送った裕仁が、初めて側室制度を廃止した。これは遅かれ早かれ王朝の原則をゆるがすことになる。伝統主義者の観点からすれば、子供を産めない皇太子

全日本国民が彼女の下半身の能力に特別な注目を寄せている。日本の天皇制は女性を出産機械と見なしている。これは差別だ。

辛　淑玉　評論家

夫が音楽を愛することは知っているけれど、夫のためにオーケストラを産むことを期待されては困ります。

雅子　結婚式のあと

私は人びとの関心の度合いも、それが意味することも認識しています。

徳仁

1998年
子供にかんする質問に答えて

皇位継承者は競走馬のようなものであり、母がだれであるかは、なんの役割も演じない。

ある日本の皇室記者が
『ワシントン・ポスト』に

妃など、もってのほかだった。もっとも雅子が不妊だという証拠はまったくなかったけれども。

一九九九年十二月十日、雅子の三十六歳の誕生日の翌日、朝日新聞が懐妊の徴候を報じた。公共テレビＮＨＫがこれに歓呼して唱和し、おどろくほど詳細なニュースを放送し、出産予定日まで知らされた。宮内庁はこれらの報道をひとまず否定したが、数日後に懐妊の可能性を認めた。皇太子妃が診察のため病院へ自動車でおもむいたとき、テレビ局のヘリコプターが車列の上空を旋回した。そして十二月三十日、すでに多くの人びとが心配していたことが現実となった。雅子は流産した。

不幸はこれでも足りないと言わんばかりに、マスコミは雅子に苦悩の追い打ちをかけた。抜け駆け報道によって懐妊の情報が世間にひろまった時点では、まだ天皇夫妻にはこの事実が知らされていなかった。そして雅子がすでに十二月二日に妊娠検査を受けて、懐妊が確認されていたことも明らかになった。だが、よりにもよってその翌日に、雅子は徳仁とともにベルギーのフィリップ王子の結婚式に列席するため、ブリュッセルに飛ぶ予定だった。

> 側室は日本の皇位継承に大きな役割を演じてきた。しかし昭和天皇以後、側室は廃止された。日本の世論は側室の再導入に反対している——女系天皇にたいする反対よりもはるかに強く。だから側室の再導入は非現実的というのが、私の見解である。
>
> **竹田恒泰　明治天皇の玄孫**

宮内庁東宮職とのあわただしい協議のすえ、検査は行なわれなかったことにして、皇太子夫妻は予定どおりヨーロッパに飛ぶことで一致した。この旅行の疲れが胎児の発育にどれくらい影響したかは、だれにも答えられないだろう。ともかく関係者の雰囲気は、流産とそれにつづく不愉快な小劇のあと、最低にまで落ちこんだ。自分がみんなを失望させたことを、雅子は知っていた。おまけに自分の状態が詳細に報じられたことが、雅子を深く傷つけた。自分の近辺のだれかが情報を洩らしたにちがいなかった。だが洩れ口がどこなのか、つきとめられなかった。

すべての皇族が参加する、伝統的な新年の歌会始で、雅子はこう詠んだ。「七年《ななとせ》をみちびきたまふ我が君と語らひの時重ねつつ来ぬ」。たぶん彼女はこの歌で夫を鼓舞したかったのだろう。彼女自身の心境は惨めだった。流産の心痛に加えて周囲にたいする不信感が深まった。雅子の心身状態の悪化におどろいて、宮内庁は皇太子夫妻に休暇をとらせることにした。ふたりは東京から二時間はなれた栃木県にある皇室の別邸に出かけ、自然のなかで長期間を過ごした。秋になって雅子は多少とも元気をとりもどした。ちょうどそのときドイツの雑誌の巻頭ページが皇室を震撼させた。妻と並んだ徳仁皇太子の写真。そのズボンの上に大活字で「死んだパンツ」と記されていた。この悪ふざけに日本じゅうが憤慨し、外交問題に発展した。

二〇〇一年の春、宮内庁長官が、雅子に新たな懐妊の徴候が見られると発表した。今回はすべて順調に進んだ。二〇〇一年十二月一日、健康な女子が誕生した。大喜びの両親は子供に愛子と名づけた。八年半にわたって待ちこがれていた子供。「皇太子妃は本日午後二時四十三分、宮内庁病院において女子を出産した。嬰児は身長四十九・六センチ、体重三一〇二グラム。母子ともに健康」という情報を、宮内庁の役人は待ちかまえるジャーナリストに荘重な敬語を連ねて発表した。真の歓呼は起こらなかった。期待されていたのは男子だったから。

愛子誕生のその日のうちに、祖父の明仁天皇は孫娘にお守りを贈った――菊の紋章入りの白柄の刀。これはさまざまな誕生儀礼のはじまりにすぎなかった。誕生から七日目に天皇は子供の名前を選んだ――両親と相談したうえで。それから天皇はその名を墨痕あざやかに和紙に揮毫《きごう》し、それをたずさえた勅使を皇太子夫妻のもとに送った。とくに西欧人の目に物珍しいのは、つぎのような儀式だ。新生児に湯をつかわせるあいだ、ひとりの学者が『日本書紀』の神話の一節を朗読し、その背後にふたりの射手が立ち、ぴんと張った弓の弦を鳴らす。この音が悪霊を祓《はら》い、子供の心身の健康を守るという。これらの儀式も、雅子

3年子を産まざれば去る。

日本のことわざ

女性の皇位継承の導入は試されてしかるべきである。男性の後継者が生まれない以上、それは王朝にとって焦眉の問題である。

河原敏明
皇室ウォッチャー

女性が天皇に指名されることになれば、彼女は結婚と出産を断念しなければならない——これが伝統的な日本の考え方である。

竹田恒泰
明治天皇の玄孫

が男子の皇位継承者を産むという、神聖な義務をまだ果たしていない事実を、忘れさせるものではなかった。愛子の誕生によって本来の問題が解消したわけではなかった。

たしかに憲法は男女の同権を保証しているが、ことが宗教上の要件に触れると、伝統主義者は古来の論拠を持ちだしてくる。「わが国の宗教、神道には、一定の儀式があり、それは天皇のみが執行できる」と明治天皇の玄孫、竹田恒泰は言う。「だが女性は月経のせいで不浄であり、そのためいつ何時でも神々と接することはできない。しかし儀式は、一定の日の一定の時間に執行してこそ、有意義なものになる。そのとき女帝の体調が不都合ならば、儀式の執行は不可能になるだろう」。そのうえ愛子はいつかは配偶者をもとめ、結婚することになる。妻として夫の意思に服従するだろう。もし外国人と結婚するようなことになったらどうなるか？　それを考えるだけで保守的な日本人は身震いする。「愛子内親王が生涯独身のままなら、女帝も考慮の対象になりうるだろう。しかしそんなことは期待できないし、非人間的である」と神道学者の大原康男は言う。「そういうことはわが国ではいまだかつてなかった。法的問題はまったく度外視しても、それは国民感情と衝突する」。

母親の幸福でいっぱいの雅子には、こういう議論はほとんど関心がなかっただろう。恒例の新年の写真——二〇〇一年十二月に撮影——を見ると、雅子は輝くような笑顔で、多かれ少なかれこわばった親族たち——天皇夫妻、徳仁皇太子、その弟秋篠宮とその妻紀子、ふたりの娘の眞子《まこ》と佳子《かこ》、皇太子の妹で当時はまだ独身の清子——を圧倒している。二〇〇二年四月に徳仁とともに行なった記者会見で、雅子が深い感動をこめてわが子誕生の喜びと感謝を語ったとき、日本じゅうが彼女とともに泣いた。にわかに多くの人びとにとって、この女の子がひょっとしたら近代初の女帝になるかもしれないということが、もはや想像を絶する話ではなくなった。

すべてが順調に進むように見えた。雅子の側には夫がいて、献身的にベビーの世話を焼き、湯をつかわせ、おむつをあててくれた。数週間の休息のあと、雅子は公務に復帰した。二〇〇二年十二月、雅子は七年ぶりに公式の外国訪問を許され、オーストラリアとニュージーランドにおもむくことになった。「この数年は妊娠、出産、子育てに取

以前の彼女は元気はつらつとして率直だった。いま彼女には個性がなくなったように見える。彼女は国に身を捧げたのだ。

ティム・オルワイン
雅子の元英語教師　2001年

雅子は日本の女性がそのもとで生きなければならない状況のシンボルです。

赤石千衣子
婦人民主クラブ

り組んでまいりました。しかし正直に申しまして、七年前からなかなか外国へ行けないことに、折り合いを付けるのがたいへんでした」と、雅子は今回の旅行についてコメントした。これほどあけすけに自分の心境を吐露した皇太子妃は、これまでひとりもいなかった。べつの機会に徳仁も、妻が過去にひどい仕打ちを受けたと明言した。「私は妻に言いたい、この数年の妻の努力に私は本当に感謝していると。よくがんばってくれたと」。このような発言は皇族のあいだで顰蹙《ひんしゅく》を買った。

幼い愛子に皇太子夫妻はできるだけふつうの生活をさせたかった。孤絶した宮殿のなかではそれが不可能なので、母子は二〇〇三年五月にこっそり近所の公園に出かけた――規定の安全対策抜きで。愛子はのびのびと同じ年ごろの子供たちと遊んだ。雅子が十日後にまた子供を連れて公園に行こうとしたら、ジャーナリストの大群が待ちかまえていた。皇太子夫妻の近辺のだれかがメディアに通報したのだ。消息通はこう推測した。事態の背後に宮内庁がいて、徳仁と雅子に行動の自由の限界を見せつけたのだと。宮廷の厳格な規則を子供のためにゆるめようとする両親のこころみは、こうして挫折した。自分はけっして「ふつうの」母親の生活をいとなめないことを、雅子は思い知らされた。

記者会見でこのような発言を公表する前に、内容をせめて天皇と相談すべきだった。

秋篠宮　徳仁の弟

それは皇太子の、助けをもとめる叫びだった。

松崎敏彌
皇室ウォッチャー

外からの圧力、匿名の敵意、黄金の檻のなかの生活——そのすべてが雅子を絶望に追いこんだ。笑みは仮面にすぎず、顔はむくみ、目のまわりの隈《くま》はメイクでも隠せなかった。雅子は絶えざる疲労にくるしみ、夜も眠れなくなった。はじめ医師たちは精神疾患の症候を認めようとせず、善意からではあるが無益な助言をするだけだった。「彼女の以前の笑みは消えました」と学友の原久美は回想する。「彼女の顔をテレビで見て、具合がよくないことを私は知りました。まるで生きるエネルギーを失ったようでした」。

「われわれは宮内庁に、皇太子夫妻にもっと自由をあたえるようもとめる。われわれはおふたりの健康で幸福なご様子を見たい」。

『朝日新聞』のコメント

二〇〇三年十二月二日、愛子の二歳の誕生日の翌日、皇太子妃の免疫システムが崩壊した。つらい帯状疱疹《たいじょうほうしん》——神経の永続的緊張の結果——が頭部を襲った。若い母親の二重の負担、子供の養育と公務が皇太子妃の健康状態を悪化させたと宮内庁は主張した。何カ月たっても状態は悪化するばかりなので、雅子は娘の愛子とともに軽井沢の小和田家の別荘で療養することが許された。これは異例のことだった。皇族の一員が平民の家で寝泊まりすることは許されていなかったから。宮内官たちから距離を置き、両親と娘の愛子との水入らずの生活で、雅子は元気をとりもどしていった。だが四週間後に見えすいた口実により、療養は中断された。長期の警備に負担がかかりすぎるというのが、おもてむきの理由だった。ふたたび雅子は宮内庁の圧力に屈し、宮廷の孤独に逆もどりした。

そこで彼女の状態は急激に悪化した。目まい、頭痛、鉛のような疲労感が、彼女を崩壊寸前に追いやった。つねに妻の味方となって助けるとかつて約束した夫が反撃にでた。二〇〇四年五月十日、ヨーロッパ訪問を機に行なわれた記者会見で、皇太子はセンセーションを惹き起こした。公然と徳仁は宮内庁を批判し、間接的に自分の家族も批判した。妻は皇室に適合しようとする長年の努力に疲れはてている。「雅子の外務省におけるキャリアと彼女の人格を否定しようとする動きがあった」ことを皇太子は率直に語り、日本じゅうを揺るがして、反対派とのパンチの応酬をもたらした。「雅子は自分が必要とするものをすべて持っている」と天皇の友人橋本明は憤慨した。「彼女は家来が信頼できないと苦情を訴え、まわりに心を閉ざして、精神的に病んでいる。しかしこれはまともじゃない。そのうえ彼女は夫まで厄介ごとに巻きこんだ」。三十九歳の弟、秋篠宮もプレスの前で大いに憤慨した。「父の天皇と私は徳仁の発言にショックを受けた」。

こうして戦線は明らかになり、宮廷の壁のむこうのドラマが表面化した。ジャーナリストのゲープハルト・ヒールシャーはこの論争を身近で体験した。「徳仁は言った。『私にはすばらしい妻がいて、彼女なら立派に皇室を外にむかって代表できるだろう。しかし彼女にはそれを許されない。彼女の能力は用いられず、それによって彼女は人間の尊厳を拒否されている』と。これはものすごい突出、勇敢な突出だった。興味深いのは、皇太子の弟が、この突出のせいで、兄を批判してもよい、あるいは批判しなければならないと思ったことだ」。

秋篠宮と妻の紀子は、一九九〇年に結婚し、かねてから男性の血統を救うため、独自の計画を練ってきた。ふたりが二〇〇五年の秋にコウノトリを野に放ったのを、偶然と思うものはいなかった。宮内庁はかねてから、秋篠宮と紀子が三人目の子供に、それも男の子に恵まれる可能性を考慮していた。そうなれば男系の王朝の存続が保証されるだろう。紀子は大学教授の娘で、多くの保守的な日本人から、よりよい嫁と見られていた。「雅子は、自分が皇室に受けいれられていないと、強く感じていた」と天皇の友人橋本明は言う。「雅子皇太子妃が義妹のように巧みで、愛想よく、皇后と天皇に従順ならば、家族問題は生じなかっただろう」。宮廷における泥仕合は激しい議論をあらゆる政治陣営で惹き起こした。「男尊女卑は皇室の原理である」と天皇制の批判者天野恵一は言う。「女性は男子を産むためにのみ存在する。天皇制は非人間的な制度である。そのような制度が生きながらえるとは思わない」。

そうこうするうちに政治家も介入してきた。二〇〇六年一月に小泉純一郎首相が、女性も考慮に入れた新しい皇位継承法を作成すると発表した。彼が依拠した学識経験者の委員会からの勧告は、一八九九年

皇太子妃はよくダイアナ妃とくらべられるが、これは短絡だ。ふたりに共通する唯一のものは、豪華な結婚式だと思う。

小林洋子　ジャーナリスト

彼女は結婚して8年以上たっても東京の宮中で最も孤独な女性だった。

アルフ・シュミット
貴族界の消息通

の古い法律を時代の変化に合わせ、女性を同等にあつかうことに賛成していた。世論調査では日本人の七十パーセントが女帝になんの異議もなかった。幼い愛子は成功するかに見えた。数世代の皇室批判者や政治家、とりわけ母と祖母がなしえなかったこと——世界で最も硬直した宮廷を動かすことに。

ところが改正継承法が議会に上程される数日前に、ライバルの紀子が登場した。彼女の懐妊が公表されたのだ。この吉報が国会内に伝わると、委員会で討議中の議員たちは歓呼の声をあげた。たちまち新法案は凍結され、改革は無期延期になった。女帝反対派は時間でゲームをしている。二〇〇六年九月に男子が誕生すれば、法改正そのものが必要でなくなる。女子しか生まれなくても、女性に好意的な解決の擁護者、小泉首相はもはやその職にない。そのときはまた、新たな解決法を追求するしかないだろう。〔訳注・二〇〇六年九月六日、秋篠宮と紀子妃のあいだに男子、悠仁が生まれ、すこやかに生育していることはご存じのとおり。〕

二〇〇五年の秋から公務に復帰した雅子皇太子妃は、紀子が男子を産んだら喜ぶことだろう。そうすれば王朝存続のために負わされたすさま

皇室は家族の模範として役立たなければならないので、国民にちょっぴり多くの家族共同体を、愛の目に見えるかたちを示さなければならないと思う。そういうことは天皇陛下にも、皇太子殿下が子供だったころにあったのだ！

近重幸哉　皇室ウォッチャー

じい重荷が、やっと肩からおりるのだ。自分の娘は君主になれなくても、くらべものにならないほど自由で、おそらくはるかに幸福な人生を送ることができるだろう。また、古い慣習にしたがって、愛子を「ふさわしい養育係」の庇護下に置きたがる反動的な重臣たちと格闘する必要もなくなるだろう。とはいえ天皇を崇拝する伝統主義者は、またもや勝ったことになるだろう。すべてがこのままつづくなら。日本の国歌も謡っているように、「小石が大岩になって苔が生えるまで」つづくなら。

つくられた王

フアン・カルロスとスペイン人

挙式の後で。新郎新婦のうしろに、陸軍元帥の大礼服に身をつつんだパウロス国王（ソフィアの父）、花嫁介添人の左から4人目に英国王女アレクサンドラ（エリザベス2世のいとこ）（1962年5月14日、ギリシアの王宮にて）(Photo:AP Images)

小さな女の子はすやすやと眠っていた。マドリード大司教のアントニオ・バレラが聖水を小さな頭にそそいだときも、やわらかい亜麻布とレース織りの貴重な洗礼服につつまれた子供は、眉ひとつ動かさなかった。フランシスコ会の修道士たちはこの水を、そこでかつて洗礼者ヨハネがイエスに洗礼したというヨルダン川からわざわざ汲んできた。しかしこの厳粛な儀式のあいだも女の子は眠りつづけていた――一度かすかにぴくっとして、眠ったまま小さなこぶしをあげただけで。二〇〇六年一月十四日、マドリードのサルスエラ宮の礼拝堂で、めでたく「レオノール」と命名された子供は、スペイン国王夫妻フアン・カルロスとソフィアの初孫だった。洗礼式がスペイン王の居城で行なわれたのは、これが初めてではない。しかし今回はまったく特別なことがあった。そのことは約千年前から伝わる洗礼盤がはっきり示していた。これはドミニコ会の創立者、聖ドミニクスまでさかのぼるもので、皇太子とその後継者のみに使われ、ふだんは修道院に保管されている。最後に使われたのはこの子の父親の洗礼式で、三十八年前のことだった。

レオノールは二〇〇五年十月三十一日に誕生した。小さな王女はスペイン皇太子フェリペとそフアン・カルロスはスペイン人が尊敬する人物であり、この人物は公的機関を体現している。ただし思いちがいをしないでいただきたい――それはスペイン人が認めた王政の抽象的な機関でなく、国王なのだ。

フェリペ・ゴンサレス　元スペイン首相

の妻レティシアの最初の子供で、スペイン王室の順位では国王夫妻、二番目の王位継承者である両親につづき、第三位を占めることになるだろう――伯母のエレナとクリスティナに先んじて。正しい呼び方は「王孫殿下」、短い称号は「ブルボン・オルティスのレオノール王女」――オルティスというのは、平民出身で離婚歴のある母親レティシアの姓である。レオノールという名は、伝説的なアキテーヌのエレオノール、恋愛詩人のミューズで、イギリスとフランスの女王――それによってスペイン女王にもなれたかもしれない――にちなんでいる。しかしスペインではいまなお憲法改正をめぐって激しい議論があり、この憲法はスペイン王朝の王位継承も規定している。これまでのところスペインの王位継承法では男子が女子に優先する。つまりレオノールが唯一の王孫でありつづけず、弟が生まれたら、こちらが王位に即くことになる。多くのスペイン人がこの規定を非近代的と見なし、レオノールの母親、元ジャーナリストのレティシア・オルティスも、スペインの王位継承法を時代おくれと感じている。ヨーロッパの他の王室、イギリス、スウェーデン、オランダなどは、とっくに継承法を男女同権に変えている。しかしスペインのフェリペ皇太子は逆の意見を持っているようだ。彼と妻が息子に恵まれても、それが法改正のあとならば、レオノールは第一の王位継承者でありつづける――それこそ彼が避けたがっていることなのだ。「神から息子を授からない者は、悪魔から甥を授かる」とスペインの古い諺《ことわざ》は言う。これは「息子なしにはおまえはなにものでもない」と言い換えてもよい。保守的なスペイン王室では、この俚諺《りげん》は二重に当てはまるようだ。消息通は、これがいまの皇太子夫妻の激しい対立の原因だという。

二〇〇四年五月の夢の結婚式のあと、当時三十二歳だった元ジャーナリストはほとんど耐えがたい重荷を負わされた。妊娠すること。早くも新婚旅行の直後から皇太子妃レティシアの受胎能力にかんする騒々しい論議がはじまった。何百万のスペイン人がほとんど毎日、「ご懐妊」があったかどうか、いつになったらレティシアはスペインの王位継承者を産むのかと推測し合った。数カ月が過ぎて、皇太子妃が世間のプレッシャーのもとでますます痩せると、レティシアは拒食症だとか不妊症だとかいう噂がたった。実際、かつては自信あふれるキャリアウーマンだったレティシア・オルティスは、打ちひしがれ、憔悴《しょうすい》しきっているように見えた。あやまちを犯して新たなネガティヴキャンペーンの的になるのではないかという不安が、魅力的なテレビ・キャスターを石のようにこわばらせた。ついに義父の国王、フアン・カルロス一世が介入せざるをえなくなった。記者会見で国王はジャーナリストに、これ以上レティシアを悩ますなと強く警告した。

二〇〇五年五月八日にスペインのテレビ放送が番組を中断し、「本年のニュース」――レティシアの懐妊――を報じたとき、ようやく不快な憶測は鎮静した。そのかわり新たなヒステリーがスペインに蔓延した。レティシアが娘しか産まなかったらどうなるか？　男女の双子だったらどうするか？　メディアに煽られて、多くのスペイン人がにわか栄養士や婦人科医になった。「妃殿下《ス・アルテサ》はもっとお食べになるべきです」とスペインの臣民は要求し、妊娠中の皇太子妃のヒールの高さを懐疑の目で注視した。レティシアにたいする圧力は弱まらなかった——かたちを変えただけで。妊娠の経過に問題がないわけではなかった。レティシアは吐き気と上気の症状に苦しみ、早産のおそれがあるので早期に入院させられた。

二〇〇五年十月三十一日の夜、一時四十六分、ようやく帝王切開で子供が生まれた。女の子、身長四十七センチ、体重三五四〇グラム。レオノール王女の最初の写真は祖母のソフィア王妃が携帯で撮った。誕生から丸一週間後の十一月七日、小さなレオノールは初めて一般に公開された。薄い瞳の色はパパから受け継いだようで、秀でた鼻はブルボン家のまぎれもない特徴を表わしていると、多くの観察者は信じた。

> われわれが結婚したのは、家庭を築き、誠心誠意スペインに奉仕するという、貴重な願望を分かち合うためである。
>
> フェリペ　2004年10月

王女の誕生によってスペインの王位継承をめぐる議論が終わったわけではないにせよ、ひとつ、たしかなことがある。一九七五年、独裁者フランコの死によってはじまった新王朝の将来について、国王フアン・カルロス一世が気に病むことはもはやない。一九七五年十一月二十二日――フランコの死後二日目――に即位したとき、その地位はきわめて不確かなものだった。フランコから後継者に指名されたフアン・カルロスに期待する声はごくわずかで、むしろ不安のほうが大きかった。ほぼ四十年にわたる独裁のあと、君主制がスペインで成功すると信じるものはほとんどいなかった。しかし最近の世論調査によれば、国王と君主制はスペイン国民に広く認められている。「君臨すれども統治せず」。ブルボン家のフアン・カルロス一世は、今日では安定した民主主義の助産士として尊敬され、一九八一年の軍事クーデターを挫折させたことで賞賛されている。国家元首として、軍の最高司令官として、国王は大部分のスペイン人から、そして数多くの反王政派からも、最大の敬意をはらわれている。即位三十年にあたっては、驚くべきことに現政権にある社会主義者から激賞された。ホセ・ルイス・ロドリゲス・サパテロ首相はフアン・カルロス一世を「制度上の大黒柱」「内政の調整機能」と讃え、国会議長のマヌエル・マリンは国王の民衆との親密さとひかえめな態度を評価した。過激な分離主義者のたえまないテロのもとで分裂しがちな国において、君主は国民を統合するかすがい役をはたして

ひょっとしたらこの子は60歳で女王になるかもしれないが、それにつけてもスペイン人はレティシアのことを考えざるをえない。彼女は王子に栄光をもたらさない。ひょっとしたらそのころには王室はもはや存在しないかもしれないではないか。

ハイメ・ペナフィエル　王室通のジャーナリスト

母親になるという
すばらしい経験は、
筆舌に尽くせません。それはみずから体験するしかありません。わたしにとってそれはわが生涯で最高の瞬間でした。

レティシア
娘の誕生のあと

レオノールはひとりっ子のままでいい。このレティシアの考えに私はたいして驚かない。レティシアは、まったく独力で母親役に没頭するという、これまでにないタイプの女性だった。

イェルグ・トゥルセル
貴族界の消息通

いる。難破したタンカーから流出した油がガリシア沿岸を汚染したり、国連派遣軍のスペイン兵が屍《しかばね》となって帰還したり、テロリストがマドリードで惨劇を惹き起こしたりしたとき、国王は「最高の慰撫《いぶ》者」「同情の担い手」として機能する。たしかに、「フランコの弟子」として玉座に即き、いまでは議会主義的君主制の頂点にいる国王の歴史は、ヨーロッパでも稀有なものである。

フアン・カルロスが一九三八年一月五日にローマで生まれたとき、スペインは内戦のさなかにあった。祖父の国王アルフォンソ十三世は、一九三一年四月十四日にスペインで共和制が宣言されたあと、家族とともにあわただしくマドリードを立ち去った。一九二〇年代末のスペインでは、保守派と革新派のあいだに緊張が高まっていた。対立の軸となったのは国家体制のあり方――王政か、民主制か、独裁か？　カトリック教会はこれまでの実権を保持しようとし、ライバル同士の各地方、カタルーニャ、アラゴン、バスク、マドリードの中央政府が激しく対立した。地方選挙で共和派が勝利をおさめると、民衆の不満は国王に向けられ、怒りくるった群衆が王宮に押しかけ、声高に国王の退位を――そしてときには死も――要求した。カヴァルカンティ将軍は君主に騎兵隊による暴徒の鎮圧を申し出たが、アルフォンソ十三世は拒絶した。「私個人のためにスペイン人の血が一滴でも流れてはならぬ」。彼は王位を断念し、勝ち誇る共和派と交渉したすえ、退位したあと堂々と国を出ることを許され、無一文で亡命する事態はまぬがれた。

はやくも四月十五日に国王は家族とともにスペインをあとにして、はじめはフランス、のちにローマに移った。国王が満足げに確認したのは、自分が退位して出国しても混乱はいっこうに終わらないことだった。新たに形成された政府は、保守主義・国家主義勢力と、社会主義・アナーキズムの潮流による激しい対立を収められなかった。一九三六年二月にひとりの保守政治家が暗殺されると、スペイン軍の多くが右翼的・ファシズム的な将校に率いられ、政府にたいして反乱を起こした。左翼の人民戦線政府から軍最

私が生まれたとき、人びとはどんな緊張下で暮らしていたか、それを両親が話しているのをよく聞いた。私の家族にとって内戦は、その結末がいまだにあいまいな悲劇だった。

フアン・カルロス

父が私の胸に銘記したことを、私はけっして忘れない。それはある根本的な考えを反映していると思う。王は、祖国への奉仕がそれをもとめるなら、退位すべきである。

ドン・フアン
フアン・カルロスの父

スペインは王国として眠り、共和国として目覚めた。

フアン・バウティスタ・アスナル
1931年のスペイン政府首班

父はスペインで生まれた。そこで子供時代と青春時代の一部を過ごした。亡命が父にもたらした苦痛はリアルだった。それにたいして私に郷愁はなく、あるのは希望のみだった。

フアン・カルロス

高司令官の地位を剥奪され、カナリア諸島の軍司令官に左遷されたフランシスコ・フランコ将軍が内戦を呼びかけた。モロッコで反乱軍を指揮下に収めたフランコに、ヒトラーとムッソリーニがすぐさま厖大な武器援助を約束した。ついには五万のイタリア兵と二万のドイツ兵がフランコ側で戦い、いっぽうソ連の「軍事顧問」と多くの国々から駆けつけた四万の義勇兵が、六個の「国際旅団」に結集して人民戦線政府を支援した。血なまぐさい内戦は三年間つづき、国内にくすぶっていた葛藤が全面的に燃えあがった。土地のない農民は大土地所有者に、地方はマドリードの中央政府に反抗した。一九三七年四月二十六日、ドイツ「コンドル軍団」の空爆によるバスク地方の都市ゲルニカの破壊は、残酷な戦争の象徴になった。約二千人の市民がこの空襲で死に、スペイン内戦全体では十五万人が命を落とした。さらに数十万、見方によっては百万の人びとが、政治的殺害の犠牲になった——その多くは一九三九年四月一日の内戦終結後に。ゲルニカの破壊は、「コンドル軍団」を麾下《きか》に置く反乱軍司令部の指令によるものだった。フランコ側は意識的に「バスク人の聖都」を爆撃の目標に選び、バスク人の抵抗の背骨をへし折ろうとしたのだ――軍事的には無意味な破壊。

スペイン内戦の勝利者となったフランコ将軍は、栄誉の称号「総統《カウディリョ》」をみずからに授け、基本的には軍に依拠したファシズム政権を樹立した。その際フランコはカトリック教会からの強固な支持を獲得できた。「神に全魂を傾けて、わが敬愛するカトリック・スペインの勝利に際し、われらは閣下に心から感謝する。この勝利が、かくも貴重な国土に平和が達成されたあと、この国をかくも偉大にした古き伝統に、新たな力が授けられんことを、われらは祈念する」と、フランコへのヴァチカンからの祝電は述べている。その筆者はカトリック教会の総元締め、つい先ごろ教皇に選ばれた、ピウス十二世にほかならない。政敵にたいしてスペインの独裁者はきわめて過酷に立ちむかい、拷問や反対派の「粛清」も辞さなかった。

フランコとともに勝利した保守派のうち、約八十パーセントが王政の支持者だった。自己の権力を固めるため、フランコは王党派にたいし、「所定の時期」に王政を復活すると約束した。つまりフランコ体制は一般には過渡的な現象と見なされた。一九四七年に布告された基本法は、ス

> ナチスの殺戮が人種主義を動機とするなら、内戦中にフランコが共和派にたいして行なった殺戮は、政治的背景があった。そして比較するとフランコ治下のほうが、ヒトラー治下よりも多くの政敵が殺されている。
>
> パウル・プレストン
> フランコの伝記作家

ペインは王国であると規定し、スペインの歴史的な正統王朝を承認したが、王政復古の具体的な細部は言及されなかった。ただし将来のスペイン国王は三十歳以上、男性、王族の出身者でなければならない。ファン・カルロス・デ・ボルボン・イ・ボルボンが、いつの日かファン・カルロス一世としてスペインの玉座に即くなどとは、どこにも書いてなかった。彼の父親、ドン・ファン・デ・ボルボン・イ・バッテンベルク、バルセローナ伯爵は、生まれた時点では継承順位の一等席にほど遠かった。

ドン・アルフォンソとバッテンベルク家のヴィクトリア・オイゲニア——イギリスのヴィクトリア女王の孫に当たる——との結婚から、六人の子供が生まれ、そのうち四人が男子だった。しかし不幸な星のもとでアルフォンソ十三世とドイツの姫君ヴィクトリア・オイゲニアとの結婚式が行なわれたかのように、夫妻にはその後も大きな苦悩が待ちうけていた。一九〇六年五月三十一日、マドリードで新郎新婦が婚礼をすませたばかりの教会から出てくると、黒衣の乞食女が道に立ちふさがり、喜捨を乞うた。衛兵がその女を打擲《ちょうちゃく》して追いはらうと、女は両手を天にのばして新婚夫婦とその子孫を呪った。そのすぐあと、新婚カップルは間一髪で暗殺をまぬがれた。婚礼馬車が大通り《カレ・マジョル》にさしかかったとき、アナーキストが薔薇の花束に隠した爆弾を投げつけたのだ。国王夫妻は奇跡的に無傷だったが、爆弾は馬を引き裂き、随行者を殺した。飛び散る破片、血、肉片が美しい十八歳の花嫁の衣装を汚した。かくも不吉なドラマではじまった結婚生活は、その後の歳月にも影を落とすことになる。一九〇七年、長子のアルフォンソが生まれた。彼はいわゆる「ドイツ病」、血友病にかかっていた――母親からの遺伝。一九〇八年に授かった次男のハイメは生まれながらに耳が聞こえなかった。一九一三年にようやく健康な男子、フアンが生まれた。その翌年にヴィクトリア・オイゲニア〔訳注・スペイン風にはビクトリア・エウヘニア〕は四番目の息子ゴンサロを産んだ。しかしこの子も重い血友病をかかえ、二十年以上は生きられなかった。

長男のアルフォンソは虚弱体質で、負傷が命取りになるという危険をかかえて生きていたにもかかわらず、国王は長いあいだ彼を将来の王位継承者と見なしていた。あらゆる忠告をはねのけて、国王は長子を王冠への権利から除外するのを拒否した。この父親の重い決断からアルフォンソを解放したのは、当の本人だった。平民のキューバ女性エデルミラ・サンペドロと結婚し、王位に即く権利を放棄することによって。この不釣り合いなカップルは乱脈な数年間をパリで過ごしたあと、金に窮して決裂した。一九三七年、アルフォンソとエデルミラは離婚した。はやくもその数カ月後、王子は新たな結婚にとびついた。このたびはファッションモデルのマルタ・ロカフォールと。このカップルは四カ月しかつづかなかった。一九三八年九月六日、マイアミのナイトクラブにむかうアルフォンソの車が電柱に衝突した。王子は内出血が止まらずに死んだ。

それによって正統な王位継承者は次男のドン・ハイメになるはずだったが、彼はすでに一九三三年に身体障害のため権利を放棄していた。のちにハイメはこの決断を撤回し、スペイン王位をめぐる権力闘争の手玉になる。アルフォンソ王は遺書で唯一の健康な息子、三男のフアンを「唯一の正統な王位継承者」に指名したが、ファンがスペイン王位に即くことはけっしてないだろう。このハンサムでスポーティな青年は、すでに多くのスペイン人から将来の国王と見られており、そのための軍事教育にそなえていた一九三一年、スペインで革命が勃発した。王族はファンをイギリスに送ることにし、そこで彼は四年間イギリス海軍に勤務した。この時代にファンは、スペインに必要なのはリベラルな立憲君主制だという信念を固めた。一九三五年十月、彼はローマでブルボン・オルレアン家のマリア・デ・ラス・メルセデスと結婚し、一年後に娘のマリア・デル・ピラルが生まれた。ファン・カルロスはその一年半後、一九三八年一月五日にローマで生まれた。この出来事——なんといってもファン・カルロスはスペイン王位継承の第二位を占める——は、内戦中のスペインではほとんど注目をひかなかった。セビーリャで発行された雑誌『ＡＢＣ』の十三ページに短い記事が載っただけだった。王子の洗礼式は一九三八年一月二十六日にマルタ騎士団の礼拝堂で行なわれた。ファン・カルロスは祖母のエナ（エウヘニアの愛称）王妃の手で洗礼盤の上にかかげられ、儀式を執行したのはエウヘニオ・パセリ枢機卿、一年後に教皇ピウス十二世としてカトリック教会の総帥になった人物にほかならなかった。

> ドン・アルフォンソは運命の打撃を見たところ冷静に受けいれた。それでも彼は非常に苦悩し、家族の不幸を明らかにドニャ・ビクトリア・エウヘニアのせいにした。
>
> ホセ・ルイス・デ・ビラロンガ
> フアン・カルロスの伝記作家

フアン・カルロスの家族はローマ郊外ヴィアレ・パリオリにあるヴィラ・グロリアに仮の宿を見いだした。「その地域は中流市民の住宅地と呼ばれていた」と、フアン・カルロス一世は当時の住居を語った。「そこに住んでいるのは医者、弁護士、ビジネスマンだった。いずれにしても豪邸ではなかった。私の両親にそんな余裕はまったくなかった」。

家族から「フアニート」と愛称で呼ばれたフアン・カルロスは、人生最初の四年間をイタリアの住居――階下に肉屋、化粧品店、美容院があった――で心配事もなく幸福に暮らした。ドイツ系スイス人の子守女がドイツ語、イタリア語、フランス語を教えてくれた。スペイン語は初めは苦手だった。祖母のエナが本来の故国のことを話して聞かせ、幼い亡命スペイン人にはそれが遠いパラダイスの物語のように思われた。フアン・カルロスが三歳のときに、祖父のアルフォンソ十三世が死去した。生前の一九四一年二月五日に彼は退位し、ドン・フアンに家督を託していた。

フアン・カルロスの父はいまやバルセロナ伯爵を称し、それによってスペイン王位の公式の継承予定者になった。彼の支持者は、いつの日か彼がスペインに帰還し、フアン三世として王位を継ぐことを期待した。「父が亡命生活に耐えられたのは、いつかスペインを、失われたパラダイスをとりもどすことを、確信していたからだ」とフアン・カルロス一世は自分の伝記作家、ホセ・ルイス・デ・ビラロンガに語っている。しかしフランコ将軍には別のプランがあった。「リベラルな意見」とイギリスとの親しい関係ゆえに、独裁者の目には、王位継承予定者ドン・フアンは国王候補者に不適切と映った。将来の国王は絶対君主であるべきなのに、ドン・フアンは民主主義者と見なされている。こうして「総統《カウディイリョ》」は王政復古の計画を次の世代に、フアン・カルロス王子に合わせはじめた。フランコはこの少年を、自分の後継者にふさわしく育てあげるつもりだった。

フアン・カルロスの家庭は歳月とともに大きくなっていった。彼が生まれて十四カ月後に妹のマルガリータが生まれた。まもなく医師が確認したのは、この子は生まれながらに目が不自由で、手の施しようがないということだった。母親は愛をこめて辛抱強く、不幸な娘をできるだけふつうの子供と同じように育てた。フアニートも妹をいつくしみ、根気よく世間のことを話して聞かせた。一九四一年にアルフォンソ――みんなから「アルフォンシート」と呼ばれた――が生まれた。フアニートはこの弟をとびきりかわいがり、いちばん仲のよい遊び相手になった。ヴィラ・ボルゲーゼの庭園で子供たちは元気に遊び戯れた。友人や親戚は子供のころのフアン・カルロスを評して「活発な性格」と述べている。いつも動いていて、「目まいがするほどダイナミック」だったと。

第二次大戦中と一九四一年のアルフォンソ十三世の死後、亡命の王家はますます強くなるファシストからの圧力にさらされた。ついに家長のドン・フアンはスイスに移住することにした。一家はウー

「私は祖国の幸福のため私のすべての請求権を放棄し、私の息子ドン・フアンを今後唯一の正統な王位継承者と定める」。

国王アルフォンソ13世の遺書
1941年2月

重要なのは王政が再興されることであり、それを体現するのが私か息子か、ということではない。

ドン・フアン
フアン・カルロスの父

両親から遠く離れたフリブールで私が学んだのは、孤独の重荷を担うということだった。

フアン・カルロス

シーで湖畔のヴィラを賃借し、フアン・カルロスにとってはなんの屈託もない子供時代は過ぎ去った。午前中は近所の学校に通い、午後は家庭教師の授業があった。祖母のエナ王妃と親密に交わった。彼女は家から遠からぬ「オテル・ロワイヤル」に宿泊し、フアニートに祖父のアルフォンソ前国王のことを、飽きることなく話して聞かせた。アルフォンソ十三世は家族にふりかかった不幸な運命、とりわけふたりの息子が負わされた致命的な遺伝病を妻のせいにした。はやくから夫婦関係は疎遠になっていたが、それでもエナは亡夫を尊敬しつづけた。

八歳でフアン・カルロスは初めて家族の庇護からはなれ、フリブールの寄宿学校に入った。父のフアンは、スペイン王子がいかなる特別あつかいもされないことにこだわった。「王子の教育はできるかぎり通常に行なわれなければならず、とくに義務の原則、祖国愛、生きた言語知識を重視することが、私のつねに変わらぬ意見だった」とドン・フアンは述べたことがある。はじめフアン・カルロスは新しい環境がいやでたまらず、両親との別離に苦しんだ。両親はふたたびスペインの近くに移ることにして、ポルトガルのエストリルに転居していた。「毎日私は母の電話を待ったが、一度もかかってこなかった」と彼は伝記作家ホセ・ルイス・デ・ビラロンガに語っている。「あとで知ったことだが、父が母に電話をさせなかったのだ。『マリア』と父は母に言った。『あの子が強くなるよう助けてやらなければいけない』」。

少年にとってこの時代の唯一の慰めは週末にローザンヌの祖母を訪ねることだった。だがまもなく両親は息子を呼び寄せ、一九四六年四月、フアン・カルロスはリスボンにおもむいた。約二年間、少年はその地で過ごし、イタリア語、ドイツ語、英語、フランス語、スペイン語のほかに、ポルトガル語も学び、教会の学校に通った。一九四八年四月、ドン・フアンは息子をフリブールに送り返すことにした。またもやフアン・カルロスはひとりぽっちにされたと感じ、あらためて家族との別離に苦しんだ。

同じ年の八月二十五日、少年王子の将来の運命を決定する歴史的な会談が行なわれた。それは「ジェイムズ・ボンド」映画を彷彿《ほうふつ》させるシーンだった。バスク地方の町サン・セバスチアンの沖合でバルセロナ伯はフランコ将軍のヨット「アソール号」に乗りこんだ。この極秘の会談に先だって手間のかかる外交儀礼上の綱引きがあり、結局バルセロナ伯はフランコの強要に屈して、海上での二者会談に同意した。三時間にわたって両者は話し合った――会談の主なテーマはフアン・カルロスの教育問題。「総統《カウディリヨ》」はドン・フアンに、今後は王子をスペイン国内で教育することを提案した。両者の胸中にはスペインの未来にかんする思惑があった。ドン・フアンにとっては自分の王家の存続にかかわることであり、フランコにとっては国際的な威信がかかわっていた。

ルネサンスの華 上 下

イザベッラ・デステの愛と生涯

知略にたけて大胆 華麗にして英邁《えいまい》

華やかなルネサンスの宮廷を舞台に、女性としての自己実現と自国の平和・独立をかちとるために戦い続けた美貌の侯爵夫人イザベッラ・デステの愛と波乱の生涯

【著者】マリーア・ベロンチ（Maria Bellonci）
1902年ローマに生まれたイタリア文学界最大の女流作家。『ルクレツィア・ボルジア』をはじめ、その後、幾多の作品を発表する。一方、戦後イタリアで最も権威ある文学賞ストレガ賞を創設。本書は、最晩年に、病と闘いつつ書き上げた彼女の最高傑作と評価される作品。

【訳者】飯田凞男（いいだ・ひろお）
1934年生まれ。早稲田大学卒業。翻訳家。訳書に、マリオ・リゴーニ・ステルン『テンレの物語』（青土社）、G.T.ランペドゥーサ『山猫』（「出版の経緯」「追補」の部分。河出書房新社）など。

四六判上製・各380ページ　定価：各2200円＋税　2007年7月中旬発売
ホームページ上においても詳しく紹介しております。http://www.yushokan.co.jp/

環境問題に先鞭をつけた定評ある古典的名著
ついに翻訳出版！

臭くて汚い華の都の物語

『排出する都市パリ』

――泥・ごみ・汚臭と疫病の時代――

"汚穢と汚臭に満ちていた時代のパリの生活空間を第一次史料にもとづき、いきいきと再現！"

著者紹介
アルフレッド・フランクラン（1830～1917）
著書のうち『過去の私的生活』（全27巻）は有名。
※本書はその中の医学アカデミーから賞を授与されたものの翻訳

訳者紹介
高橋清徳（たかはし・きよのり）
現在、専修大学法学部教授。西洋法制史・ヨーロッパ都市論・フランス環境法。

2007年4月発売　四六判・296ページ・上製本　本体2200円＋税　ISBN978-4-903487-07-6

朝日新聞・週刊文春の書評欄にて、大きく紹介されました！

「公害や環境問題との戦いは、…普遍的な都市問題であったことを、改めて学ぶことができる」

橋爪 紳也
（建築史・都市文化論　大阪市立大学教授）

朝日新聞、書評欄にて紹介（4月29日）

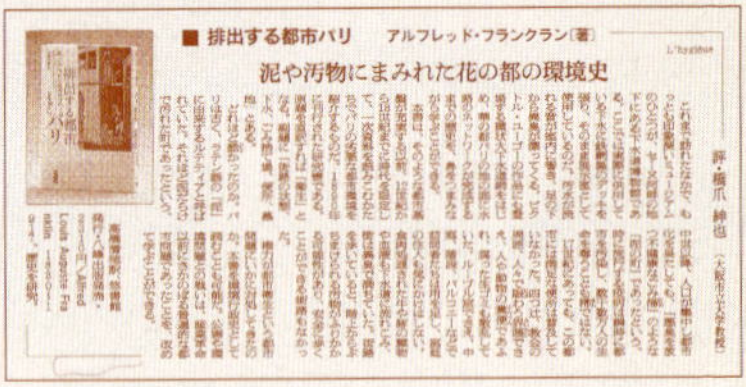

週刊文春にて紹介（6月7日号）

「アナール派誕生以前のアナール派ともいえるフランクランの風俗史がようやく翻訳で読めるようになったことを喜びたい」

鹿島 茂
（フランス文学者　共立女子大学教授）

悠書館 YU SHO KAN
〒113-0033　東京都文京区本郷2-35-21-302
Tel 03-3812-6504　Fax 03-3812-7504
http://www.yushokan.co.jp/

正統な後継者の存在は——とフランコは期待した——いつの日かスペインに王政を復活させるという自分の主張を、真実らしく見せるだろう。バルセロナ伯が予感したのは、息子をスペイン王政のために犠牲に供するだけでなく、自分自身の王位請求権を失うおそれもある、ということだった。それでも彼はフアン・カルロスの教育をマドリードでつづけさせることを承諾した。ただし王子は未来の君主としてしかるべき栄誉をもって遇され、廷臣は父が選ぶという条件で。「私を故国に送りだすという決断は、たしかに父にとって非常につらいものだった」とフアン・カルロス一世はホセ・ルイス・デ・ビラロンガに語っている。「ときどき私は父の苦悩を思い、心中で身震いしたものだ」。

重い心でドン・フアンと妻のマリアは一九四八年十一月、リスボンのロッシオ駅で息子に別れを告げた。「ルシタニア急行」が少年を本来の故国に運び、そこで彼はフランコ将軍の監視下、教育を受けつづけることになる。懸命に涙をこらえる母親の肩にドン・フアンは手をそえて、小声で言った。

息子がスペインで通学するのを許可することにより、私の王位請求権が相対化されることはわかっていた。しかしそれでも私はそうせざるをえなかった。王子がスペインで教育を受け、これ以上外国で教育を続行しないことは、必要不可欠なことだった。王政において個人の重要性は二次的であり、本質的なものは機関なのだ。重要なのは王政が再興されることであり、それを体現するのが私か息子か、ということではない。

ドン・フアン　フアン・カルロスの父

「マリア、私の言葉をよく聞きなさい――今日からわれわれの真の憂慮がはじまるのだ！」

何時間もの運行のすえ、列車は突然マドリードから数キロ手前のビジャベルデ駅で停車した。この田舎駅が秘密の終点に選ばれたのは、王党派が少年王子を首都で盛大に歓迎するおそれがあったからだ。閑散としたプラットホーム、カスティーリャ平原の寒風のなか、下車したファン・カルロスが対面したのは、これまで会ったこともない一ダースの人びとだった。優しい笑みもなく、かれらはエチケット相応に王子を迎え、すぐさまマドリードに連れ去った。マドリードのセロ・デ・ロス・アンヘレスにあるカルメル会修道院での、いつ終わるとも知れぬミサのあと、ファン・カルロスに求められたのは、かつて祖父のアルフォンソ十三世がこの場所で、国土をイエスの心臓にうやうやしく奉献したときと同じ言葉を唱えることだった。震える声で少年は求めにしたがい、そのあとラス・ハリジャスの小ぶりな屋敷に連れていかれた。近くに狩の城館、エル・パルド宮があり、そこは独裁者の公邸になっていた。だが少年王子がこれからの教育係、フランコ将軍に面接するのは、スペイン到着から数日後のことになる。

一九四八年十一月二十四日、あいかわらず凍てつくように寒く、山頂は雪をかぶっていた。この日ファン・カルロスは、制服の人びとであふれるエル・パルド宮の薄暗い廊下やサロンを通り、「至聖所」に、フランコの執務室に案内された。スペインの独裁者との最初の出会いは少年をびっくりさせた。「彼は写真で知っているよりも小柄で、太鼓腹をしていて、私に笑いかける笑顔は、あまり自然に見えなかった」と現在の国王は回想する。「その他の点では私にたいして非常に愛想よく、『殿下』の、つまりバルセロナ伯の健康状態をたずねた。彼が口にする『殿下』という言葉に私はおどろいた。エストリルのわが家を訪ねてくるスペイン人にとって、父は『国王陛下』だったから」。

独裁者と対面したとき、フアン・カルロスの胸中にあったのは父の忠告の言葉だった。「フランコと会うときは、彼の言うことをしっかり聞け。しかしきみ自身はできるだけ少なく語れ。礼儀正しく、質問には簡単に答えよ。閉じた口には蝿も飛びこまない」。何人かの名家の息子たちとともにフアン・カルロスはラス・ハリジャスで授業を受けた。教師は前もってフランコが慎重に選んだ。独裁者が少年をエル・パルド宮に呼び寄せることはめったになかったが、王子にかんすることはすべて耳に入れていた。

フアン・カルロスをマドリードで独裁者のありうべき後継者に育てあげるいっぽう、フランコは巧妙に別のオプションにも道を空けておいた。ドン・ハイメ、フアン・カルロスの聾唖の伯父が王位継承権を放棄してから一年半後に、ローマ

はっきり言って私はフランコが話すことに大して注意を払わなかった。というのは会話の初めから、小さなネズミが将軍の坐っている安楽椅子の脚のあいだを、むかしからの自分専用の散歩道みたいに、ちょろちょろしているのに気づいていたからだ。あのころの私のような子供にとって、こんなに勇敢なネズミは、西ゴート族の王について語るおじさんよりも、はるかに強い興味を呼び覚ました。

フアン・カルロス

でフランスの子爵の娘、エマヌエル・ダンピエールと結婚した。この夫婦からふたりの子供、アルフォンソとゴンサロが生まれ、ローマ亡命時代にファン・カルロスの遊び友だちになった。野心的な妻にたきつけられて、ドン・ハイメは何度もスペイン王位の継承権放棄を撤回し、みずからを――あらゆる歴史的事実を無視して――スペイン王位のみならず、フランスの王冠の継承予定者に指名し、息子のアルフォンソを「皇太子《ドーファン》」に、ゴンサロを「アキテーヌ公」に指名した。ドン・ハイメの道化芝居は世間の笑いものになったが、それでもバルセロナ伯にとってはつねに心配の種だった。

状況が緊迫してきたのは、一九七二年にアルフォンソがエル・パルド宮の礼拝堂でフランコの孫娘、マリア・デル・カルメン・マルティネス・ボルディウと結婚したときだった。将来だれがスペイン王位に即くのか、それを独裁者が公式に言明したことは一度もなかった。「総統《カウディリョ》」の意図はスペイン王位を争う諸党派にとって不透明のままだった。彼は自分の孫を将来の王妃にするつもりなのか？　やはりファン・カルロスのもとで王政は復活するのか？　フランコはライバル同士を手玉にとるすべを心得ていた。バルセロナ伯あるいはファン・カルロスとの関係が悪化した場合にそなえ、ドン・ハイメとその息子は代替候補者の位置にとどめた。「父はひかえめな人なので、不快な陰謀にたいしてほとんど無防備であり、人生においてしばしばその犠牲者になった」とファン・カルロス一世はビラロンガに語ったことがある。「そのためフランコと折り合いをつけるのに、父はたいへん苦労した。父が誠心誠意の男だとすれば、将軍はものごとを故意にフランコは私をつねに試しているという印象を受けた。私の性格をもっとよく知り、ありうべき弱点を見つけるために。

フアン・カルロス

彼はいかにも冷たくて寡黙な男だったと言われているが、私と彼との関係はむしろ良好だったと言わざるをえない。彼は私にたいしてつねに丁寧で、そう、愛想がよく、私が彼の目に代表している王制に、最大の敬意を示した。

フアン・カルロス

混乱させることを好んだ。自分の本来の意図とは逆の印象を呼び起こさずにはいられないかのように」。

一九五四年にフアン・カルロスは中等教育を修了した。その同じ日に「総統《カウディリョ》」は王子と弟のアルフォンソを「自分には恵まれなかった息子」としてエル・プラド宮に招いた。そのころバルセロナ伯は思い悩んでいた。フアン・カルロスが独裁者の操り人形になるのではないかと。息子にたいするフランコの影響を、外国での勉学によって軽減できるのではないかと考え、独裁者に手紙を書いて、「名声高きスペインの伝統を保持し、健全なる道徳的宗教的傾向を信奉する」ベルギーのルーバン大学に留学させることを提案した。しかし独裁者は聞く耳をもたなかった。一枚のはがきで彼は伯爵に返信し、自分にはフアン・カルロスのために別の計画があり、外国留学ではなくスペインの士官学校に入れるつもりだと伝えた。「士官学校における健康な生活は、身体的発育の完成に寄与するであろう」。

一九五四年十二月、ドン・ファアンとフランコ将軍との二回目の会談が実現した。今回の会談はラス・カベサス、スペイン中西部エストレマドゥーラの別荘で行なわれた。バルセロナ伯にとっては劇的瞬間だった。なにしろ亡命以来十八年ぶりにスペインの地を踏んだのだから。薪のはじける暖炉の前の安楽椅子にくつろいで、両者はあらためてファアン・カルロスの将来について話し合った。その際独裁者はいつもの韜晦《とうかい》戦術に出て、何時間もあらゆることを話題にしながら、王子の今後の教育問題についてはときたま触れるだけだった。またもやフランコは自分の意図を押しとおした。ファアン・カルロスはまず軍事教育を修了し、そのあとスペインの大学で勉学すればよい。「だれも私の意見は聞かなかった」とファアン・カルロス一世は伝記作家ビラロンガに語っている。「私はサッカー場の選手のようだった。ボールは宙を飛んでいるのに、それがどこに落ちるのか、私にはわからなかった」。

一九五五年にファアン・カルロスはサラゴサの陸軍士官学校に入学し、そこで二年後に少尉の辞令を受けた。つづいて海軍に一年、空軍に一年勤務した。こうして王子は三軍の訓練をすべて受け、同時にこの時代に他の将校たちと友好関係を結んだ――やがてきわめて貴重なことが実証されるコ

当時父親は息子に勝負を挑み、息子はますます父親から疎外された。そのすべてが、近代国家の歴史においてはもはや出る幕のない、中世の王朝ドラマを想い起こさせた。

フェリペ・ゴンサレス　元スペイン首相

ンタクト。

一九五六年に起こった悲劇的な事故が、フアン・カルロスの軍事教育に暗い影を投げかけた。王子は休暇の際に、ポルトガルのエストリルに住む家族を訪ねることを許された。フアン・カルロスは休暇の日々を、たいてい弟のアルフォンソとともに邸宅の庭園で過ごし、そこで射撃練習をした。三月二十九日、ふたりは家の武器室で一丁のリボルバー——フランコ将軍からの贈り物——を調べた。弾倉に一発の長すぎる弾丸が固く差しこんであり、兄弟はそれをとりはずそうとした。そこへドン・フアンがやってきて、武器に二度と触れるなと厳命し、リボルバーをとりあげて、戸棚にしまって鍵をかけた。しかし兄弟は武器のあつかいに慣れていると思っていたので、しつこく母親にせがんで鍵を渡してもらった。あらためてフアン・カルロス、十八歳の士官候補生が拳銃をいじくりまわしているうちに、暴発して弾丸がアルフォンソの額に当たった。おどろいてドン・フアンが駆けつけたが、もう手遅れだった。十四歳のアルフォンソは数分後に父親の腕に抱かれて死んだ。弟を心から愛していたフアン・カルロスにとって、この事故は痛撃だった。絶望のあまり彼は将来のスペイン王の地位を

「アルフォンソ王子殿下は当夜兄君とともにリボルバーを清掃中、一発の弾丸が暴発して殿下の額に当たり、数分のうちに死亡した。この事故は20時30分、王子が洗足木曜日のミサから帰還したあとで発生した。このミサで殿下は聖体を拝領した」。

リスボン駐在スペイン大使のコミュニケ　1956年3月30日

棄て、生涯を修道院で送ることを真剣に考えた。アルフォンソの葬儀でファン・カルロスは母親が泣くのを生まれて初めて見た。衝撃を受けて彼は母親の前にひざまずき、許しをもとめて両手に接吻した。マリア・デ・ラス・メルセデスは優しくファン・カルロスの髪を撫でた――彼女の悲しみは痛烈だったにちがいない。彼女はふたりの息子を産んだ。上の息子はフランコのもとに差し出され、下はかくも無残に奪われた。ドニャ・マリアはアルフォンソの死を克服できなかった。事故の責任を自分自身に負わせ、酒を飲みだし、何年も病院やサナトリウムで過ごすことになる。

私がアルフォンソのことを考えずに過ごす日は一日とてない。この悲劇は私の人生を規定している。それが、私がけっして幸福にならない理由である。

フアン・カルロス

まだ王室がアルフォンソを失った悲嘆に暮れているとき、フランコ将軍は自分の死後あるいは引退後、スペインに王政を復活させると布告した。またしても彼は来たるべき国王の名も王朝名も明かさず、それによってさらなる混乱をもたらした。マドリードで王党派とファランヘ党――フランコ独裁下の国家政党――との衝突が起こった。多くの人びとがエストリルにバルセロナ伯を訪ね、息子のファン・カルロスのために、みずからの王位請求を放棄するようもとめた。しかしドン・ファンはそれを拒否した。母のエナに励まされ、彼は王位継承者としての自分の正統な権利を擁護した。一九五九年十二月、五百人の王党派がエストリルに集まり、ドン・ファンを正統なスペイン国王として奉戴した。しかしはやくも翌年の三月に明らかになったのは、「総統《カウディリョ》」には対抗する党派の圧力に屈するつもりがまったくないことだった。

三回目――そして最後の――会談がバルセロナ伯とフランコ将軍のあいだで行なわれた。このたびもこみいった外交儀礼上の問題を経て、極秘のうちに。会談の場所はスペイン西部のシウダ・ロドリゴにある国営ホテル《パラドール》。今回は「総統《カウディリョ》」は会談を短時間で終わらせた。「王子のスペイン滞在に起因する誤解を払拭するため、国家元首閣下とバルセロナ伯爵殿下は、以下のごとく声明する。フアン・カルロス王子のスペイン滞在は教育ならびに同王子の有する国民感情にもとづくものであり、同王子は祖国の地において教育を受けるのである。それは後継者問題あるいは君主の義務と責任の正常なる委譲にかんし、なんら先例を提示するものではない」と最終コミュニケは述べている。またしても「総統《カウディリョ》」は自分の真意をあいまいなままにして、あらゆる逃げ道をあけておいた。

一九五九年十二月、厳粛な卒業式とともにフアン・カルロスはサラゴサでの軍事教育を修了し、マドリード大学に入学した。専攻は社会学と法学。そのかたわら歴史、哲学、文学の講義を受けた。フランコ将軍は学生王子にひとまず小さな家、フランコ自身が第二次大戦中に隠れ家として使った「ラ・カシタ・アリバ」を提供した。その家で毎朝フアン・カルロスは国法、テクノクラシー、農業、鉱業の個人教授を受けた。やがて王子はマドリードから十キロはなれた小宮殿「ラ・サルスエラ」に移った。そこはエル・パルド宮にも近く、将軍が若い弟子の行動をコントロールするのに好都合だった。

いまや頻繁にファン・カルロスは国家元首の公式行事に同行させられるようになった。「そのポジティブな点として私の記憶にあるのは、国民とのコンタクトが開始されたことだ」と、ファン・カルロス一世はこの時代を回想する。「それは私の教育の一部でもあった。悲しかったのは、一定のキャリアを最後までつづけるのが不可能なことだった。私は弁護士にも経済専門家にも、技師にもなれなかった。私は王になることが決まっていたから」。

はちきれんばかりに詰まった学習プランにもかかわらず、ファン・カルロスには女性に近づく時間があった。すでに一九五六年夏に新聞はこんなことを報道した。王子はサヴォア家のマリア・ガブリエラと婚約するはずだったが、アルフォンソの悲劇的な死によって延期されたと。この「婚約者」はイタリアの元国王ウンベルトとその妻マリー・ホセの娘

殿下、ご自身のことをよくご覧なさい。ふたりの兄弟は血友病、ひとりは聾唖、ひとりの娘は盲目、ひとりの息子は射殺された。ひとつの家族にこれほど多くの不幸が重なるのは、スペイン人の意に沿いません。

フランコ　ファン・カルロスの父ドン・ファンに

だった。フアン・カルロスと「エラ」――ガブリエラの家族間での愛称――はすでに子供時代から顔見知りだった。ふたりともスポーツや運動が好きだった。マリア・ガブリエラはジュネーブの通訳学校で言語を学んだ。フアン・カルロスはこのガールフレンドの写真をつねに携行し、サラゴサの士官学校では毎晩彼女と電話で話し、それは上官が禁止するまでつづいた。両家ともふたりの関係を了承していたが、フランコ将軍が恋路のじゃまをした。独裁者にとってこの娘はあまりにもモダンで自由すぎ、しかもサヴォア家の支持者はスペインにごくわずかしかいなかった。士官学校の校長を通してフランコはフアン・カルロスに伝えさせた。あの娘のことは頭からたたきだせ、と。重い心で王子は従順にしたがった――学んだとおりに。

そのしばらくあと、別の名前がスペインの新聞紙上に現われた。フランスのイザベル、パリ伯爵と伯爵夫人の長女。フアン・カルロスはこの六歳上のフランス女性と一九五七年秋に、ある結婚式で知り合った。一九五八年にはふたりが仮装舞踏会でいっしょに踊り、いちゃついているのが人目をひいた。だが消息通は、このふたりの結婚は論外であることを知っていた。両家の血縁関係はあまりにも近すぎたから。フアン・カルロスが一九六〇年のローマ・オリンピック大会にマリア・ガブリエラといっしょに訪れると、あらためてふたりの縁談がとり沙汰された。しかもエラはペルシアの王《シャー》の求婚をことわったばかりだった。「私は愛する男性としか結婚しません」と言って。多くの人びとがそこにフアン・カルロスへの愛の告白を見てとれると思った。だがほかの名前も浮かびあがった。クリスティナ・カルデナス。フアン・カルロスがスイスで出会った美しいベネズエラ女性。ユーゴスラビアのアレクサンドラ王女もファン・カルロスのそばにいるのが確認された。いっぽう王子の父親はホーエンツォレルン家との結合を重視していた。お目当ての女性はプロイセンのマリア・ツェツィーリア。まるでファン・カルロスのハートにかかわる問題も、文武の教育と同じように管理されているかのように。

一九六一年に愛と国是が結びつくことになった。ヨークで行なわれたケント公の結婚式でだれの目にも隠しおおせなかったのは、ファン・カルロスの目がひとりの同席の女性のためにしかないことだった。若い王子をこれほど魅了したのは、ギリシアのソフィア王女だった。ふたりはすでに一九五四年八月に知り合っていた。当時のギリシア王妃フレデリカは、王族たちをアガメムノン号でのクルージングに招くというアイデアを思いついた。ギリシア観光を活性化させるため――しかしまた、自分の子供たちのためにしかるべき配偶者を見つけるため。九十一人の王侯貴族が十三日間のクルージングに参加し、まったく格式ばらない遊覧の旅になった。食卓の席はくじ引きで決められ、どんなダンスでも許された。しかしファン・カルロスとソフィアは、船内のうちとけた雰囲気にもかかわらず、あまり親しくならなかった。

私は情熱的な男ではない。おのれの感情を火山のごとく噴出させるタイプではない。心は、すぐに爆発しなくてもいい。頭が、愛の問題でもずっと重要だと思う。

フアン・カルロス　2004年

七年後にようやく火がついた。その間にソフィアは魅力的な若い女性に成長していた。水色の目が栗色の肌と強いコントラストをなし、ひかえめな態度が血気さかんな若いプリンスを魅了した。ソフィアはフアン・カルロスと同じ年に生まれた。一九三八年十一月二日、皇太子パウロスとその妃フレデリカの第一子としてアテネで誕生。皇帝《カイザー》ヴィルヘルム三世の孫として、プロイセンとデンマークの王家と親戚であり、先祖はギリシア、イギリス、ロシアの王族だった。ソフィアはギリシアで生育し、ギリシアの不安定な政情と第二次世界大戦にもかかわらず、屈託のない子供時代をすごした。一九四一年に皇太子妃フレデリカはふたりの子供、ソフィアとコンスタンチンを連れてクレタ島に移った。まもなく彼女の夫とギリシア王もあとにつづいた。一九四二年にイレーネが生まれた。

一九四六年までに家族は二十二回も転居した。エジプトに住んだこともあれば、南アフリカで暮らしたこともある。パウロス皇太子はしばしばイギリスとアメリカにおもむいたので、フレデリカと子供たちだけの生活が長くつづいた。幼いソフィアは毎晩父の写真にキスしてからベッドに入った。一九四三年に皇太子妃フレデリカは両親にこんな手紙を書いている。「ソフィアはまさしく道化師です。この子はとても強い意志をそなえているけれど、同時に母親らしい感情もあって、自分の弟と妹を守るつもりなのです」。ようやく一九四六年秋に家族はギリシアに帰国した。

一九四七年四月一日、国王ゲオルギオス二世が心筋梗塞で亡くなり、ソフィアの父がパウロス一世として王位を継いだ。家族はアテネから遠からぬタトイの別荘で暮らした。王宮というよりは民家に近いつくりで、すぐ隣に農家があった。だがソフィアと弟妹にとって、ここはパラダイスだった。ここで子供たちは乗馬を習い、動物たちと遊び、思いきり跳ねまわった。ソフィアは雄羊をペットにして、サロンでお客に挨拶させたこともある。休暇には家族はコルフ島の「モン・レポス」に転地した。そこで一九二一年にフィリップ、のちのイギリス女王エリザベス二世の夫君、エディンバラ公が生まれている。ソフィアは十三歳で故国をはなれ、ボーデン湖畔の寄宿学校、サレム館で教育を受けることになった。このエリート校は一九二〇年にマックス・フォン・バーデンの庇護のもとクルト・ハーンによって設立され、生徒にはヨーロッパの王侯貴族の子弟が多かった。上記のフィリップも短期間ここの生徒になっている。ソフィアは家族との離別を悲しんだが、すばやくサレムでの生活に慣れていった。スポーツと規律が第一のモットーだったが、音楽の才能も養成された。卒業とともに「王の娘」――ギリシア王女の公式の呼び方――は故郷に帰国した。

一九五六年六月、十八歳に達したソフィアは社交界にデビューし、両親のパリ訪問に同行した。ギリシアにもどるとフレデリカ王妃は長女にふさわしい結婚相手さがしを開始した。まずノルウェーのハロルドにねらいをつけた。ソフィアと若いノルウェー王子はともにヨットレースに参加し、社交の催しで顔を合わせた。だがこの縁談はあまりロマンチックでない理由によってはややと破談になった。金の問題。ソフィアの持参金は――王族の基準からすると――絶対的に少なかった。父の国王はギリシアの議会に約二十五万ユーロの上乗せを願い出たが、十二万五千ユーロしか認められなかった。これはノルウェー王室にたいして失礼なほど少なすぎた。

婚約するかわりにソフィアはひとまず幼児保育士の教育を修了することにした——おそらく妻と母としての将来の役割も視野に入れて。アテネの孤児院「ラ・ミテラ」で王女は児童心理学を専攻し、乳児のおむつ当てを練習した。二年後ソフィアは免許をとり、昼勤夜勤の保育に励んだ。ひかえめなギリシア王女の将来は判然としなかった。乏しい持参金のせいで、多くのヨーロッパの王侯貴族の目に彼女は魅力的に映らなかったし、おまけにギリシアの王朝はヨーロッパの宮廷でかくべつ評判がよいわけではなかった。

スペイン王子フアン・カルロスが一九六一年にケント公の結婚式でギリシアの王女への関心を明白にしたとき、解決策が見いだされたように思われた。たしかにスペイン王朝はヨーロッパで最も古く、最も声望ある王家のひとつだったが、その運命は当時の時点ではフランコ将軍の掌中に握られていた。フアン・カルロスがいつかスペインの王位に即くのかどうかは予見できず、独裁者の胸三寸にかかっていた。そのうえスペイン王家も財政的に四苦八苦していた。ドン・フアンも他の王族も長い亡命の歳月、スペイン国家からの援助を受けられなかった。今日でも、スペインに王政が復古してからも、スペイン国王は全ヨーロッパで最も収入の少ない君主と言える。歳費は七百五十万ユーロとされ、ほとんどが職員の給料に消えてしまう。王の宮殿、ヨット、自動車にかかる費用は国家が管掌する。ソフィアの持参金は——たとえどんなに少なくても——当時のスペイン王族にとってはありがたいものだった。実際ギリシアの議会は最終的に九百万ドラクマ、約七十五万ユーロを承認した——これはノルウェー王子との縁談の際に認められた金額よりずっと多かった。

しかしとりあえずこの不釣り合いなカップルはもっと親しくならなければならない。そのためにフレデリカ王妃は、スペイン王子を夏の休暇にコルフ島の「モン・レポス」に招いた。ソフィアとフアン・カルロスはいっしょにヨットで小さな岩島に帆走し、素朴な居酒屋で夕食を楽しみ、ダンスをして、美しい日没を愛でた。ここコルフ島で、フアン・カルロスはギリシアの王女に求婚した。このプロポーズは——ロマンチックな舞台装置にもかかわらず——あまりメロドラマ風ではなかったらしい。フアン・カルロスはソフィアに婚約指輪の入った小箱をほうり投げ、「これ、これをきみに！」とさけんだという。たしかにフアン・カルロスは将来の妻に魅力を感じたにせよ、選択したのはハートよりもむしろ理性だったろう。なぜならフランコ将軍もギリシア王室との結びつ

> このおずおずしたお嬢さんは、じつは偉大な人格をそなえています。そのうち彼女がとても重要な役割を演ずるのを、あなた方は見るでしょう。
>
> ビクトリア・エウヘニア（エナ）
> フアン・カルロスの祖母

> 私はダンスはなんでも好きでした。チャ・チャ・チャ、サンバ、タンゴ、ボレロ、ワルツ……でも彼が踊るのはスローフォックスばかり、とてもゆっくりと。
>
> ソフィア

きに賛成していたから――フアン・カルロスにとってはスペイン王位への道に立ちふさがる重大な障害が、この結婚によって取りのぞかれた。

一九六一年九月十二日、ソフィアとフアン・カルロスとの婚約が発表された。そのすぐあとパウロス国王がアテネで婚約中の男女の指に、アレクサンドロス大王時代のコインでつくった金の指輪をはめた。ギリシア人は「われらが王女」の婚約を、オリンピックで金メダルを獲得したかのように祝った。「これはギリシアにとって大勝利である。わが国が他の結婚適齢期の娘をもつ全王家からもぎとった勝利だ」と、ある高官は誇らしげに宣言した。

結婚式は一九六二年五月に行なわれることになったが、それはまた宮廷儀礼の難点を調整することでもあった。とりわけ宗派の問題を。ソフィアはギリシア正教の洗礼を受け、フアン・カルロスはカトリック教会に属していた。ソフィアがいつかフアン・カルロスのかたわらでスペインの玉座に即くつもりなら、カトリックへの改宗は避けられなかった。教皇ヨハンネス二十三世は私的な接見ですべてを了解し、ギリシア国教会の総主教も同意したあと、二重の、すなわちカトリックとギリシア正教との婚姻儀礼が定められた。そしてソフィアは誇り高いギリシア人の心情を考慮して、結婚後に初めて改宗することになった。

> 私は彼をかぎりなく愛しています。この人生を私はすぐにでも、もう一度くりかえすでしょう。
>
> ソフィア

ギリシアの王女はすべてを受けいれた。当初から彼女は義務を果たす決意だった。スペイン王位継承者の妻として、未来の母として。「妻の役割は夫を助けることにあると思います。でも自分の自主性を失わずに。私の目的は、夫を幸せにして、スペインにたいする任務を果たすことです」と、かつてソフィアは言明した。いっぽうソフィアの母親は将来の義理の息子を誉めちぎった。「フアニートはこの世のものと思えないほどすてきです。ブロンドの、ちぢれた巻き毛で、本人はあまり気に入っていないようだけど、私のような老婦人はほんとうにうっとりするわ。まつげの長い黒い目は、大きくて、たくましくて、彼の魅力を引き立てています。でももっと重要なのは、彼が知的で、近代的な考えをもっていて、大きな善意と優しさにあふれていること。彼は真のスペイン人らしく誇り高いけれど、相手を思いやる心も充分にあって、スペイン人でないひとに欠けたところがあっても、それを相手に気づかせるようなことはしません」。パウロス国王は長女の結婚をもっと冷静に見ていた。「これが理性による結婚だというのなら、それはきわめて無分別だ。それはきっとさまざまな不快なことを引き起こすだろう。いかにふたりがあれこれの障害をのりこえようと」と花嫁の父は文句をつけたが、それでも最後には和解した。「しかし愛がつねに勝者とはかぎらないのではないか?」

ほんとうにこれは愛だったのか? スペイン皇太子とギリシア王女ソフィアとの結婚は、少なくとも一九六二年の社会的なできごととは言えた。五月十四日、世界各地から王侯貴族がアテネに参集した。フアン・カルロスがアテネに旅立つ前に、「総統《カウディリョ》」はいまいちど王子を呼び寄せた。

スペインの独裁者はフアン・カルロスの頸にカルロス三世勲章の鎖を手ずからかけた——本来は現国王のみが授かる栄誉である。狡猾なフランコはこのジェスチャーによって、だれが自分の後継者に指名されるのか、さりげなく示したのだろうか？

アテネに着いたフアン・カルロスはギリシア国民から歓呼で迎えられた。スペイン最大の軍艦「カナリス」には四千人のスペイン人が同乗し、われらが皇太子の結婚を祝うためアテネにおもむいた。花嫁の家も花婿の家も王家の基準では「貧乏」だったにもかかわらず、結婚式はきわめて豪華な祝典になった。ソフィアの衣装はクリーム色のローブ、長さ四メートルのレースのヴェール、トレーンの長さは六メートル、ギリシアのファッションデザイナー、ジャン・デセの仕立て。最初の婚礼はカトリックの司教座教会で行なわれ、アテネの大司教がカップルを祝福した。つづいてビザンツの儀礼による婚礼儀式がギリシア正教の受胎告知大聖堂で挙行された。その際に花嫁の母フレデリカが象徴的な王冠をふたりの頭上にかかげたとき、ソフィアは懸命に涙をこらえた。沿道を埋める観衆の歓呼を浴びながら、婚礼の自動車行列は王宮に向かった。

たえまなく「王様万歳《ビバ・エル・レイ》！」の声があがったが、それはだれを指していたのだろう？　フアン・カルロスか、それとも父のバルセロナ伯か？　結婚式の前夜にフランコ将軍は腹心にこんなことを言った。「私は確信している。必要とあれば、彼の父親はスペインと君主制の利益のため、すべての王がそうであるように、真の愛国者として、王冠を断念し、祖国と王朝のために最善を尽くすだろうと。私はすでにドン・フアン・カルロスにこう言った。『殿下、あなたがスペイン国王となるチャンスは、あなたの父上よりもはるかに高いことを、私は保証する』と」。しかしファン・カルロスとソフィアがアテネで婚姻の誓いを述べているとき、独裁者はマドリードでブルボン・パルマ家のカルロス・ユーゴーと会見していた。「カルロス派」と呼ばれる人びとは、この人物をスペインの正統な王位継承権者と見なしていた。いまだに「総統《カウディリョ》」は不透明なゲームをつづけていた。

ようやく一九六二年十月に新婚夫婦はマドリードに居を定めた。「総統《カウディリョ》」はふたりに好意のしるしとして新装のサルスエラ宮を提供した。そこに王族は今日まで住んでいる。結婚式のあと五カ月間ファン・カルロスとソフィアは世界を巡行し、五大陸の人びとに顔を見せ、スペインの宣伝につとめた。フランコ将軍がファン・カルロスを後継者にすることを疑うものは、いまやほとんどいなかったが、王位継承権者とソフィアに公式の法的地位はまったくなかった。この不確実な状態にファン・カルロスは苦悩をつのらせた。軍事教育を受けさせたにもかかわらず、フランコ将軍は弟子を陸軍にも海軍にも勤務させなかった。ファン・カルロスは自分を役立たずと感じ、仕事をもとめた。任務をあたえてくれとフランコにせまると、「総統《カウディリョ》」は勧告した。「スペイン人と親しくなりなさい、殿下」。

> 妻の役割は、自立性を失わずに、夫にかしずくことにあると思います。私の目標は、夫を幸せにして、かつ自分の任務を果たすことです。
>
> ソフィア　結婚式のあと

フアン・カルロスは仕事にとりかかった。綿密な計画を立てて国内を旅行し、地方から地方、都市から都市を訪ねた。いつも住民が心から歓迎するとはかぎらなかった。「バヤドリード近くの村を車で通りすぎるとき、人びとにジャガイモを投げつけられたのを、私は覚えている」とフアン・カルロス一世はそのときのようすを語っている。「車に同乗していた農業大臣は愕然とした。私は慰めるしかなかった。『安心しなさい、閣下、人びとが怒っているのは私にたいしてで、あなたにたいしてじゃない』と」。バレンシアではトマトを投げられたが、それでもフアン・カルロスはフランコの勧告を固く守り、スペインじゅうを旅してまわった。しばしば独裁者のかたわらに立つことになった公式の行事では、彼は寡黙で鬱屈しがちに見えた。若い皇太子の謎めいた人物像の裏になにが隠れているのかと、多くのスペイン人が自問した。「なぜ私は当時あんなに寡黙だったかって？　なぜ私はひと言もしゃべらなかったのかって？　そうだな、あの時代には、だれも、私も、口を開く勇気がなかったのだ」とフアン・カルロスは自分の伝記作家に語ったことがある。「事態がどのように進展するのか、私にはわからなかった。自分は将軍の存命中にスペインの王になるのか、それとも彼の死を待たなければならないのか」。

通常なら自分より上位の王位継承権者である父との関係も、フランコの韜晦《とうかい》戦術によって重苦しいものになった。一九六三年にフアン・カルロスはアメリカの雑誌『タイム』とのインタビューで断言した。「父が生きているかぎり、私が実際に王冠を戴くことはけっしてないだろう。父と私のあいだにはなんの問題もない。現存する王位継承法はなんぴとにも変えられない。私はここスペインで王朝の代表として生きており、父はポルトガルで生きている」。それでもなおドン・ファンとの関係は、年とともに難しくなっていった。

政治生活とは反対に、ファン・カルロスの私生活はきわめて幸福にいとなまれた。一九六三年十二月二十三日に王女《インファンタ》エレナが、つづいて一九六五年六月十三日に妹のクリスチナが誕生した。エレナの洗礼式に、公式には亡命以来初めてドン・ファンがスペインに入国した。多くの「ファン・カルロス派」はそのことに、バルセロナ伯がもはや息子の即位のじゃまをしないという、明確なサインを見た。たしかにドン・ファンが息子のために王位を断念することは、フランコ将軍の意に沿うものだっただろう。しかしドン・ファンは自分の請求権を放棄することなど、まったく考えていなかった。あいかわらず彼は自分こそスペイン王冠の唯一の守護者と見なしていたし、彼の党派はそれを強く支持した。

一九六八年一月三十日、王子《インファンテ》フェリペが誕生し、スペイン王室は喜びに沸きかえった。これで王朝の存続が保証されたのだ。長いあいだ息子の誕生を待ち望み、いま念願がかなえられたファン・カルロスは、歓喜のあまり我を忘れるほどだった。「自分がなにを言ったのか、私は全然覚えていない。いずれにしても私は嬉しくて跳びあがり、だれかれとなく抱擁した」と、のちの国王は白状している。感動の面持ちで彼は息子を抱きあげ、嬉し涙が頬を伝うソフィアに接吻した。はやくも一週間後にフェリペの洗礼式が行なわれることになった。一年前に八十歳の誕生日を祝ったエナ――ビクトリア・エウヘニア――が、子供の代母になりたいと申し出た。その際老レディの念頭にあったのは代母役だけでなく、三十七年ぶりにスペインの土を踏み、「総統《カウディリョ》」と対話することも望んでいた。エナの企図は実を結んだ。スペインの独裁者は元王妃の入国を許可し、彼女はマドリード空港で国民から歓呼して迎えられた。洗礼式でエナは曾孫を銀、白石、金でできた貴重な洗礼盤――同じものが三十八年後にフェリペの娘レオノールの洗礼でも使われる――の上にかかげた。マドリード大司教が執り行なった儀式のあと、実際にエナはフランコ将軍といくつか言葉を交わすことができた。彼女はスペイン王冠の保持のために闘う決意をかためた。「あのころ、三十七年前には、君臨するブルボン家の王が存在しました。つまりアルフォンソ十三世が」と、元王妃は独裁者に言った。「いま、ここに三人のブルボン家の人間がいて、そのなかからあなたは選ぶことができるのです――父、子、孫」。たとえ老レディの勇気が独裁者に感銘をあたえたとしても、彼女の強い願いにフランコが折れたわけではなかった。その翌年、一九六九年四月十五日、かつて同時代でいちばん美しい王妃と呼ばれたエナは死んだ。残念ながら、スペイン王冠がふたたびブルボン家のものになるのを、その目で見ることはなかった。

フアン・カルロスは祖母の死をとても悲しんだ。幼いころから、彼はエナと親密に交わってきた。だがソフィアの家族にも憂慮と悲哀の種があった。一九六四年三月、長女エレナの誕生直後に、ソフィアの父でギリシア国王のパウロス一世が死んだ。ソフィアの唯一の弟コンスタンチンが国王として告示された。しかしコンスタンティノス二世の治世は短命だった。一九六七年十二月に軍がアテネでクーデターを起こし、国王とその家族はあわただしく国を立ち退いた。ソフィアの母、元王妃のフレデリカも。クーデターの際の彼女の役割が論議の的になった。前王の未亡人は息子に、軍人たちに加担するよう説いたという噂が流れた。すでにマスコミの論壇では、ヨーロッパでは王朝が最後の時を打ったかどうかと言う議論がやかましかった。家族内の気の滅入るようなできごとと、フランコ将軍の不透明な引き延ばし戦術によって、フアン・カルロスもソフィアも、いつか国王夫妻としてスペインに君臨できるのかどうか、疑問に思わざるをえなかった。

それでもフェリペは王位継承者にふさわしく教育された。はやくから小さな王子は公式の行事に顔を見せた。一九六九年七月二十三日、まだ生後十八カ月で、フェリペは家族にとってきわめて重大な催しに参加した。父のフアン・カルロスがこの日「スペイン公」の称号を授かったのだ。式典でフアン・カルロスは辞令に署名した。その前にフランコは「コルテ」——スペインの擬似議会。大多数の議員は国家政党——で宣言した。「神と歴史にたいする責任にかんがみ、余は適切かつ公正に、フアン・カルロス・デ・ボルボン・イ・ボルボンの人格に

フランコはずっと前から、自分の在世中は私の父をスペイン王位に即かせないことにしており、彼の目にかなうまで私を試しつづけた。そしてようやく彼は私を父のかわりに指名した。

フアン・カルロス

そなわる資質を評価し、彼を国民に余の後継者として推奨することにした」。

この言葉をフアン・カルロスは二十年以上待ちつづけてきた。一九四八年、あの灰色の十一月にスペインにやってきたときから、一族の希望はフアン・カルロスにかかっていた。父親がスペイン王冠を所持できないのなら、せめて息子が。しかしいつまでたっても「総統《カウディリョ》」は真意を明かさず、ほかの候補者を将棋の駒のようにゲームに持ちだし、のらりくらりと駆け引きした。いま、ついにフランコは断を下したように見えた。その際スペインの独裁者は強調した。これは旧王朝の再興ではなく、新王朝の創設であり、それを今後はフアン・カルロスが代表することを。この新たな王朝の開始をもって、初めて継承権は効力を発する。「余が必要不可欠と見なすのは、国民の同意によってわれわれが導入する君主制は過去に依拠するものではないことを、諸君が肝に銘ずることである」とフランコ将軍は議会《コルテ》にもとめた。「それは一九三六年七月十八日、あのきわめて重要な歴史的な日（フランコが共和制政府にたいして反乱を起こした日）に由来するものであり、妥協を許さず、いかなる条件にも拘束されない。国民国家の政治形態は……伝統的、カトリック的、社会的、代表制的な君主制である」。スペイン議会は大多数をもってフアン・カルロスをフランコの後継者に指名することに賛成した。フアン・カルロスは儀礼上の序列では国家元首に次いで第二位を占め、同時に三軍の総司令官に昇格した。通常はスペインの皇太子が帯びることになっている「アストゥリアス公」の称号がフアン・カルロスに授与されなかったのは、それには国王の承認が必要だったからだ。かつてフェリペ二世が国王即位の前に称した「全スペイン公」も拒否された。結局「スペイン公および公妃」という称号を、六年間にわたってファン・カルロスとソフィアは帯びることになる。

フランコの後継者に指名された喜びとは裏腹に、この独裁者の決定はファン・カルロスを父との関係で苦しい立場に置いた。ドン・ファンはこれまでの歳月、王位への自分の正統な権利を擁護しつづけ、いつの日か息子に先立ってスペイン王冠を戴く希望を捨てなかった。そのうえフランコ将軍はまたしても、父子関係をことさら悪化させる戦術をもてあそんだ。一九六九年六月初め、ファン・カルロスはソフィアと子供たちとともにエストリルにおもむき、洗礼者ヨハネの祝日を一族といっしょに過ごした。出発の前にフランコは弟子を呼び寄せ、短い会話を交わした。

「いつ帰国するおつもりですか、殿下？」と「総統《カウディリョ》」はたずねた。

「七月の十二日か十三日、将軍閣下」とファン・カルロスは答えた。「いずれにしても七月十八日の軍事パレードまでにはもどっています」。

将軍はうなずいて、こう言った。「帰国したらすぐ私を訪ねてください。重要なことをお知らせしたいので」。この謎に満ちた将軍の言葉が、何日もファン・カルロスを考えこませた。これはどういう意味なのか？　後継者の指名にかんすることなのか？　それならなぜ将軍はその決定を出発前に知らせなかったのか？　結局エストリルでドン・ファンが息子に情報を伝えた。たしかな情報源から聞いたのだが、フランコはきみを、私の息子を、とりあえず「国王としての後継者」に指名するつもりだと。だがファン・カルロスは否定した——それはただの噂だと。ほんとうに指名が間近なら、フランコはすでにそのことを私に伝えたはずだから。

マドリードにもどったフアン・カルロスを将軍は公邸に迎えた。「あなたにお伝えしたい決定があります」とフランコはにこやかに言った。「私はあなたを七月二十三日に国王としての私の後継者に指名します」。フアン・カルロスはびっくり仰天した。そこで将軍に、なぜポルトガルに旅立つ前に言ってくれなかったのか、とたずねた。「あなたがご家族と会う前にそれを知っているのは、まずいと思ったからですよ」と独裁者は応じた。目前にせまった指名を父に知らせてもよいか、とフアン・カルロスがたずねると、フランコは簡潔に言った。「お父上はそのことを知らないほうがよいでしょうな」。のちにフアン・カルロスはこの将軍との重大な会話を、自分の伝記作家ビラロンガにこう語っている。「もはや事態は、スペイン国王になるのは、われわれふたりのどちらなのか、私か父か、という問題ではなくなった。いまや重大なのは、王政がスペインにおいてふたたびその権利を受け継ぐことだった」。フアン・カルロスが板挟みに苦しむことを、「大元帥《ヘネラリシモ》」はよくわかっていた。王子は長年この日を待ち望んできたが、他方では父に、正統な王位請求権者に、すまない気持ちでいっぱいだったからである。

フランコに決断をせまられたとき、フアン・カルロスはわかっていた。「私が即座に答えなければ、彼は私を構想から外したかもしれない。彼は抵抗に遭うのを好まなかったから。しかも彼には手持ちの王位請求者がたっぷりいて、私がためらっているかぎり、ゲームをつづけることができた……彼が将来の国王を指名するのに、長い時間を必要としたからといって、彼が確固たる王政主義者でなかったということではない。スペイン人は――そのことが私には重要に思えるが――フランコ体制の全時期を通して、公式には君主制国家であることをやめなかった。もちろん事態が別の方向に進むなら、とくに父のことを考慮すれば、私にはそのほうがよかったかもしれない。しかしあのときフランコは私を窮地におとしいれた。彼は返答を待ちかまえた」。ついにファン・カルロスが諒承すると、「総統《カウディリョ》」はにこやかに王子の手を握った。ゲームは終了した。

ファン・カルロスを後継者に、そして国王に指名するというフランコの意図を知ったとき、ドン・ファンは不快感をあらわにした。エストリルに旅立つ前はそのことを知らなかったという息子の言を、はじめ彼は信じなかった。何週間も彼は息子を冷淡にあしらい、この状況がとくにファン・カルロスを苦しめた。王子は手紙で父に切々と訴えた。「いまの私の苦悩は、筆舌に尽くしがたいものです。私は父上をかぎりなく愛しており、父上はつねに私に祖国愛とスペインへの義務感について、最高の教訓をあたえてくださいました。しかしまさにこの教訓が、私にスペイン人として、王族として、わが生涯で最大の犠牲を払い、良心の義務の履行においても信念の自覚においても、スペインの王政復古のために指名を受けいれることによって、祖国に奉仕することを余儀なくさせました。将来わが国民に神のご加護をもって平和と幸福の長い歳月が保証されるようにと。この、私にとってきわめて感動的かつ稀有な時にあたり、息子としての私の深い尊敬の念とかぎりない愛を、父上が固く信じてくださることを願っております」。

私は以下のことを想起することを必要と見なす。われわれが国民の合意によって樹立した王国は、過去にいっさいの責任を負わず、あの（1936年）7月18日の決定的な行動に由来するものであり、それは根本的かつ歴史的事実となっており、いかなる協定にも条件にも制約されない。

フランコ
1969年7月23日
フアン・カルロスの宣誓の前に

私は閣下に、国家元首に忠誠を誓い、国民運動の基本原則ならびに国家の他の基本法に忠誠を誓う。

フアン・カルロスの宣誓
1969年7月23日

ようやくドン・フアンは息子を祝福した。一九六九年七月二十三日、スペイン公フアン・カルロスは公式にスペイン王冠の受領者に指名された。若い王子がスペイン議会で宣誓したとき、父のバルセロナ伯はポルトガルの港町シネシュのバーにいた。ビールのグラスをかたむけながら、彼は居酒屋のテレビで息子が誓言するのを見物した。「なかんずく私がまず明らかにしたいのは、私は国家元首閣下から政治的正統性を授かったことであり、それは一九三六年七月十八日に多大な犠牲、悲しみ、苦悩のもとに創設されたものであります。しかしそれらの犠牲はわが祖国に本来定められた道を指し示すため、必要不可欠であったのです」。この瞬間バルセロナ伯は、いつかみずからスペイン王位に即くという、最後の希望を捨てた――たとえその後八年間にわたり、フランコにたいして王冠への自分の正統な権利を擁護したにしても。

しかしドン・フアンにとって最も痛かったのは、息子がフランコの強権体制に賛同し、自分がスペイン王室の首長としてつねに支持してきた民主主義の原則に背いたことだった。スペイン王冠をブルボン家にとりもどすには、これが唯一のチャンスだということはわかっていた――しかしその代償はあまりにも高かった。どのようにファン・カルロスは統治できるのだろうか――独裁者の不吉な遺産に縛られて？

フランコの後継者に指名されたあと、ファン・カルロスとその妻は国家・外交行事に参加することが多くなった。ひそかにスペイン王子は決意していた。自分が国家元首になったら、けっしてフランコの硬直した政治を続行しないと。しかしそれを知っているのはごく親密な腹心と家族だけだった。ファン・カルロス、ソフィア、子供たちは、しだいに外国訪問もこなすようになり、ロンドンで催されたイギリス女王の七十歳記念祝典に参列したり、フランス大統領に招かれてパリにおもむいたりした。それを機にファン・カルロスは重要なコネクションを結び、自分はけっして世間が思っているようなフランコの操り人形ではないことを、暗に示唆した。

息子のフェリペはすでに幼いころから儀礼上の任務を引き受けていた。

フランコは私と政治のことはめったに話さず、私にいっさい助言しなかった……質問に答えたくないときは、聞こえなかったふりをして、話題を変えた。

フアン・カルロス

彼がこれほど深刻な健康上の問題を抱えたのは、彼の人生で初めてのことだった。それが彼の気分を非常に滅入らせた。「これは終わりの始まりだ」と彼はくりかえし言った。

フアン・カルロス
フランコについて

一九七二年九月初め、まだ四歳の身で、森林火災の消火に当たる二機の新造飛行機の命名式に主役をつとめた。「天使の目をしたブロンドのプリンスを、私たちは誇らしく思ってよいでしょう」と現場中継のラジオアナウンサーはコメントした。「人びとの歓声が聞こえますか？　聞こえますか？　われらのプリンスは喜びに輝いています！」。熱狂してマイクに向かってさけぶリポーターはヘスス・オルティスという名前だった。だれも、少なくとも本人は、このとき想像だにしなかっただろう。彼が将来の義理の息子について報道しているとは。生放送のあと、この若いマドリード生まれの男は北スペインのオビエドに駆けつけた。そこでは臨月の妻パロマが夫の帰宅をいまかいまかと待っていた。いつベビーが生まれてもおかしくなかった。若い夫婦は初の子供の誕生を心待ちにしていた。一九七二年九月十五日、レティシアが生まれた――のちにフェリペの妻となる、将来のスペイン王妃が。

その間フアン・カルロスもフランコもカードを隠してゲームをつづけていた。「総統《カウディリョ》」はフアン・カルロスに国を代表する任務を課して、外国を訪問させるいっぽう、引きつづき国事からは遠ざけておいた。スペイン公は閣議に出席できず、枢密会議の議題も知らされなかった。この処遇をファン・カルロスがどう思っているのか、だれにもわからなかった。一九四八年にフランコの庇護下に置かれて以来、彼の学んだことがあるとすれば、それは待つことと注意深く聴くことだった。ファン・カルロスのひかえめな態度は、政敵に彼は「愚鈍《トント》」だと思わせたかもしれないが、スペイン公にとってこの誤った評価は好都合だった。じっくりと彼は外国から情報を集め、コネもつくり、元首交代の時にそなえた。

一九七四年七月、フランコ将軍は病気になり、入院した。彼の不在のあいだファン・カルロスが一時的に全権をあずけられたが、この「代行」はスペイン公にとって非常に困難なものだった。だれもが「総統《カウディリョ》」はまもなく復帰して手綱を握ると思っていたので、ファン・カルロスを支えるものはどこにも、少なくとも行政府にはいなかった。九月二日にフランコはふたたび国務に就いたが、八十二歳の高齢での完全な回復は無理だった。数年前から彼はパーキンソン病と高血圧に

なぜ私は当時あんなに寡黙だったのか？　なぜ私はまったく発言しなかったのか？　うん、あの時代には、だれも、私も、意見を述べる勇気がなかったのだ。自己検閲——そう言いたければ、慎重さ——が、いたるところに蔓延していた。私個人は、事態がどう展開するのかわからなかった。私は将軍の在世中に彼の後継職に就くのか、それとも国王になるのは彼の死を待たなければならないのか、私にはわからなかった。彼が意図している権力の交替を、国がどのように受けいれるのか、それもわからなかった。

フアン・カルロス

悩んでいた。だが老独裁者は容赦のない強権体制に固執した。一九七五年四月にバスク解放組織ETAが数回のテロを敢行すると、フランコはただちに当該地域に戒厳令を敷いた。五人の政治犯がガローテで処刑された――鉄の首輪でじわじわと絞め殺す、きわめて残酷な死刑法。

一九七五年十月二十一日、「総統《カウディリョ》」が危篤状態になった。病名は「冠動脈機能不全」と公式に発表された。その後ひと月、スペイン国家元首は人工的に生きながらえた。十月三十日、スペイン公に国家元首の全権が委譲された――このたびは法に基づいて、「大元帥《ヘネラリシモ》」の手からでなく。それでもおおかたのスペイン人はフアン・カルロスの能力を疑った。過去の歳月、あまりにもつつましく背後にひかえていたので、フランコの後継者の真の人物像はだれの目にも定かでなかった。

フランコが死の苦悶をつづけるうちに、モロッコ政府がスペイン領サハラをめぐる長年にわたる紛争を、自国に有利に終わらせようとした。戦争の危機がせまった。初めてフアン・カルロスは自分がなにを学んだのか実証した。スペイン公はサハラ地域に飛び、スペイン軍の士気を高め、モロッコ人との交渉で外交の才を見せた。紛争は平和的に解決され、スペイン国民は安堵した。一九七五年十一月二十日、フランコ将軍が死んだ。二日後にフアン・カルロスは国王に指名され

私個人はフアン・カルロスをまったく信じなかった。つくられた国王……フランコの後継者など！　奈落に飛びこんで、なんになる？

フランソワ・ミッテラン
1975年10月

議会《コルテ》を前に、国王としての最初の演説をするフアン・カルロス。
左後ろに王妃ソフィア（1975年11月22日）（Photo:AP Images）

た。四十四年ぶりにスペイン人はふたたびブルボン家の王を戴いた――そして今後どうなるかは、ほとんどだれにもわからなかった。

「自由で近代的な国家は全市民の協力を必要とします。公正は自由の前提条件であります。まず最初に国王がおのれの義務を履行しなければなりません。われわれが必ずや直面するであろう困難な決断を下さなければならないときには、私は議会《コルテ》に援助を要請します。その際私はとくにスペインの家族の美徳を信頼します。われわれが団結していれば、未来はわれわれのものです。ビバ、エスパニャ！」とフアン・カルロスは議会での宣誓式で簡略に、だが明確に述べた。近代化と共同決定権――これを聞けばフランコの政体を継続する意図があるようには思えなかった。だが指名された国王の前にあるハードルは高かった。ほとんど四十年にわたる独裁のあらゆる枢要な地位に、フランコの国家政党「ファランへ党」の党員が巣くっていた。議会でも、司法、警察、軍部でも、かれらは圧倒的に優位な地位を占めていた。国王を補佐する王国顧問会議ですらファランへ党にコントロールされていた。

またしてもフアン・カルロスは忍耐につとめ、時とともにスペインが政治の近代化へと導かれることに、賭けるしかなかった。しかしとりあえず彼は、国家元首として自分に付与された独裁的な全権を行使して、時代遅れな政治機構に風穴を開けようとした。一九七六年七月に民主化への最初の重要な一歩が踏みだされた。フランコの在世中に就任したカルロス・アリアス・ナバロ首相がある重要議案を議会に提出し、成立に必要な三分の二の賛成を得られなかった。それを機にファン・カルロス一世は政府首班を罷免し、アドルフォ・スアレス・ゴンサレスを首相に任命した。のちに明らかになるように、これが功を奏した。新首相は民主主義の原則に貫かれた政治改革法案を成立させ、従来の翼賛議会を廃して上下二院制を導入し、総選挙を行なった。一九七八年十二月の新憲法の可否をめぐる国民投票では、投票者の八十八パーセントが民主憲法に賛成し、反対はわずかに八パーセント、四パーセントが白票を投じた。こうしてスペインははやくもフランコの死後三年にして、立憲君主制による議会制民主主義国家になった。

つづく歳月ファン・カルロス一世はスペインの新体制を安定させ、国を近代化に導くために邁進した。その業績はヨーロッパじゅうで賞賛され、受け継いだものは少なく、ほとんどすべてを戦いとった「ファイティング・キング」として彼を有名にした。しかしファン・カルロスの敵と、フランコ独裁から利益を得ていた人びとは、戦わずして戦場を明け渡すつもりはなかった。一九八一年二月、若い民主国家はいまいちど試練に立たされた。二月二十三日の午後、国王がサルスエラ宮のスカッシュ・コートに行こうとしたとき、副官が興奮して駆けつけ、議会で銃撃があったと報告した。なにが起こったのか？

国王としてドン・ファン・カルロスは、だれも予測しなかった洞察力を発揮した。もののみごとに彼はスペインを独裁から民主主義へと導き、その際一滴の血も流さなかった。

ホセ・ルイス・デ・ビラロンガ
ファン・カルロスの伝記作家

スペイン議会がスアレス・ゴンサレスの後任首相の選出を討議していたとき、約二百人の武装した治安警察隊員が議場に乱入したのだ。その指導者、アントニオ・テヘロ中佐は演壇に駆けあがり、武器を手にして議員たちを捕虜にすると宣言した。閣僚をはじめ全議員が出席していたので、反乱者は一挙に政府を支配下に収めることができた。「伏せろ、全員床に！」と根っからのフランコ信奉者テヘロはさけび、ピストルで数発、天井を撃った。「軍が権力を握る！」ことを反乱者は要求した。同時にハイメ・デル・ボッシュ中将がバレンシアで戒厳令を発令し、権力を軍に移譲することを政府に要求した。マドリードの国会議場では大部分の議員が座席の下に潜りこみ、スアレス・ゴンサレス首相と国防大臣のグティエレス・メラド将軍のみが抵抗した。泰然としてメラドは反乱者に武器を捨てるようもとめた。しかしテヘロにそのつもりはなく、老将軍に殴りかかった。スアレスがメルドを助けに駆け寄り、危険なこぜりあいが生じた。議場に固定された一台のテレビカメラを反乱者は見逃したので、このドラマは四十五分にわたってしっかり記録された。その映像は全世界に流れることになる。

　数カ月前からスペインの情報機関は将校団の不穏な動きを察知していた。いくつかの陰謀がすでにあばかれていた。しかし

> フランコ派の彼は、反フランコ派の信頼を獲得することに成功し、体制転換を軌道に乗せることができた。彼の成功はあらゆる期待を上まわった。
>
> フアン・カルロス
> アドルフォ・スアレスについて

> 私はアストゥリアス公（フェリペ）に、私の執務室で夜を過ごし、仕事中の国王を見ていろと言いつけた……何度も――かわいそうに、あの子は13歳になったばかりだった――彼は安楽椅子で眠りこんだ。だが私はそのたびに彼を起こした。「フェリペ、眠るな！　よく見ていろ、国王がなにをしなければならないか！」あの夜アストゥリアス公がわずかな時間で学んだことは、そのあとの全人生で学ぶことよりも多い！
>
> フアン・カルロス

テヘロとその一派の行動は予想外だった。それでも治安当局は議会とバレンシアの反乱者を孤立させることに成功した。国王の出番がやってきた。クーデターにそなえて準備された「ディアナ作戦」が発動した。ラジオとテレビは反乱者の手中にあったが、フアン・カルロス一世には電話が残されていた。夜どおしフアン・カルロス一世はサルスエラ宮の執務室ですごし――電話線が過熱した。三軍の命令系統を熟知している国王は、枢要な地位にある司令官たちに秩序を守るよう警告した。その際士官学校時代の古い個人的な関係が非常に役に立った。「みんな待っていた、私がなにを言うか、なにをするかと」とフアン・カルロスはそのときの自分の行動を語っている。「だが他方では、私に服従するのを拒むものもいなかった。たぶん何人かは切歯扼腕《せっしゃくわん》しながら、それでも全員が服従した」。

大多数の司令官に同調を拒否され、テヘロとボッシュは追いつめられた。夜中の一時十五分に国王のテレビ演説が放映され、クーデターは挫折した。簡潔な言葉で軍総司令官フアン・カルロス一世は誤解の余地なく声明した。「国王は憲法の民主的発展を妨げる行為を許さない」。これが決定的なアウトの宣告となり、反乱者は降伏し、逮捕された。全スペインが安堵して、国王を讃美した。外国からも祝電が殺到した。アメリカ大統領ロナルド・レーガンは個人的にフアン・カルロスに電話して、民主主義が生き延びたことへの喜びを伝えた。今日でもスペイン人は、あのとき国王が憲法を擁護して、クーデターをしりぞけたことに感謝している。こうしてスペインに安定化と革新の歳月がつづいた。

フランコの死から三十年以上たって、かつて内戦と圧政に刻印されたスペインが、いまでは「民主主義への移行のモデル」とされるまでになった。EUへの完全な統合も、スペイン人は決定的に国王のおかげをこうむっている。それでも人びとがフアン・カルロス一世にかんする記事を読むのは、シリアスな経済紙誌よりはイエローペーパーの紙上でだ。スペインが民主的再建に成功して以来、国の内外で多くの人びとがスペイン王室の私生活にとくに興味を抱くようになった。ブルボン家のいわゆる夫婦関係の危機がたびたび噂になった。

軍部が私に服従したのは、私がかれらの一員であるだけでなく、とりわけ私が軍の最高司令官だったからだ。ほかにどんな権威を私は軍人にたいして持っていただろうか?

フアン・カルロス

たしかに王妃ソフィアと国王フアン・カルロス一世は性格的にまったくちがっていた。妻はとくに考古学とクラシック音楽に興味があるとすれば、夫が好むのはスポーツで、ヨットで帆走し、サーフィンも巧み、飛行機を操縦し、オートバイやスポーツカーを乗りまわす。ソフィアは万事ひかえめで、たいへん責任感が強い。暑い日でも公式行事の前に水分をほとんど摂らないのは、だれにも汗かき王妃などと「言わせない」ためだ。妻はベジタリアンだが、夫はこってりしたスペイン料理が大好き。自宅では、つまりサルスエラ宮では、かかあ天下だそうだが、家庭の外でスペイン王妃がなにかに口出しすることはほとんどない。

フアン・カルロスが美女に弱いことは知られている。いちゃつくのが好きで――スポーティな王様の魅力にころりと参った女性も少なくないらしい。ダイアナ妃も八〇年代に、嘘かまことか、スペイン王との情事を噂された。しばしばダイアナはフアン・カルロスとソフィアが子供たちと休暇を過ごすマリョルカを訪ね、楽しい日々を共にした。ダイアナとフアン・カルロスは単に気が合っただけなのか、それとも友情以上の関係だったのか、たしか

われわれは王よりましなものを自分の手で獲得したと信じたとき、われわれは王を持っていることが判明した。自分の手で獲得したのではない王を。

フランシスコ・ウンバル
ジャーナリスト

国王独自の決断がなければ、すべてがちがった方向に進んだことは、いささかの疑いもない。

ハビエル・トゥッセル
歴史家

ひとりの男が、ひとりの国王が、すばやく人気を得ることはできる。しかし王政は一夜で国の心に根づくものではない。それには時間がかかる。

フアン・カルロス

スペイン人は王政でなく、フアン・カルロスを支持している。かれらは王党派ではなく、フアン・カルロス派なのだ。

ハイメ・ペナフィエル
王室の消息通

なことはわからない。それにたいしてはっきりわかっているのは、フアン・カルロスが数年にわたってマルタ・ガヤと恋愛関係にあったことだ。美しいマルタはスペインの工業企業家と離婚したあと、何度かアガ・カーンとヨットに乗っているのを見られており、あるディスコクラブのPR女性としてレコードをフアン・カルロスに献呈したことがある。一九九〇年にマルタ・ガヤはマリョルカでの夜会で、ソフィア抜きでヨット帆走のために滞在していたフアン・カルロスに紹介された。マルタ・ガヤはマリョルカの名家の出で、本来はインテリアデザイナー、才知とユーモアにあふれる女性である。はじめこの愛のカップルはひそかにマリョルカや外国で会っていたようだが、ついにマルタ・ガヤはマドリードの豪華マンションに居をかまえ、そこにスペイン王はサルスエラ宮と同様に出入りした。二〇〇一年には別の女性との噂が立った。アナ・デラ・ロチャ、王室事務局の職員。ブロンド、美形で、ソフィア王妃より三十歳若い。フアン・カルロス一世はマリョルカでオートバイの遠乗りをしたときに彼女と知り合ったという。

ソフィアが夫の浮気を知っていることはたしかだ。フアン・カルロス自身がそれを妻に告げたとさえ言われている。フアン・カルロスとソフィアは数年来べつべつに生活しており、いずれもサルスエラ宮内に独自の住居を持っていて、ふたりが会うのは共同の朝食の席だけだ。しかし離婚は厳格なカトリックの法度《はっと》のため問題にならない。ソフィアはそんな関係に折り合いを付けているようで、少なくとも表向きには夫婦の体裁をたもっている。

皇太子のフェリペも先ごろまであれこれの情事で世間を騒がせた。フェリペは父親と同じく軍事教育を修了したあと経済学と法学を学んだが、このハンサムでスポーティなプリンスはレティシア・オルティスと結婚するまで、ヨーロッパの王侯貴族のなかで一番もてもての独身男のひとりだった。八〇年代の末にはイサベル・サルトリウスがスペイン王子の恋人だった。十八カ月にわたってふたりは親密な関係にあったが、フェリペがそれを終

私たちは似ているところがひとつもない、というのは本当です。彼が好きなのは速いオートバイで、私は音楽と芸術が好き。彼は問題なく心中を吐露するけれど、私はひかえめ。彼は直感的で、私はむしろ論理的。彼はすばやく判断するけれど、私はゆっくり。彼は癇癪を起こすけれど、私は怒りをじっとこらえる。私たちはなにもかもちがっているけれど、たぶんそのせいで私たちはうまく補い合えるのでしょう。

ソフィア

ソフィアは私の支えであり、荒波のなかの岩だ。彼女は全人生を通して私に同行し、つねに善き助言をしてくれる。私の妻は卓越した人間通だ。彼女は私の偉大な恋人だ。私は王妃にかぎりなく感謝している。

フアン・カルロス
2002年

彼女はまちがいなく優雅な、こころよい話し方をするレディで、表向きは遠慮がちだが、抑えた優しさがあり、相手に同情しているのが見てとれる。

ハビエル・マリアス
作家

わらせたのは、母親に強要されたからだという。厳格な王妃はイサベルの両親——ふたりともスペインの貴族の出——が離婚したことを聞きつけた。これはソフィアの目には重大な戒律違反だった。そのとき彼女は、やがて自分が離婚歴のある嫁に直面するとは、予想だにしていなかった。イサベル・サルトリウスはとりあえず画面から消え——一九九六年になってふたたびマスコミをにぎわせた。フェリペの元恋人がスペイン人のハビエル・ソト・フィッツ・ジェイムス・スチュアートとロンドンで結婚したとき、すでに妊娠六カ月の身重だった。六月にイサベルはマドリードで女の子を産んだ。悲しげな顔で赤子を腕に抱き、ひとりで病院から出てくる若い母親を、パパラッチが撮影しまくった。そのすぐあと離婚の噂がひろまった。たしかにイサベルは戸籍登録に父親の名前を届けている。フェリペでなければ、だれの……？

何度もスペイン王は、だがとりわけ妻のソフィアが、フェリペにふさわしい嫁さがしにつとめた。フアン・カルロス一世は自分の名づけ子であるヴュルテンベルク家のフルールに白羽の矢を立て、ソフィアはリヒテンシュタイン家のタチアナを候補に選び、何度か招いて皇太子に紹介した。しかしフェリペにその気がなかった。ニューヨークで彼は美形のフォトモデル、ジジ・ハワードと知り合ったが、スペインのマスコミがそれを嗅ぎつけると、フェリペはこの恋愛関係を終わらせた。一九九八年の夏にフェリペは友人のノルウェー皇太子ホーコンの二十五歳の誕生祝いに招かれた。うちとけたパーティでフェリペはひとりのノルウェー娘を紹介され、すっかり惚れこんでしまった。エヴァ・サヌム、彼女もグラビアモデルだった。一年以上このカップルは情事を世間から隠しおおせた。たいていはノルウェーで密会し、安ホテルで週末を過ごした。ある日フェリペがエヴァをスペインに招いたとき、パパラッチが襲いかかった。ブロンド娘を同伴したスペイン皇太子の写真が雑誌のタイトルページに載った。このフェリペの新しい愛人が何者なのか、まだスペイン人はだれも知らなかった。しかしノルウェーのジャーナリストが爆弾を破裂させた。「フェリペはエヴァを愛している、わが国の下着モデルを！」

こうして、ソフィア王妃がなんとしても避けたかったスキャンダル

父は私に、自分が何者なのかつねに考えろと言い、私を待ちうける未来にたえず目を向けさせた。私がまだ子供だったころは、それが理解できなかった。あとになって初めて、父の言いたかったことがわかってきた。

フェリペ

18歳ならこんな冒険に引きずりこまれることはあっても、30を過ぎたらやめたほうがいい！

ホセ・ルイス・デ・ビラロンガ
フアン・カルロスの伝記作家
2001年

玉座に仰ぎ見る若い女の唯一の資質が、完璧なモデル体型でしかないとは、想像を絶する話だ。

カルロス・セコ・セラノ
スペインの歴史家
2000年

が、スペインで吹き荒れた。ゴシップ紙は憤慨のあまり声が裏返った。「この女はわが国の未来の国王のそばでなにを望んでいるのか？」と社説は声高に問いかけた。「彼女は広告代理店のために下着モデルとして働いており、彼女はプロテスタントであり、彼女は外国人である。彼女の両親は離婚している。父親は自動車塗装工。母親は主婦。このような女をスペイン国民は未来の王妃として受けいれない！」。しかしとりわけソフィア王妃がフェリペの選択を受けいれなかった。母親は右手の中指で机をたたいた。反抗を許さないという、誤解の余地のないサイン。母と息子ふたりだけの話し合いで、フェリペは降参した。記者会見でフェリペは「関係は破綻した」と告げた。二〇〇一年八月、ノルウェー皇太子ホーコンとメッテ・マリトとの婚礼前夜のパーティで、いまいちどフェリペはエヴァと出会った。饗宴の際にふたりに定められた席が隣り合わせになっていた。偶然なのか？　それともエヴァとフェリペにもういちどチャンスをやろうという、ノルウェー王家の新郎新婦の巧みな駆け引きだったのか？　翌日の新聞の見出しは――「次回の新郎新婦！」。

だがそうはならなかった。二〇〇二年の秋にフェリペはテレビジャーナリストのレティシア・オルティスと知り合った――アレンジされた出会い。スペインの放送局TVEで司会をつとめる若い美女が皇太子の目を引いた。フェリペは親しいテレビ・リポーターのペドロ・エルキシアにたのんで夕食の席を設けてもらい、そこでたまたまレティシアと出会うという段取りをつけた。この「ブラインド・デート」は完璧にうまくいった。アレンジされているとは知らないレティシアは、一発で皇太子と意気投合した。その晩ずっとふたりは活発に語り合い、ほかの客はほとんど眼中になかった。

二カ月後にふたりは再会した。今回のきっかけはあまりロマンチックではなかった。石油タンカーがガリシア沖で沈み、環境災害を惹き起こした。フェリペが王室の公式代表として汚染された海岸を視察したとき、レティシアはカメラチームとともに現場でルポを行なっていた。ふたりは引き合わされたが、ふたりとも初対面のような顔をした。

すべてがパラノイアに近かった。こそこそすることに、ときどき耐えられなくなったわ。どんな顔をしているか、なにを着ているか、いちいちコメントされてごらんなさい。もうだれも信用できなくなるから。

エヴァ・サヌム

そもそも王室は否認のための部局を設けるべきだった。それとも王子の選び抜かれたガールフレンドたちの美人コンテストを開催するとか。

カルメン・リガルト

スペインの作家
2003年6月

彼女は非常に厳格な女性で、決断にあたってはとても慎重です。彼女はけっして王妃になることにロマンチックな夢を抱いたのではありません。でも彼女は心底から決断したのです。

パロマ
レティシアの母
2003年

彼女は夢想家ではなく、完全主義者だ。彼女は自分に期待されることを、つねにきちんと心得ている。

ヘスス・オルティス
レティシアの父
2003年

二〇〇三年五月に、ようやくフェリペとレティシアのロマンスは本格的にはじまったという。レティシアはイラク南部から帰国したばかりだった。イラクで彼女は六週間にわたって戦場リポーターを務めた。特別の客しか入れないマドリードのバーで、皇太子と美しい女性ジャーナリストは初めてふたりだけで落ち合った。手をとり合ってふたりはテーブルに坐り、深いまなざしを交わし合った。それから数週間、ふたりは合間を縫っては逢瀬を重ねた。自分が皇太子を愛していると自覚したとき、レティシアは三年間同棲してきたジャーナリストのダビド・テヘラとの関係を解消した。

両親が美しいテレビ・キャスターを嫁として受けいれるのは困難だということを、フェリペはわかっていた。レティシアは野心的な、成功したジャーナリストだった。すでに八歳でラジオで仕事をし、独自の子供番組を司会して、新聞記者のようなこともやった。中等教育を終えると大学で情報科学を学び、オーディオヴィジュアル・ジャーナリズムの勉強に励んだ。しばらくメキシコで暮らしたあと、あるマドリードの新聞社に最初の定職を得た。つづいてスペインの通信社EFE、アメリカの民間放送CNN、そしてスペインの放送局テレビシオン・エスパニョラ、略称TVEと契約する。特派員として世界の危険地帯を取材し、放送時間の格もどんどん上がり、ついに独自の番組「週間情報《インフォルメ・セマナ》」のキャスターとなり、これは毎週日曜日の午後に放映された。この非の打ちどころのない経歴にも、ひとつだけ汚点があった。レティシアは離婚していた。一九九八年に彼女はアロンソ・ゲレロと結婚した。彼はレティシアより十歳上で、ある危機的状況のなかで彼女を助けた。しかしこの結婚生活ははやくも一年後に破綻した。

どうしてフェリペの両親がこのような嫁を受けいれるだろうか？「スペイン王妃と寝たなどと言う男がいてはならない」とフアン・カルロスはフェリペの恋人にかんして言ったことがある。二〇〇三年八月の暑い日曜日、フェリペはサルスエラ宮の大サロンでレティシアを両親に紹介した。美しいテレビキャスターは深々とひざまずいて、まず国王、つづいて王妃に挨拶した。みんなぴりぴりしていた。コーヒーとミネラルウォータ

自分の子供がふさわしくない相手と結婚したがれば、もちろんあなたは手を尽くしてとめようとするでしょう。でもその甲斐もなく、子供があなたの言うことを聞かなければ、ほかになにができるでしょうか？　もちろんひとつだけ。義理の息子あるいは義理の娘を家族に受けいれるしかありません。

ソフィア王妃

レティシアは、私が共に人生を分かち合い、共に家庭を築きたい女性です。私は王位の継承者として、レティシアが、アストゥリアス公にして将来のスペイン国王の妃の任務を引き受けるための、あらゆる資質と能力をそなえていると確信しています。

フェリペ
婚約にあたって

ーを前にした最初の会話は三十分しかつづかず、フェリペは早々に恋人をマドリードに連れ帰った。フェリペがサルスエラ宮にもどったときに見た両親の顔は、息子の選択をまったく認めないと語っていた。だがこのたびのフェリペは屈しなかった。彼はレティシアを愛しており、愛の問題で親から指図されるつもりはなかった。きわめて個人的に、かつ非常に慎重に、皇太子はテレビ局TVEのチーフとのコネを使い、レティシアが夜のニュース番組――すべてのTVジャーナリストの王座――の司会を務めるようとりはからった。放送局がリスクを冒すことはなかった。レティシアがあらゆる資質をそなえていることは、とっくに実証ずみだったから。

二〇〇三年九月二十九日、レティシアは初めてニュースキャスターを務め、大成功した。まもなくほぼすべてのスペイン人が「レティシア・オルティス」の名を知り、その名を聞けば美しい顔が思い浮かぶようになった。これこそフェリペがねらったことだった。彼が期待したのは、スペイン国民の支持があれば、両親もレティシアを認める、というか、認めざるをえないだろう、とそのシーンは冷ややかで、キスもおざなりだった。そう、チャールズとダイアナのほうがもっとうまくやったよ。

ハイメ・ペナフィエル
王室通のジャーナリスト
結婚式について

この女性はみごとに王子を変えた。そのことはあらゆる機会に見てとれる。まるでだれかが明かりを点けたかのように。

ピラル・ウルバノ
ソフィア王妃の伝記作家

いうことだった。しかしファン・カルロス一世とソフィア王妃はそう簡単には折れなかった。なんといってもこれは皇太子の将来、ひいてはスペイン王朝の将来にかかわることだった。こうなったらフェリペは最後の切り札を出すしかなかった。「レティシアと結婚できなければ、私はけっして国王にならない！」。だが国王夫妻はこれをただのはったりと見なした。そのあとも両親は拒否の立場を一ミリもゆずらなかった。だがフェリペが国の祝祭日にあたり、全王族が出席する義務のある公式行事に欠席したとき、両親は息子の脅しが本気らしいとさとった。

二〇〇三年十一月一日、TVEは番組を中断してセンセーショナルなニュースを報道した。「国王ならびに女王陛下」は「大いなる満足をもって」フェリペ皇太子とレティシア・オルティスと

私たちの結婚の決断は熟慮の結果です。でもとりわけ、おたがいの深い愛情にもとづいています。

レティシア
婚約にあたって

の婚約を発表した、と。このニュースは青天の霹靂《へきれき》だった。皇太子と「テレビの女王」が恋仲だったなんて、ほとんどの人が知らなかった。すぐさまレティシアの履歴がメディアによって精査された。彼女がすでに一度結婚していたことは、はじめ世間を狼狽させた。しかしその婚姻は教会でなく、戸籍役場に登録しただけなので、カトリック教会もフェリペとレティシアに青信号を出した。

二〇〇四年五月二十二日、マドリードの数百年の古色を帯びたサンタ・マリア・レアル・デ・ラ・アルムンド司教座教会で夢の結婚式が執り行なわれた。しのつく雨と爆弾テロの脅威にもかかわらず、数百万の人びとがマドリードで、そしてスペインのみならず世界じゅうの人びとがテレビの前で、数々の障害をのりこえた愛の勝利を祝った。

いま残っている問題は、フェリペとレティシアの娘、レオノールがスペイン王位に即くかどうかだ。依然としてスペイン王室の「憲章《カルタ・マグナ》」は男子を優先している。しかしそれは変わりうる。そのためには議会を解散し、新たに選挙を行ない、国民投票に付さなければならないが、ひとつ、スペイン王朝の歴史の示すものがあるとすれば、それはこう

レティシアをタイトルにすればどんなポップスターもかなわない。

ミラグロス・バルデス
『ガラ』編集長

自由な市民のスペインでは、王朝は共和主義的になるか、なくなってしまうだろう。

エンリク・ソペナ
コラムニスト

だ。なにごともありえないことはない。

不釣り合いな配偶

エリザベスとフィリップ

ウェストミンスター大聖堂をあとにする王女エリザベスとエディンバラ公フィリップ（1947年11月20日）（Photo:AP Images）

妻は疲れを知らないようだ。八十歳になってもきちんとこなしている日課は、もっと若いものでもくたびれはてるような過密さだ。夫は八十五歳——長身、痩躯《そうく》、つねに背筋をぴんと伸ばし、いまだにすらっとした体型をたもっている。二〇〇七年にふたりは結婚六十周年を祝う。プライベートに、儀典の規定を抜きにしたふたりを見れば、ごくふつうのイギリス人夫婦のように見える。だがこのふたりはそんなものではない。まちがいなくエリザベス女王とエディンバラ公は、世界で最も有名な存命中の夫婦だ。公式の国家元首として、エリザベス二世は五十年以上前から国の内外で大英帝国を代表し、世界でいちばん有名で、富裕で、重要な王室を体現している。教皇庁によれば、イギリスの王朝は人類史上最も伝統的な機構なのだ。エリザベスとフィリップが国民におよぼす魅惑の力は、結婚生活六十年を経てもほとんど弱まっていない。女王夫妻が公衆のなかに姿を現わせば、つねに数千の人びとが沿道を埋めつくす。映画やテレビやスポーツのスターとちがい、このふたりが大衆を熱狂させるのは、金持ちだからでも、才能があるからでも、有名だからでもない。この夫婦にはまったく特別なものがそなわっている。ふたりは生きている歴史であり、何世紀にもわたる伝統と結びついており、その伝統がわきまえている使命といえば、王朝の存続のほかはない。ごくプライベートなひとときでも、エリザベスとフィリップはこの使命を自覚しており、あらゆる言動がそのことに規定されている。

「私が最善を尽くすことができたのは、フィリップの変わらぬ愛と協力のおかげです」とエリザベスは一九九七年の金婚式の際に述べた。この女王にしては、いつになく親しみのこもった発言だった――女王が私的な関連で「愛」という言葉を口にするのを聞いた記憶はだれにもなかった。いっぽうフィリップの妻にたいする乾杯の辞は、むしろ醒めたものだった。「われわれは大事な教訓を学んだと思います――寛容は幸福な夫婦生活の重要な要素であります」。そこで夫はウインクして言い添えた。「皆さん、これは信じていいですよ、私にたいする寛容を、女王はありあまるほどそなえています」。女王夫妻がこの金婚式の祝宴ほどリラックスして晴れやかに見えたのは、数年前からめったになかった。スキャンダル、離婚騒動など、さまざまな憂慮の種が、これまでの歳月に重く影を落としていた。悲劇的な自動車事故で死んだダイアナ妃が埋葬されたのは、ほんの三カ月前のことだった。いま女王夫妻は結婚五十周年を、イギリス王室がなしう

> 王朝の伝統の強さはこの国では確固たるものである。処女マリアは取りのけられ、天使は遠ざけられ、聖者は余計者になったが、ロイヤル・ファミリーはいまなお存在している。
>
> ノーマン・セイント・ジョン・スティーヴァス
> ウインザー家の友人

るかぎり絢爛豪華に祝った。すでに前夜の晩餐会にも王侯貴族や高位の国賓をふくむ八百人が列席した。十一月二十日に、かつてエリザベスとフィリップが結婚式を挙げたウェストミンスター大聖堂で、ミサが執り行なわれた。祝典の締めくくりは、その晩ウインザー城で開かれた大舞踏会だった。この女王お気に入りの城館は、あの「恐怖の年《アヌス・テリブル》」、結婚四十五周年にあたる一九九二年に火事で炎上し、長い期間をかけて再建したあと、いまようやく壮麗な偉容をとりもどした。

当時、もう六十年近く前、ウインザー家の若い王女エリザベスと、ギリシアの放浪のプリンスにして海軍少尉のフィリップ・マウントバッテンが結婚したとき、祝典ははるかに質素なものだった。第二次世界大戦が終わったばかりで、戦勝国のイギリスは他の多くの国々よりも疲弊していた。五〇年代に入るまで食糧は配給制のままだった。成人ひとりあたり週に三ポンドのジャガイモと、三十グラムにも満たないベーコンが、当時の食糧割り当てだった。ウインザー城でも節倹はきびしく守られた。娘の結婚式に国王ジョージ六世夫妻はきっかり百五十人の客を招いた。メニューは質素な三コース、メインディッシュに供されたウズラは王室の所有地で捕獲したもので、これなら食糧切符が要らなかった。とはい

この困窮した国は王室を必要としているようだ。ウインザー家は、テロ、人種主義、グローバルな不安の時代にあって、ガス抜きに役立っている。イギリス人の性格のあらゆる醜い面を、人はちゃっかり王室に投影できるから。

メアリ・リドル 王室記者

えイギリス国民の目にエリザベス王女とフィリップとの結婚式は、世の中がよいほうへ変わるきざしに見えた。花嫁の「王女殿下」は若くて美しく、見るからに配偶者に惚れきっていた。花婿は戦争の英雄であり、海軍の制服が目にまばゆかった。この国は「直面する困難な道を照らす光明」を緊急に必要としていると、ウインストン・チャーチル首相は言った。

　イギリス王室の結婚式は、恐るべき世界戦争の劫火のあと、長く待ち望まれていた新生を象徴するものだった。だが当時も批判的な声はあった。スポーティな海軍少尉はたいへんな女たらしと言われ、イギリス貴族のあいだではフィリップと女優との情事の噂が絶えなかった。戦後二年たったばかりのイギリスでは、ギリシアの王子がドイツと親戚筋であることも目の上のこぶになった。だがエリザベスはフィリップ一筋だった――「もしも」も「しかし」もなく。夫は彼女が享受する唯一の私的な贅沢だったと、夫妻の友人は言う。エリザベスが一九五二年に死んだ父の跡を継いで女王になったとき、自負心の強い海軍士官は英国海軍《ロイヤル・ネイヴィ》でのキャリアをあきらめ、今後は妻の職務を手伝うことに専念しなければならなくなった。それ以来フィリップは、公式の場ではつねに一歩さがって妻のうしろを歩き、たいていは妻の陰にひかえている。結婚してから最初の数年、フィリップは「失業プリンス」としての自分の役割になかなかなじめなかったと、友人たちは証言している。「いったい私はここでなにをしてるんだ?」とフィリップはしばしば愚痴をこぼしたという。

　エディンバラ公爵――女王の夫君に授けられた公式の称号――は一度ならず外交儀礼上の失言

をしている。たとえば中国人を公然と「細い目」と呼んだり、パラグアイの独裁者アルフレド・ストロエスネルに向かって、人民に統治されない国にいるのは快適でしょうな、と言ったり。二、三の女性と、既婚者には似つかわしくないほど親しくなることもあったという。ある友人のロンドンのアパートがロマンチックな密会の場になったらしい。エリザベスはそれを知っても取り乱すことはなく、静かに耐えて黙認した。彼女の自覚の中心にあるのは「完璧な家族」であり、離婚はつねに問題外だった。のちに妹や子供たちの結婚生活がほとんどすべて破綻したことは、エリザベス二世女王の治世に影を落とし、イギリス王朝を深刻にゆるがせた。いっぽうエリザベスとフィリップはそれぞれの役割に順応した。いまや六十年近くつづいている夫婦生活は、イギリス王権の機構を象徴しており、この王権は伝統的な価値の継続と維持において、驚嘆するほど変化と適応の能力を示し、そのおかげで今日まで生き延びている。

ふたりが初めて――相手を意識して――出会ったとき、エ

厄介ごとがあるとふたりはしょっちゅう喧嘩をして、なんとか仲なおりした。しかしいまでは寄る年波で、じつにうまく折り合っているだけでなく、おたがいになくてはならないパートナーだとさえ感じている。

デイヴィッド・ワイン・モーガン
フィリップの友人

ふたりの結婚生活が保たれているのは、ふたりがきわめて例外的な状況にあるからだ。ふたりが親密なのは、その必要があるからだ。ほかにだれが信用できる？

サラ・バンガー
女王の伝記作家

彼女がフィリップに惚れこんだときのことを、私はよく覚えている。彼こそ！　フィリップも私に言ったことがある。エリザベスとの結婚は自分にとってちっとも意外なことではないと。将来の女王として彼女は身分にふさわしい結婚をしなければならず、彼女が適齢期のころは適切な候補者がほとんどいなかった。

ガイルズ・ブランドレス
フィリップの友人

リザベスは十三歳、フィリップは十八歳だった。一九三九年七月、第二次世界大戦勃発の直前のことだ。国王ジョージ六世の一家が、かつて国王も生徒だった英国海軍兵学校を訪問した。家族の遠足にふさわしく、ジョージ六世夫妻、子供のエリザベスとマーガレット・ローズは王室のヨット、ヴィクトリア&アルバート号でやってきた。この小旅行にはルイス・マウントバッテン卿、愛称「ディッキー」、ヴィクトリア女王の孫で、ジョージ六世のいとこにあたる人物が一枚かんでいた。一九一四年にマウントバッテン家――そのころはまだ「バッテンベルク」と名乗っていた――は苦境に立たされた。第一次世界大戦が勃発すると、先代の家長ルイス・バッテンベルクは第一海軍卿を辞任しなければならなくなった。彼はドイツ人だったから――英国海軍に四十六年にわたって忠勤したにもかかわらず。一九一七年に国王ジョージ五世が愛国的至情からドイツの親戚との関係を絶ち、家名の「サクス・コバーグ、本来はドイツ語でザクセン・コーブルク」を廃し、今後は「ウインザー」と名乗ることにしたとき、バッテンベルク家に残された道は、やはり家名を英語化して、「マウントバッテン」に変えることだった。この「家名の恥辱」が動因となり、のちにディッキー・マウントバッテンは熱心にヨーロッパの王侯貴族と交際し、あからさまにイギリス宮廷で影響力を競うことになる。

というわけで、あの一九三九年七月の晴れた日にダートマス海軍兵学校の若い士官候補生が王室のヨットに現われたのは、けっして偶然ではなかった。マウントバッテン卿は一九三九年七月二十二日の日記に「フィリップはわれわれに同行して船上で食事した」と書きとめている。このフィリップとは、自分の姉アリスの唯一の息子で、やはり国王といとこ同士になるギリシアのフィリップ王子のことだ。フィリップは海軍兵学校の特待生で、士官候補生教育を修了する直前だった。フィリップがヴィクトリア&アルバート号での昼食に招かれたのは、イギリス王室との姻戚関係からすればとくに意外なことではなかったが、そこにマウントバッテン卿の思惑が働いていたことはほぼまちがいない。翌日もハンサムな若い士官候補生は王室ヨットに迎えられ、「子供たちを熱狂させた」とフィリップの叔父はいかにも自慢げに日記に書いている。とくに十三歳のエリザベス――家族から「リリベット」の愛称で呼ばれた――がまたいとこに夢中になった。「彼はスマートでした、ちょっと上から見下すところがあっても」とエリザベスの家庭教師だったマリオン・クローフォード、通称「クローフィー」はのちに若いプリンスを回想している。「彼はリリベットにこんにちはと言って、彼女の横で床にしゃがむと、いっときいっしょに鉄道模型で遊びましたが、すぐ飽きてしまいました」。生姜入りビスケットとレモネードのおやつの青春時代の彼はギリシアの神であり、アドニスだった。魅力的な同伴者、社交的、面白くて知的、非の打ちどころのないマナー。制服がよく似合い、ものすごくチャーミングだった。

ガイルズ・ブランドレス
フィリップの友人

「リリベットはこのギリシアの王子にすっかり夢中になっている。でもどうなることだろう——彼女はまだ14歳、彼は地中海のどこかにいる。

マリオン・クローフォード
エリザベスの家庭教師の日記から

あと、フィリップはほかの遊びを提案した。「テニスコートに行って、ネットを跳び越えてみませんか、そのほうがずっと面白いから」。そこで若いプリンスは少女たちに自分の優れた運動神経をデモンストレーションするつもりだった。「テニスコートで彼は自分の跳躍力を自慢げにひけらかしました」とクローフィーは回想録で述べている。しかしリリベットは感動した。「なんてすてきなんでしょう！」と小さな王女は熱狂して言った。「あんなに高く跳べるなんて！」。翌日ヴィクトリア&アルバート号が帰途に就くとき、海軍兵学校の生徒たちはボートで河口まで豪華ヨットに随行する許可を得た。「かれらは私たちの船にずいぶん遠くまでついてきました」とクローフィーは回想する。ついに国王が心配して、小艇隊に帰還の信号を出すよう命じた。そこで生徒たちは引き返した——ひとりをのぞいて。ギリシアのフィリップ王子が全力でボートをこいで王室ヨットの後を追い、リリベットはその姿を長いあいだ双眼鏡で見つめていた。国王が腹を立て、メガホンで帰れと伝えさせると、ようやくフィリップはあきらめた。「長いあいだ私たちは彼が去るのを見ていました。彼がずっと遠くの小さな点になるまで」とクローフィーはこのできごとを回想録に記している。まちがいなく、ギリシアの王子はこの週末に忘れがたい印象を残した。

実際には、エリザベスとフィリップが出会ったのは、これが初めてではない。なんといってもふたりは同じ高祖父母を持っているのだから——ヴィクトリア女王とその夫君アルバート。すでに子供のころ、フィリップはしばしばバッキンガム宮殿の客になった。フィリップの母、バッテンベルク家の姫君アリスはウインザー城で生まれ、父のアンドレオス王子はヴィクトリア女王、エドワード七世王、ジョージ五世王の副官を務めた。フィリップは一九二一年六月十日、コルフ島の「モン・レポス」で生まれた——末っ子として。四人の姉のいちばん上はすでに十七歳、母親は三十六歳になっていた。「ありがたいことに可愛くて元気なベビーです」と母のアリスは家族に手紙で伝えている。「私も元気です。しごく安産で、私は新鮮な空気をテラスで楽しんでいます」。海辺のヴィラ「モン・レポス」は外見こそ堂々としているが、ギリシア王子一家の住居としては快適な住まいにはほど遠かった。ガスも電気もなく、水道も、室内トイレも、暖房もなかった。たしかにフィリップの家族は王族だが、きわめて貧乏だった。しばしばフィリップの父親は、前払いのヴィラの家賃三カ月分を工面するのに苦労した。

フィリップの血筋の姻戚関係は複雑で、ヨーロッパの王侯貴族のさまざまな家系と密接にからみ合っている。フィリップの祖父ヴィルヘルムはギリシア人ではないが、一八六三年にギリシアの王位に即いた〔ゲオルギオス一世〕。十九世紀の三〇年代初めにギリシアはトルコの圧制から自己を解放し、新独立王国は国王をもとめた。バイエルンの王子オットーが最初のギリシア王になり、三十年間統治した。一八六二年、クーデターが起こり、オットーは退位した。あらためてギリシア人は国王をもとめ、このたびはデンマーク王クリスチアン九世と王妃ルイーズの次男、ヴィルヘルム王子が選ばれた。当時十八歳でデンマーク海軍の少尉だったヴィルヘルムにとって、この白羽の矢はかくべつ嬉しいことではなかった。彼はギリシアの国土も言葉も知らず、ひどく不安定なギリシアの玉座に即く気はさらさらなかった。しかし父のデンマーク王はヴィルヘルムがこの申し出を受けることに固執し、ついに彼はゲオルギオス一世としてギリシアの王位に即いた。四年後ギリシアの新王はロシア皇帝ニコライ一世の孫、オルガ大公女と結婚した。ふたりは合わせて八人の子供をもうけ、フィリップの父アンドレオスは四男として一八八二年に生まれた。ギリシアの玉座にかんする国王の当初の危惧は当たっていた。クーデター、陰謀、暗殺がくりかえされた。それでもゲオルギオス一世の治世は五十年間つづいた。一九一三年に国王はテッサロニキのカフェハウスの前で、ひとりの精神に異常をきたしたギリシア人に射殺された。この

ありがたいことに可愛くて元気なベビーです。私も元気です。お産は安産でした。

フィリップの母アリス
フィリップの誕生のあと

暗殺事件の真相は解明されなかった。犯人は取り調べ中に窓から飛び降りた。

一九〇一年一月二十二日にヴィクトリア女王が死に、後継者エドワード七世の戴冠式が一九〇二年六月に挙行されることになった。大式典の招待客リストにはヨーロッパじゅうの王族が名を連ね、そのなかにギリシアのアンドレオス王子の名もあった。二十歳の将校にとって、この戴冠式に列席することは、しかるべき花嫁さがしの絶好のチャンスだった。アンドレオスが選んだのはバッテンベルク家のアリスだった。十七歳、ブロンド、才色兼備。ルイス・バッテンベルク卿の末娘は当時「ヨーロッパでいちばん美しい姫君」との評判だった。彼女が難聴であることなど、なんの問題にもならなかった。一九〇三年十月にアリスとアンドレオスはバッテンベルク家の故地、ドイツのダルムシュタットで結婚式を挙げた。豪華な馬車と王族の貴賓がメルヘンのような婚礼を盛りあげた。

ギリシアでの新婚生活は当初は平穏に過ぎていった。最初の十年で夫妻は四人の娘をもうけた。マルガリータ、テオドラ、ツェツィーリア、ソフィア。おおかたの日々を家族はアテネから遠からぬタトイで過ごした。アリス妃は乗馬と読書と子育てに専念した。家族の収入はささやかなものので、騎兵将校としてアンドレオス王子が受けとる薄給しかなかった。「彼は義務に忠実で、自分の職業を愛し、ほかの将校とまったく同等に昇進することを望みました」と、のちにアリスは夫のことを語っている。ゲオルギオス一世が暗殺されると、家族はコルフ島の夏の別荘「モン・レポス」に転居し、そこで一九二一年に末っ子のフィリップが生まれることになる。しかし第一次大戦中はアリス妃と子供たちはほとんどアテネで暮らし、夫はテッサロニキに駐屯した。国王コンスタンティノス一世はギリシアの中立を重視し、弟のアンドレオスをロンドンとパリに派遣して、協商側と交渉させた。しかしこのミッションは失敗した。連合国はギリシアの君主に不信の念を抱き、ギリシア国内でも国王は国民の支持を失った。ついにコンスタンティノス一世は一九一七年に退位して、次男のアレクサンドロスに王位を譲り、スイスに亡命した。アンドレオス王子と妻、四人の娘も一時的にサン・モリッツに引き移った。不安定なギリシアの政情はその後も家族の運命を左右することになる。一九二〇年に国王アレクサンドロス一世がペットの猿に噛まれて敗血症で死に、国民投票に僅差で勝ったコンスタンティノス一世が帰国して復位し、アリスとアンドレオスも帰国した。アンドレオス王子は軍に復帰して、少将に昇進し、小アジアに駐屯するギリシア陸軍第十二師団の司令官になった。

一九二一年六月九日、彼はアナトリア進攻作戦に出陣し——そのため一日前に生まれた待望の総領息子の顔を見られなかった。ようやく一九二一年九月にアンドレオス王子は休暇をとり、初めて息子フィリップを腕に抱くことができた。だがはやくも十二月にアンドレオスはアナトリア戦線に呼びもどされた。トルコ軍はギリシア軍を撃退し、小アジアは失われ、進攻作戦は惨敗に終わった。百万を超える小アジアのギリシア系住民が避難民となってギリシア本土に流れこんだ。またもやクーデターが起こり、コンスタンティノス一世はふたたび退位させられ、国外に追われた。軍事法廷はフィリップの父を命令拒否と敵前逃亡のかどで告発し、死刑判決を下した。妻のアリスは必死にヨーロッパじゅうの友人や親戚に訴え、助けをもとめた。ついに弟のディッキーがイギリス首相を動かして、義兄の助命に成功した。アンドレオス王子は死刑をまぬがれたが、ギリシアから永久に離れることになる。イギリスの軍艦が一家を安全な地に運んだ。こうして赤子のフィリップは両親と姉たちとともに故郷喪失者になった。これまでも家族はけっして裕福ではなかったが、これからは完全に他人の援助にたよるしかなかった。ブリンディシ、ローマ、パリ、ロンドンと流浪を重ねたあと、国外追放者の家族はアンドレオスの兄、ゲオルギオス王子の世話でフランスの首都に居を定めた。一九二〇年代を通して家族はパリ郊外サン・クルーにある豪邸の園亭を間借りして暮らした。

現在のエディンバラ公が育った環境は、まさに「国際的《インターナショナル》」と言うしかない。デンマーク系ギリシア人の父とドイツ系イギリス人の母、自分をギリシア人と感じている四人の姉の家庭に、フランス人の女性家庭教師、ギリシア人の女性執事、イギリス人の養育係の女性がいた。ひとり息子として母と姉たちに溺愛され、蝶よ花よと甘やかされ、フィリップ王子はサン・クルーでなんの屈託もない子供時代を過ごした。フィリップの両親はなんの職業にも就いていなかったが、家族の生活は平穏だった。あの時代のパリにはロシアやギリシアの貴族がいっぱいいて、フィリップの家族のように亡命生活を送っていた。かれらはクラブやレストランで出会い、政治を論議し、ヨーロッパじゅうを巡って、あちこちにいる親戚を訪ねた。夫を敬愛していたアリス妃は誇大な妄想をふくらませ、アンドレオスを新たに発足したギリシア共和国の大統領にかつぎあげるプランを立てた。やがてその妄想は固定観念となり、それにアリスは病的な執拗さでしがみついた。アリスが霊を呼びだしたり、自分は聖者だと称して、超自然的な力を持っていると言いだしたとき、家族に残された道は医師に相談することしかなかった。精神分析医はアリスを「精神分裂症」と診断した。ウイーンとベルリンでの治療も効なく、家族はやむなくアリス妃をスイスの精神病院に移すことにした。

まだ十歳のフィリップにとって、これは世界の崩壊に等しかった。幼いフィリップは何カ月も母の消息を聞かされず、ようやく母と再会したのは五年後のことだった。いつも可愛がってくれた四人の姉たちも、八カ月のうちにいなくなった。一九三〇年十二月から一九三一年八月にかけて、姉たちはつぎつぎにドイツの貴族と結婚し、両親の家を去った。父のアンドレオスはサン・クルーからモンテ・カルロに転居した。「とにかくそういうことになった」とフィリップはのちに伝記作家に述べている。「家族はばらばらになった。母は病院、姉たちは嫁に行き、父は南フランスで暮らした。私はこの状況に折り合いをつけるしかなかった。ほかになにが私に残されていただろうか?」。フィリップの幼なじみのレディ・ジョージナ・ケナードは、当時フィリップがこの状況にひどく苦しんだのを覚えている。「幼いころの彼はとても幸せでした。とても朗らかで、とても活発でした。長ずるにつれて、彼は物思いに沈むようになり、自分のなかにひきこもるようになりました。両親にまったく会えず……これが彼をひどく苦しめました。『寄宿学校では幸せだけど』と彼は私に言いました。私はそれをよく覚えています。『みんな帰っていける家族がいるんだ。ぼくだけはいない』」。

両親とそろって会ったのはあと一度しかなく、そのきっかけも喜びとはほど遠いものだった。姉のツェツィーリアが、夫とふたりの息子もろとも一九三七年十一月に飛行機事故で死んだ。ダルムシュタットで行なわれた葬儀でアリスとアンドレオスは最後の再会をした。フィリップの母の病状はその間にかなり治癒していた。しかし夫婦関係はとっくに疎遠になっていて、同居はもはや考えられなかった。アンドレオスは南仏での生活を楽しんでいた。三〇年代の初めに魅力的な王子は伯爵令嬢アンドレー・ドゥ・ラ・ビーニュとねんごろになり、一九四四年に死ぬまでいっしょに暮らした。いっぽうアリスは宗教に沈潜し、ギリシアにもどって、一九六九年に生涯を終えるまで修道女の衣を着た。

しばらくアリスの弟のジョージ、第二代ミルフォード・ヘイヴン侯爵がフィリップの父親役をひきうけた。甥の学資を払い、学校行事に出席した。この叔父のヴィクトリア王朝様式の屋敷でフィリップは休暇を過ごしたが、「通常の」家族生活とは言えなかった。ジョージ叔父はロシアの詩人アレクサンドル・プーシキンの孫娘、ナデジダ・ドゥ・トルビと結

彼は姉をとても慕っていて、1937年にツェツィーリアが飛行機事故で死んだときは深い衝撃を受けた。彼は非常に寡黙になった。姉の不幸のことをあまり語らなかったが、飛行機の木片を私に見せた。それは小さな木のかけらにすぎなかったが、彼にとってはたいへんな意味があった。

ジョージナ・ケナード
少年時代のフィリップの友人

婚したが、彼女はバイセクシュアルとの評判だった。三〇年代初めにナデジダは年上のグロリア・ヴァンダービルトとの情事にふけり、義妹に当たるディッキーの妻に惚れたりした。夫のジョージも型にはまらない性生活を送っていたようだ。彼はポルノ本を収集し、図書室にはサド・マゾ、拷問具、あれこれのエロチックなプレイにかんする本がそろっていた。フィリップのような成長期の少年にとって、これはたしかに異常な環境だった。一九三八年四月八日にジョージが四十五歳の若さで骨癌で死んだ。この時点まで彼はまちがいなくフィリップに大きな影響をあたえた。ジョージ叔父の早逝は――またもや――若いプリンスの人生にぽっかり穴を開けた。「ジョージの死はフィリップには衝撃でした」とレディ・ケナードは回想する。「とくに、姉のツェツィーリアとその家族が死んだ恐ろしい飛行機事故は、ほんの数カ月前のことでしたから。きびしい時代だったのです」。

一九三三年、十二歳でフィリップはドイツに行き、一時期ボーデン湖畔のサレムに教育改革者クルト・ハーンが設立した寄宿学校で勉学した。しかし増大するナチスの影響を恐れた家族はフィリップをイギリスに呼びもどした。クルト・ハーンもナチスの圧迫によってドイツを去らざるを

> 10歳から1947年にエリザベスと結婚するまで、彼には自分の家がなかった。その歳月、彼は母の声を聞けず、クリスマスの団欒も、いわんや誕生日祝いもしてもらえなかった。彼はつねにあちこちにたらいまわしにされた。あるときはドイツの姉のところ、あるときはイギリスの親戚に。
>
> ガイルズ・ブランドレス
> フィリップの友人

えず、スコットランドに新たな教育施設、ゴードンストン・ハウスを設立し、そこにフィリップは一九三四年秋に入学した。本人の言によれば、この学校でフィリップは「身体的有用性の衰退」「自己規律の衰退」「イニシアティブと慎重さの欠如」をたたきなおされ、それは彼の全人生に刻みこまれたという。一九三八年にこの学校を去るとき、フィリップはクルト・ハーンから異例の卒業証書を授与された。「フィリップ王子は全員の信頼、好意、敬意を獲得し、全生徒中最も卓越した義務感をそなえている」。

のちにフィリップは自分の息子たちもゴードンストン校に送った。ジョージ叔父の死後はその弟のディッキー叔父が、甥を養育する任務をひきついだ。マウントバッテン卿の公式の伝記を信ずるなら、フィリップが海軍でキャリアを積むことにしたのは、彼のおかげだという。たしかに若いプリンスはそれによって家族の伝統にもしたがった。なにしろふたりの祖父とふたりの叔父が海軍に勤務していたのだから。こうしてフィリップはあの一九三九年七月の週末に、ダートマス海軍兵学校のスマートな士官候補生として、十三歳のエリザベス王女のハートを奪うことになる。マウントバッテン卿がこの早い時点ですでに、フィリップと世継ぎの王女との結婚

> きびしい子供時代が彼を早期に自立させました。もちろんつねにどこかの親戚の後ろ盾がありましたが、どの伯母と、あるいはどの叔父と、つぎの休暇を過ごせばいいのか、よくわからないというのは、つらいことだったにちがいありません。
>
> パトリシア・ナッチブル
> フィリップのいとこ

によって、自家がイギリス王室と密接に結びつくことを考えていたかどうかは、さだかではない。しかしたしかなのは、彼がこのような結びつきを大歓迎したことだ。「エリザベスが非常に早くからフィリップに夢中になっているのを、彼はすばやく察知しました」と娘のパトリシア・ナッチブルは認めている。「おそらく彼はこう思ったのでしょう。これは将来もちあがる非常に重大な問題、つまり、だれと彼女はやがて結婚するのか、という問題にたいする幸福な解答だと。その意味で彼は、ふたりがこれほど好き合っているのは、非常によい解決策になると信じたにちがいありません」。

しかし当初は深刻なできごとが、フィリップとエリザベスが親しくなるのをさまたげた。一九三九年九月一日、突如ドイツ軍がポーランドに侵攻し、第二次世界大戦がヨーロッパで勃発した。まだ一九三九年八月には、王族は毎年の避暑地、スコットランドのバルモラル城に出かけており、イギリス首相ネヴィル・チェンバレンから、ヒトラーは戦争のリスクを冒さないだろうと保証されて、安心していた。しかし八月二十三日に独ソ不可侵条約締結の報が入り、スコットランド高地でののんびりした休暇は終わりになった。国王はすぐさまロンドンに帰還し、

> フィリップはバッテンベルク家で、マウントバッテン家ではなかったが、英国海軍に勤務するにはこの家名は有利だった。そのため彼は叔父の家名を受けいれた。
>
> ヒューゴー・ヴィッカーズ
> 王室の伝記作家

その一日あとに議会が開かれた。「だれなの、そのヒトラーって、なにもかも台無しにしちゃったのは?」と当時八歳のマーガレット王女は腹を立てて聞いたという。ジョージ六世もその時点では、事の重大さがまだわかっていないようだった。あるイギリス大使に国王はこんなことを言った。バルモラルで「今年ほどたくさん雷鳥をしとめたことはなかった」のに、私の計画のじゃまをした「ヒトラーってやつは、まったく許しがたい悪党だ」と。依然として国王は、これはドイツの独裁者のはったりだと思いこんでいた。だが数日後にドイツ軍がポーランド国境を越えたとき、国王陛下はまちがっていたことが明らかになった。

戦争状態になれば国王夫妻はロンドンのバッキンガム宮殿に常在する必要があり、エリザベスと妹のマーガレットはとりあえずバルモラル城で家庭教師と養育係の手にゆだねられた。幼いマーガレットは両親がいなくなっておびえたけれど、エリザベスは「とても冷静」で、「すぐに安寧秩序をたもつことに専念しました」と養育係のクローフィーは回想する。しかし「ヒースにかこまれて」いても、戦争の恐怖は王女たちの耳にもとどいた。海軍基地スカパフローに

エリザベスの両親はまったく特別な人間だった。国王夫妻が戦火に煙るロンドンをめぐり、人びとと握手し、すべてはまだ順調に進んでいることを示す姿は、娘の模範になった。このたゆまぬ義務の履行、そしてそれをしているときの両親の喜び——これが、彼女が卓越した両親から受け継いだものである。

ベン・キングズリー　イギリスの俳優

停泊中の戦艦ロイヤル・オーク号が撃沈されたというニュースをラジオで聞いて、リリベットは椅子からとびあがり、愕然としてさけんだ。「クローフィー、そんなことありえない！　水兵さんがいっぱい乗ってるのに！」。王女はそのとき、やがてこの運命が、心酔するフィリップにも降りかかるかもしれないと心配したにちがいない。フィリップは英国海軍の軍務に就くことになった――ギリシアの王子であるにもかかわらず。

一九四〇年一月、フィリップはラミリー号の士官候補生として最初の艦上勤務に就いた。第一次大戦中の古い戦艦で、コロンボに停泊し、地中海に向かうオーストラリアの貨物船を護衛することになっていた。フィリップのように血気さかんな若い士官にはそれほど興奮するような任務ではないが、ギリシアはまだ参戦していないので、当初は若い王子をなんらかの戦闘から遠ざけておいたほうがよいと、上層部は判断したのだろう。一九四一年三月にギリシアのペロポネソス半島南端のマタパン岬で、フィリップは最初の戦闘を体験した。そのころフィリップ王子は地中海艦隊の戦艦ヴァリアント号に乗っていた。艦隊は三隻のイタリアの巡洋艦と交戦した。「敵艦を発見したら、ただちに探照灯を点灯し、わが艦隊のために海上を照らせと、私は命令を受けていた」とフィリップは航海日誌に書いている。砲撃はえんえんとつづき、ガラスの破片が飛び散ったが、フィリップはしっかり探照灯を照らしつづけ、それが彼に「戦闘報告に賞賛の言及」をもたらした。五月末にフィリップはクレタ島沖でふたたび激戦を体験した。「われわれは上空からつづけざまに小型爆弾による攻撃を受け、十二ないしそれ以上の編隊で爆撃された。一機のドルニエがまっすぐ左舷から飛来し、わが艦のほとんど真上で十二個の爆弾を投下した。われわれは左に変針し、射撃をやめたとき、突然爆弾が音を立てて飛来し、左舷の間近に落ちた」とフィリップは記している。フィリップ王子がどこにいるのか、どんな戦闘に参加しているのか、エリザベスはたいてい知っていた――マウントバッテン卿の配慮で。そのうえ王女は、戦争の経過を大きな世界地図で克明に追った。王族は戦争のさなかも国にとどまった。「王女たちは私抜きで国を出ることはなく、私は国王抜きで出ていくことはなく、もちろん国王はけっして出ていきません」と母のエリザベス王妃は決意の理由を簡潔に述べた。ジョージ六世と妻のエリザベスが週日はロンドンにとどまるいっぽう、娘たちは戦時中ほとんどウインザー城に宿泊した。「私たちは週末を過ごすつもりで行って、けっきょく五年間そこにとどまりました」と、のちにマーガレット王女はこの時代のことを語っている。

その歳月のウインザー城での生活は快適とはほど遠かった。豪華なシャンデリアではなく、裸電球がほそぼそと部屋を照らした。芸術品、タペストリー、陶磁器、銀器は安全な場所に移された。終戦までに三百発以上の爆弾が女王のお気に入りの城に投下され、焼夷弾攻撃や機銃掃射も受けた。ドイツ軍機がロンドンを空襲するたびに、高台に築かれた古い頑丈な城壁が揺れた。一九四〇年九月七日から八日にかけての深夜、ロンドンは二百機を超える爆撃機に襲われ、四百人の死者と千三百人以上の重傷者をだした。バッキンガム宮殿にも爆弾は落ちた。だれにもけがはなかったが、国王夫妻は一夜にしてイギリス人の堅忍不抜の意志を示す象徴になった。「敵が私たちも爆撃したことを、私は喜んでいます」と王妃は洩らした。「これで私もイースト・エンドに顔向けができると感じさせてくれるから」。イースト・エンドはロンドンの労働者居住地域で、ドイツ爆撃機の空襲で最大の被害を受けた。空襲のたびに最悪の被害地を訪れ、被災者を慰問するのが、国王夫妻の習慣になった――住民の人気とりには効果抜群のジェスチャー。

銃後の士気を高めることが、戦時中の王族の最も重要な任務になった。エリザベス王女もそのために貢献した。イギリスの国営放送BBCがエリザベスに、ラジオで「帝国の子供たち」に話してくれないかと問い合わせてきた。こうして一九四〇年十月十三日、世界じゅうの人びとが十四歳の世継ぎの王女の声を聞くことになった。「何千人もの皆さんが、両親の家を離れ、父や母と別れなければならなくなりました。妹のマーガレット・ローズと私は、皆さんに深く同情しています。なぜなら私たちは、いちばん愛するものと別れることがどんなことか、自分自身の経験から知っているからです」とエリザベスは真剣に語った。感動的なスピーチの最後に、王女は子供たちを勇気づけた。「私たちはみんな、すべてはまたよくなると確信しています。神様は私たちを助けてくださり、私たちに勝利と平和を贈ってくださるでしょう」。イギリス本土でも、海外各地の英領でも、アメリカでも、聴取者は小さな王女の「きわめて感銘深い声」に熱狂した。一日じゅうラジオ局に再放送を希望する電話が殺到した。エリザベスのラジオ・スピーチを録音したレコードがベストセラーになった。

王室は戦時中、大英帝国にとってきわめて大きな意味をもつにいたった。ばらばらになった世界において、多くのイギリス人が王室に支えと慰めを見いだした。リリベットと妹のマーガレットも、イギリスの戦争宣伝において過小評価できない役割を演じた。王女たちも「犠牲者」――親と離ればなれになっても、けなげに戦争の重荷に耐えるイギリス国民のひとり――として紹介されたり、牧歌的な環境でくつろぐ王家の家族写真が、イギリスの余裕と不敗をシンボリックに表現したり。戦時中の多くの少女たちと同じく、エリザベス王女も国のために尽くさなければならない。一九四二年四月、エリザベスは土地の職業紹介所に、青少年の戦時勤労動員への参加を申し出た。第一志望は看護婦になることだった。しかし初め父親はそれを聞き入れなかった。ジョージ六世の目には、娘はまだ若すぎるし、そもそも後継王女をなんらかの危険にさらすわけにはいかなかった。しぶしぶと、だが従順に、エリザベスは親の言いつけにしたがった。

ようやく一九四五年の春、十九歳の誕生日を間近にして、世継ぎの王女は「二級准大尉エリザベス・アレクサンドラ・メアリ・ウインザー」認識番号二三〇九七三として、女性のために英軍内に設立された「国防奉仕補助部隊（ATS）」に入隊を許された。三週間の機械工研修で、王女はタイヤの交換、自動車の運転、工具の扱い方などを学んだ。無骨なカーキ色の制服と重い茶色の靴にもかかわらず、エリザベスは「とても魅力的」に見えたと、ある研修生仲間が日記に書きとめている。「すてきな、短い、カールした茶色の髪。チャーミングな灰色がかった青い目、とても魅力的な笑顔、しかも彼女は口紅を塗っている！」。エリザベスが「ふつうの世界」となじみになり、他の将校と同等に扱われることを熱望したとしても、すぐ明らかになったのは、現実にはそうはいかないということだった。授業中エリザベスは「殿下」と呼ばれ、席はつねに最前列、両脇をふたりの下士官が固めた。授業が終わるたびにエリザベスは「護送」され、昼食は他の研修生たちとでなく、将校クラブで摂った。仲間の少女たちのように兵舎で寝泊まりするのでなく、夜はウインザー城に帰宅した。それでも、四月に研修が終わったとき、エリザベスは比較的自由だった期間をふりかえって懐かしんだ。「あんなに激しく勉強したのは生まれて初めてでした」と王女は友人に語っている。「あそこで学んだことは、私にはまったく新しいことばかりでした。なにもかも、自動車の内部構造も、設計図の読み取りで注意すべき細部も。でもそれは私を楽しませてくれました。あれはすばらしい経験でした」。ATSでの教育は若い女性に自信をあたえ、いまでもクイーンは優れた自動車運転手であることを誇りにしている。しかしウインザー城の分厚い壁のかなたの「ふつうの世界」への遠足は、短期間しかつづかなかった。一九四五年五月八日、ドイツが降伏し、数千万の犠牲者を出した第二次世界大戦は、ヨーロッパでは終結した。

彼女とその妹はメルヘンのようなものだった。その彼女とわれわれが肩をならべて働き、夜のドライブを行ない、応急処置、軍法、機械の理論と実践を学んだことは、夢のようなできごとだった。あのころの彼女はとてもとても若く見えた――しかし彼女は非常にのびのびとして、ごく自然で、愛想がよかった。

パット・ブレイク
当時のＡＴＳの軍曹

戦争が勃発したときエリザベスはまだ十三歳の少女だったが、いまや十九歳の若い女性に成長していた。「かわいそうな子供たち、あの子たちはまだ本当に楽しんだことがない」とジョージ六世は日記に書いている。第二次大戦が終わると、戦時中は事実上とだえていた社交生活が復活した。しかし国王と王妃が舞踏会やパーティを開くのは、エリザベスにダンスを楽しませるというよりは、後継王女にふさわしい夫を見つけるためだった。一九四五年八月にバッキンガム宮殿で戦後初の大ディナーパーティが催された。しかしエリザベスはこの種の祝宴にあまり興味を示さなかった。ひかえめな若い女性は無意味なおしゃべりを交わしたり、まして媚びたりするのが苦手だった。

それに王女はとっくに将来の夫をきめていた。ギリシアのフィリップ王子。一九四二年にエリザベスは養育係のクローフィーに宛てた手紙で、彼は「ふさわしいひと」だとほのめかしている。戦時中もエリザベスとフィリップはコンタクトを絶たず、手紙のやりとりをしていたし、一九四三年にフィリップはウインザー城でのクリスマスパーティに招かれている。伝統に沿って「子供たち」がクリスマス劇を上演した。このときエリザベス王女は「タイツとチュニック」姿で男役を演じた。上演の際にフィリップは最前列に坐った。「あんなに活き活きしたリリベットを、私は見たことがありません。彼女は光り輝いていて、そんな彼女を私たちはだれも知らなかったけれど、みんなの目を引きました」と養育係の女性は王女の晴れやかな気分を描写している。大晦日の晩は若いふたりは明け方までダンスに興じた。ロマンスが進行しているようだった。

リリベットはすっかり興奮して言った。「クローフィー、だれが私たちの上演に来ると思う――フィリップよ！」こんなに目をきらきらさせたリリベットを私は見たことがなかった。このクリスマスのあと、ふたりは手紙を交わし合うようになった。

マリオン・クローフォード　エリザベスの養育係の日記から

フィリップ自身はこのできごとを六十年後にむしろ醒めた目で見ている。「私が戦争中にここ（イギリス本土）に来るときは、電話をして、食事に行った。たいした考えがあったわけではないと思う。われわれはときどき手紙を交わした……、もし私が行きずりの知り合いにすぎないとしたら、すべては恐ろしく重大な意味を持っただろう。しかし親戚同士なら……親しく交際するのは、なんの特別なことでもない。それが必然的に結婚に行き着くなんてだれも考えない」。たしかにフィリップ王子はまだこの時点では、ひとりの女性と固く結ばれることに興味はなかった。「彼はとても話し上手で、朗らかで、生気とエネルギーにあふれていた」と、いとこのひとりがフィリップのことを述べている。すでに戦争の前からフィリップの人生には女性が存在し、上陸時や非番の夜は「あふれる女の子の腕」とともに過ごしたと、オーストラリアの友人で戦友のマイク・パーカーは述べている。娼家通い、酒盛りのらんちき騒ぎ、ある若いオーストラリア女性との情事などがたびたび噂になった。いとこのアレクサンドラ、のちのユーゴスラヴィア王妃とフィリップは四〇年代に――遊びでなく――真剣な恋愛関係をもったという。「フィリップが休暇でやってくると、私たちはいっしょに食事をして、ダンスをしました。私たちは信頼し合っていました」と一九九三年に死んだアレクサンドラは回想録に書いている。もちろんフィリップとの恋愛関係については沈黙しているが。フィリップの乱行の噂がエリザベスの耳にもとどいていたかどうかは、さだかではない。いずれにしても世継ぎの王女はあの一九三九年夏の週末以来、フィリップと結婚すると固くきめていた。「彼女は自分が望むものをつねに知っていました」と祖母のメアリ王妃ものちに認めている。「父親と同じく彼女は非常に毅然とした、意志堅固なところがあります」とエリザベスの姪で女官のマーガレット・ローズは言う。「彼女は初めから彼に夢中でした」。

すでに一九四四年にフィリップの叔父ディッキーが裏で糸を引いていた。ひそかに彼はギリシア王とコンタクトをとり、フィリップとイギリスの後継王女との婚約の可能性について相談した。ギリシアのゲオルギオス二世は、イギリス王室と親しい関係を結ぶという展望に熱狂した。一九四四年三月にそのことでいとこのジョージ六世に話をもちかけたが、イギリス王は聞く耳を持たなかった。「われわれはふたりとも、エリザベスはそれにはまだ若すぎるという意見です」と国王は母のメアリ王妃に手紙で述べている。しかしマウントバッテン卿はそう簡単にはあきらめな

> 彼女は彼に首ったけだった。彼は信じられないほど魅力的で、彼女は信じられないほど若かった。彼女は彼をもとめた。彼女はずっと彼を愛していたと、私は思う。しかし彼は、彼女よりはるかに無愛想なやつだった。
>
> ジェニー・ボンド
> 元王室記者

エリザベスの母親が警鐘を乱打したのは、フィリップが船乗りだからだった。「港々に女あり」はいわれのないことではなかった。国王はもっと冷静に反応した。彼自身も海軍にいたので、フィリップにたいしてもっと理解があった。れっきとしたイギリスの貴族ということでは、もちろん彼も後継王女の夫として遜色はなかった。

パメラ・ヒックス　フィリップのいとこ

かった。八月に彼はつぎの手を打って、フィリップがイギリス国籍をとりやすくするため、ギリシア国籍を放棄することを提案した。この提案が、フィリップの国籍問題云々というより、イギリスの後継王女との結婚の道に立ちふさがる大きな障害を取りのぞくことを意図していることは、エリザベスの父親には見え見えだった。「私はわれわれの最後の会談以来、この件を徹底的に考え、この話は性急すぎるという結論に達した」とジョージ六世はマウントバッテン卿に返答した。フィリップも叔父の先走りを苦々しく思ったようだ。「私はあなたに、心情にかかわる重大な問題について、口出しするのをひかえてくださるようお願いします。さもないと私はだれかほかの女性を、私の求婚者として宮廷に紹介せざるをえません」とフィリップは叔父に書き送った。若い海軍士官は強いられたり、まして操られたりするのを嫌った。この警告の意味は明白だった。しかし仕事熱心な叔父は依然として楽観的だった。「できることなら自然のなりゆきで、親の介入なしに進むに越したことはありません」とマウントバッテン卿は姉のアリス、フィリップの母親に書き送った。「若いふたりは本当に好き合っていて、戦争が終わればきっとうまくいくと思います」。この予言は当たった。

しかし当初イギリス王妃は長女のためにダンスパーティやカクテルパーティを催して、イギリス貴族の御曹子たちを招待した。それを機にエリザベスが若い男性と知り合えるようにと。しかし選択の幅はそれほど広くなかった。イギリスの王位継承法によれば、エリザベスはカトリック教徒と結婚できない。さらに当然のことながら、候補者は最上級の貴族しか考慮の対象にならない。こうしてふたりのジェントルマンが花婿候補として宮廷に浮かびあがった。ひとりはグラフトン侯爵の息子、ヒュー・グラフトン。たしかにエリザベスはこの小粋な近衛士官に魅了された。しかし、いつか女王の無力な夫として生涯を終えるという将来展望が、グラフトンをエリザベスとのロマンスから尻ごみさせた。もうひとりのポーチェスター卿ヘンリー・ハーバート、若い近衛将校で未来のカーナヴォン伯爵も、愛ではなく友情を選んだ。二〇〇一年に生涯を終えるまで、彼とエリザベスはよき友人同士であり、とりわけ競馬狂としてふたりは馬が合った。

終戦以後フィリップ王子も定期的に世継ぎの王女を表敬訪問した。フィリップ、エリザベス、妹のマーガレットが「リリベットの居間で夕食を摂り、そのあと廊下ではしゃぎまわった」のをマリオン・「クローフィー」・クローフォードは覚えている。「はしゃぎまわる」というのは、たいてい他愛のない球技のことで、つねにエリザベスの養育係の油断のない目が光っていた。だが若いギリシア王子はいつしか王女だけでなく、クローフィーのハートも征服した。「彼には気どったおべっか使いのようなところがこれっぽっちもなく、彼が王宮に来るときは、いつもさわやかな海の息吹を持ちこみました」と、のちに彼女は回想録で熱狂している。とはいえ宮中のみんながマリオン・クローフォードのようにフィリップ王子に心酔したわけではない。若い海軍士官は故郷がないだけでなく、財産もなかった。一九四四年十二月に心臓発作で死んだ父親は、一対のカフスボタンぐらいしか息子に残さなかった。「たしかに彼は私より恵まれた環境にいたが、多くの仲間にくらべ彼は一文なしだった」と戦友のマイク・パーカーは認めている。しかもイギリスの宮廷ではギリシア王室にたいする評価が低かった。ギリシア王家は「貧乏な親戚」とされ、変転つねなきギリシアの政局のせいで、その地位はきわめて不安定だった。ギリシアの王族のドイツとの結びつきも、終戦直後には――やはりドイツ系の――ウインザー家にとって目の上のこぶだった。イギリス国民の反ドイツ感情はきわめて強かった。フィリップの「さわやかな海の息吹」も宮廷では少なからず癇《かん》に障《さわ》った。イギリス貴族にはふつうであるイートン校やハロー校のようなエリート校を彼は出ておらず、そのためアウトサイダーと見なされた。

しかしエリザベスは自分の恋人にたいする批判など眼中になかった。彼女とフィリップは愛し合っていた。若いカップルが手に手をとってウインザー城の庭園を散歩する姿が、しばしば見られるようになった。一九四六年十月、フィリップのいとこパトリシア・マウントバッテンの結婚式で、フィリップとエリザベスが甘いまなざしを交わし合うのを見れば、もはや消息通でなくてもふたりの仲は一目瞭然だった。ごく親しい身内しか知らないことがあった。ふたりはすでにこっそり婚約していたのだ！　一九四六年の夏、フィリップはエリザベスにプロポーズし、エリザベスはイエスと言った。しかし国王はこの婚約に同意する前に、将来の婿をもう一度じっくり調べるのが得策と判断した。一九四六年の秋、フィリップはバルモラルの城館に招待され、そこで一カ月暮らし、ウインザー家のいわば「ファミリー・テスト」を受けることになった。フィリップは歯ぎしりしながら王の意にしたがい――苦しんだ。彼は奇妙なしきたりや伝統と結びついたスコットランドの故習を忌み嫌った。キルトを着用するなんて海軍士官には「泣き虫の女の子」みたいな感じがした。たえず観察されていると思うと、反抗心がむくむくと湧いてきた。国王が食事の席に現われたとき、フィリップは冗談に――そして当てつけがましく――深々と膝をついて礼をしたこともある。エリザベスの父親と婚約者は馬が合わなかった。フィリップは王家の出なのに「身分にふさわしく」ふるまわず、ジョージ六世にたいして必要な敬意が欠けていた。フィリップの行状にかんする秘密情報も国王を安心させるものではなかった。いとこのデイヴィッド・ミルフォード・ヘイヴン、叔父の「ジョージー」の息子とともに、フィリップはしばしば明け方までロンドンのクラブで遊んでいるとか、フィリップの黒いMGスポーツカーが市中を暴走したとか、しょっちゅう可愛

> 1946年10月にラムゼー大聖堂で行なわれた私の結婚式で、たまたま大聖堂の入り口にいたエリザベス王女とフィリップのスナップショットが撮られました。これはまったく明白な場面で、人びとを電撃しました。
>
> パトリシア・ナッチブル
> フィリップのいとこ

い女の子を連れているとか。静かで義務感の強いエリザベスに、こんな放蕩者は合いそうになかった。しかし娘がフィリップに首ったけになっていることも、国王は認めざるをえなかった。時間を稼ぐため、ジョージ六世は二つの条件を出した。婚約はエリザベスが一九四六年四月に二十一歳の誕生日をむかえるまで公表しないこと、王女は国王夫妻の十二週間にわたるアフリカ旅行に同行すること。フィリップとエリザベスは同意した。

一九四七年四月一日、王族を乗せたヴァンガード号はポーツマスを出港した。旅の公式の目的は、南アフリカ政府を選挙戦で応援することだった。ヤン・スムッツ首相は国内に高まる反英感情に対抗するため、国王の訪問を懇請した。非公式の目的は、体調を崩した国王が戦時中にたまった疲れを船旅で癒すことだった。実際ジョージ六世の家族はヴァンガード号の船上でたっぷり楽しんだ。王女姉妹がすっかりくつろいで若い士官たちとゲームやダンスに興じている写真が残っている。だがお楽しみばかりではなかった。王族が南アフリカに到着したとき、緊張ははっきりと感じられた。この国は変革のさなかにあった。ヤン・スムッツ首相とその党派は、ますます強くなる反英派に勝つために懸命だった。王族の訪問に際して敷かれた厳重な警備は、むしろ緊張の雰囲気を過熱させた。ベノニで気まずいハプニングがあった。群衆が国王の車のまわりに押し寄せたとき、王は冷静さを失って、運転手にもっと速く走れとどなった。ひとりの男がなにかを手に握って車を追いかけてきたときは、王妃も自制できなくなった。テロリストだと思った男を王妃は日傘でばんばんたたいた。警官が男をとりおさえるまで。あとでわかったことだが、男が手にしていたのは——恐れたような——武器ではなく、十シリング紙幣で、それを男は誕生日を迎えるエリザベスに献じようとしたのだ。王族は狼狽した。南アフリカを離れたとき、ようやく気分が晴れやかになった。「これで公式の部分は終わった」とジョージ六世はほっとして歓声をあげ、帽子を天井に投げた。

緊張したにもかかわらず、エリザベスはアフリカに心から感銘をうけた。世継ぎの王女はここで初めてイギリス世界帝国と出会い、初めてイギリスの支配下にある地域の現実を体験したのだ。とくに南アフリカとその住民が王女を魅了した。いたるところで人びとは王女を心から温かく歓迎した。「ここにとどまってください!」と、エリザベスが公衆の前に姿を見せるたびに、人びとはさけんだ。エリザベスに献げる歌までつくられた。旅のクライマックスはエリザベスの二十一歳の誕生日、スムッツ首相はこの日を国の祝日にすると宣言した。誕生祝賀パレードと市の黄金の鍵の授与式のあと、エリザベスは「英連邦ならびに帝国の全国民に」むかって歴史的なラジオ・スピーチを行なった。「多くの私の先祖が習得したモットーがあります」と王女はしっかりした声で言った。「高貴なるモットー——『私は奉仕する』。この言葉は、かつて多くの王位継承者が成人に達して騎士に叙任されるとき、かれらに霊感をあたえました。私は先祖とまったく同じことはできません。しかし科学の発明のおかげで、先祖にはできなかったことを私はできます。私の行なう誓約を、全ヨーロッパの人びとが聴くことができるのです。私はいま喜んで誓約します。それはとても単純なことです。私は皆さんに誓います。私は自分の全生涯を、それが短くても長くても、皆さんへの、そして私たちが属している帝国の大家族への、奉仕のために捧げます。でも私には、この任務をひとりで完遂する力はないでしょう。私は、なにがあろうと、皆さんを信頼できることを知っています。私がこの誓いを守れるよう、神のお助けを、そして私を援助してくださる皆さんに、神のご加護を」。

世界じゅうの何百万という人びとが、エリザベスの誓約に深く感動した。マスコミはこのスピーチを歴史的できごとと讃えた。イギリスの王女から女王になる五年前に、エリザベスはその帝国をすでに征服していた。

もっとも一九二六年四月二十一日にエリザベスが生まれたときには、この女の子がやがてイギリスの玉座に即くことを示唆するものはなにもなかった。父のヨーク公アルバートは国王ジョージ五世の次男にすぎず、王位継承者は兄のエドワード、プリンス・オブ・ウェールズ、通称「デイヴィッド」ときまっていた。したがってエリザベスの継承順位は第三位で、しかも独身の伯父デイヴィッドがやがて結婚し、子供をもうけると、だれもが予測していた。エリザベスに弟ができれば、やはりこの男子が王位継承順位で姉よりも上になる。上層階級の家庭ではふつうのことだが、エリザベスは乳母と養育係の手で育てられた。リリベットがふざけて「アラー」と呼んでいたクララ・ナイトは、すでにヨーク公妃の養育係も勤めており、幼いエリザベスにとっては母親に近い存在だった。

四歳になるまでエリザベスはひとりっ子だった。一九三〇年八月二十一日にきょうだいが生まれた――またもや女の子。エリザベスの誕生はまだ王族から歓喜をもって迎えられたが、マーガレット・ローズのときはあちこちで失望の声があがった。プリンス・オブ・ウェールズはすでに三十六歳になっていたが、いっこうに結婚する気配がなかった。王位継承者は子供のころに患ったおたふく風邪のせいでインポテンツなのだという噂まで流れた。そうなるとエリザベスが、ありうべき王位継承者として世間の関心を引くようになった。まもなくエリザベスの肖像がニュージーランドの切手を飾り、陶器の食器や南極の一部にエリザベスの名が冠せられたり、エリザベスを讃える歌がつくられたりした。父親は長女を溺愛し、しだいに娘をヴィクトリア女王とくらべるほどになった。「口がきけるようになったときから、エリザベスの性格を見ていると、あの歴史が再現されるのではないかと、つい思ってしまう」と。

当初からエリザベスは家族内でとくに父親と親密だった。「公爵はますます彼女を自慢するようになりました」とエリザベスの養育係マリオン・クローフォードは述べている。父と娘は性格が似ており、ふたりともまじめで規律正しく、内気でひかえめだった。それにひきかえマーガレット・ローズは「やんちゃ娘」で、感情的であけっぴろげ、遊び好きで社交的だった。マーガレットが二〇〇二年に亡くなるまで、エリザベスは奔放な妹に責任を感じ、つねに守ろうとした。

エリザベスが大きな関心を寄せたのは歴史と先祖たちの業績だった。家族の伝統の守護者を自任していた祖母のメアリが王女たちに大きな影響をあたえた。エリザベスは祖母から宮廷儀礼やウインザー家の厳格な慣例を学んだ。一九三六年、エリザベスが十歳になったとき、少女の人生は激変した。この年、イギリスの君主制は深刻な危機に直面する。一月に国王ジョージ五世が七十一歳で亡くなり、長男のデイヴィッドがエドワード八世として王位を継いだ。だが彼の治世はたった十一カ月で終わることになる。エドワード八世には愛人がいた。しかもアメリカ女性で、二度目の結婚をしていた。その名はウォリス・シンプソン。王族たちは平民女性を固く拒否し、デイヴィッドがこの身分にふさわしくない関係をすぐさま終わらせることを望んだ。ところがそうはならずに、国王がウォリスに宝石や高価なプレゼントを贈りつづけると、とみに緊張は高まった。国王の放埒な行状は王族と宮廷じゅうの怒りを買うことになった。エドワード八世はしだいに孤立感を強め、味方は愛人だけだと思うようになった。いつのころか、たぶん一九三六年の十月に、国王はくつがえすことのできない決意をかため、ウォリス・シンプソンと結婚することにした。その間にウォリスは離婚しており、障害は片づいたかに見えた。舞台裏とイギリス下院で、君主とアメリカ女性との結婚があらゆる観点から論議された。まだ世間は国王の結婚問題を知らされていなかった。そんな情報が洩れたら、民衆の暴動が起きるのではないかと政府は恐れた。ついにエドワード八世は首相に、ウォリス・シンプソンとの身分ちがいの結婚について、大英帝国の他の国々の政府に見解をもとめるよう要請した。ウォリスは妻であっても王妃にはならず、ふたりのあいだの子供は王位継承から除外されるという妥協策を提示して。回答は一方的だった。ニュージーランド政府のみが妥協案に賛意を示した。一九三六年十二月、ついにマスコミが事件を嗅ぎつけ、あらゆる新聞の一面トップにウォリス・シンプソンの名が躍った。大多数の臣民は、二度も離婚したアメリカ女と結婚するという国王の意図に、拒絶反応を示した。緊張と世間のプレッシャーに消耗して、ついに国王はぶち切れた。一九三六年十二月十日、エドワード八世は退位宣言に署名した。「愛する妻の援助と支えがなければ、私は責任の重荷をこれ以上担えず、国王としての義務を望みどおりに完遂することは不可能である」と、彼はラジオ放送で訣別の辞を述べた。国王が愛人を棄てられないので王位を棄てるというのは、イギリス王室の長い歴史のなかでも前代未聞のことだった。王族にとってエドワード八世の退位は悪夢の体験だった。元国王は「ウインザー公」の称号は保持したが、それ以後デイヴィッドとウォリス・シンプソンは王家から無視され、閉めだされた。一九三六年十二月十一日にアルバートがジョージ六世として王位に即き、それによってエリザベスの運命もきまった。

退位の危機は大ショックとなり、そこから王家は立ちなおれなかった。まったく思いがけなくエリザベスの父は王位に即いた。それは幼い王女にも、いつの日か女王になることを、うっすらと意識させた。

パトリシア・ナッチブル
フィリップのいとこ

エリザベスの反動は、すべて退位の危機から説明できる。彼女の結論。伝統の維持のみが、根気強さのみが、王朝を生き延びさせる。

デイヴィッド・ワイン・モーガン
フィリップの友人

人びとは当時のエリザベスを愛した。30年代と40年代の恐ろしい経験のあと、彼女は王室に新風をもたらした。

ディッキー・アービター
女王の元広報官

エリザベス王女と結婚しなければ、フィリップはその人生で大きなことを達成できただろう。

ジェームズ・ウィテカー
王室記者

エリザベスが南アフリカから帰国した数日後、一九四七年七月十日、バッキンガム宮殿は後継王女と「フィリップ・マウントバッテン海軍少尉」との婚約を発表した。エリザベスがアフリカにいるあいだに、婚約者の地位は変わっていた。一九四七年三月十八日から、ギリシアのフィリップ王子はもはや存在せず、フィリップ・マウントバッテン少尉のみが残った。なにがあったのか？フィリップの叔父、マウントバッテン卿が、甥をイギリス国民にすることに、ついに成功したのだ。フィリップの新しい国籍は、同時に新しい家名選びと結びついていた。父アンドレオス王子の家名、シュレスヴィヒ・ホルシュタイン・ゾンダーブルク・グリュックスブルクは、舌を噛むほど長いし、ドイツ風の響きがあるので、不適切だった。父方のもうひとつの家名オルデンブルクも、新イギリス人には向かなかった。けっきょく母方の英語化された家名、マウントバッテンを採ることにした。ずいぶんあとになって、そもそもフィリップの国籍取得は必要なかったことが判明した。ハノーファー選帝侯女ゾフィーの直系の子孫は、そのままイギリス国民として認められるので、事実上フィリップは生まれながらのイギリス人だったのだ。

「私たちは彼にとても満足しています」と王妃はエリザベスの将来の夫について手紙に書いている。「彼はとても感じのいい人ですし、ふたりはすでに数年前からの知り合いなので、私たちはすっかり安心しています。婚約の発表は各方面から大歓迎されました」。

たしかにイギリス国民は目前にせまったウインザー家の結婚式の報を、とりあえず歓迎した。破壊と悲しみの歳月のあと、世継ぎの王女の結婚は、地平線のかなたに立ちのぼる、長く待たれたひと筋の光明のように見えた。イギリス人の生活は戦後二年たっても依然として劣悪だった。この冬はきわめてきびしく、深刻な燃料不足が状況をさらに悪化させた。食糧は配給制、経済は麻痺し、かつての世界帝国イギリスはずるずると力を失っていった。戦争は帝国の分裂を促進しただけだった。一九四七年八月にインドが独立を宣言し、それによってジョージ六世は皇帝の称号を失った。このような危機にあってお祭り騒ぎをするのは、宮廷にとっても、クレメ

忘れてはいけないのは、エリザベスが若いころは、彼女にたいする信じがたいほどの熱狂的崇拝があったことだ。ダイアナ妃をめぐる狂信と同様に。フィリップは私に言ったことがある。「当時われわれが外出すると、百万人が街路でわれわれに手を振った。もしわれわれがこの歓呼を、この崇拝を、自分と個人的に結びつけていたら、われわれは自滅していただろう」と。ダイアナはこの誤りを犯したのだ。

ガイルズ・ブランドレス
フィリップの友人

女王の母のエリザベス王妃は非常にイギリス的だった。彼女はイギリス人を愛し、大英帝国を愛したが、外国人を好きになれなかった。残念ながらドイツ人も嫌いだったと言わざるをえない。

ヒューゴー・ヴィッカーズ
王室の伝記作家

多くの人びとにとってフィリップの「ドイツの遺伝子」は好ましくなかった。かれらは言った。「そんなものをここでは望まない。われわれはドイツ人にうんざりしている」

エドワード・フォード
国王ジョージ6世の秘書

ント・アトリー率いる労働党の新政府にとっても問題外だった。エリザベスの結婚式は「質素に」行なわれなければならない。

婚礼衣装はイギリス人でなく、フランス人のデザイナーが仕立てるという噂が流れると、憤激の波が国じゅうで高まった。それを見て宮廷は、花嫁衣装に使うリヨンの絹はほんの数メートルだけで、残りの生地はケントとスコットランドの織物工場であつらえると発表せざるをえなかった。新婚夫婦の将来の歳費もあらためて公共の論議の的になった。庶民から首相にいたるまで、イギリス人は後継王女とその将来の夫の財政問題について議論した。全般的な耐乏生活にもかかわらず、新政府は国王の希望に応じ、王女の歳費は五万ポンドと決定し、フィリップは一万ポンド支給されることになった。多くのイギリス人がエリザベスとその夫の歳費はあまりにも多すぎると感じた。「王族は潤沢に扶養されており、後継王女はコーンウォール侯爵位の収入で身分にふさわしくやっていけると、多くの人びとは思っている」と『エクスプレス』

フィリップが1947年にエリザベス王女と結婚したとき、人びとは彼が何者なのか知らなかった。「ギリシアのフィリップ王子？……いったいギリシアってどこにあるんだ……？」。

ガイルズ・ブランドレス
フィリップの友人

エリザベス王女とフィリップ王子。これは終戦直後においてはメルヘンのような結婚式でした。全世界が夢のカップルに熱狂しました！

パトリシア・ナッチブル
フィリップのいとこ

紙のジャーナリスト、ジョン・ゴードンは報じた。
結婚式を前にしての厄介な議論に宮廷は憂慮した。そのため国王は、結婚式にかかわるすべての面で慎重に事を運ぶことが得策と判断した。国内の反ドイツ感情に新たな火種をあたえないため、自分とフィリップの家の厖大なドイツの親戚を、すべて賓客リストから削除した。エリザベスの伯父のデイヴィッド、ウインザー公にして国王の兄も、結婚式に出席しないことになった。退位してウォリス・シンプソンと結婚したあと、デイヴィッドにたいする王族の態度は融和的とはほど遠かった。婚礼のあとの饗宴も切りつめられた。通常のフルコースのメニューでなく、「簡素な婚礼の朝食」が告知された。もっとも別の面ではジョージ六世は大盤振舞いをすることができた。結婚式の直前に国王はまずエリザベスに、その二、三日後に将来の義理の息子に、イギリス王国の最高の勲章であるガーター勲章を授与した。「私は以下のことも命令しました」とジョージ六世は母に書き送った。「彼（フィリップ）は王子殿下と呼ばれ、グリニッジ男爵、メリオネス伯爵、エディンバラ公爵の称号を帯びるようにと」。こうして国王は式に間に合うように、長女が「名もない人《ノーバディ》」と結婚したと言われないようにした。

イギリスの後継王女の結婚式が——王室の基準からすれば——かくも質素に行なわれたにしても、祝典の光景は臣民の目にはやはり別世界のできごとだった。一九四七年十一月二十日、花嫁は十一時十五分に公式馬車に乗りこんだ。真珠とクリスタルで白薔薇模様を縫い取りした象牙色の衣装。頭を飾る豪華な王冠《ダイアデム》は祖母のおさがり、高価な二連の真珠の頸飾りは両親からの贈り物。その朝いろいろトラブルがあったにもかかわらず、王女はリラックスして幸せそうに見えた。花嫁が手にすべき花束が紛失し、職員は必死で宮殿じゅうをさがしまわり、やっと見つけたのは冷蔵庫のなかだった。萎れないようにだれかがそこに入れたのだ。ほかにもエリザベスと召使いたちが恐怖のいっときを味わったのは、金線細工の王冠《ダイアデム》がかぶるときにふたつに折れて、大急ぎで修理したときだった。最後にエリザベスが真珠の頸飾りをつける段になって、結婚の贈り物を公開している八百メートル離れたセント・

> 私はフィリップとケンジントン宮で朝食を共にし、さりげなくたずねました。「いまどんな気分?」。すると彼は答えました。「いま、ぼくは自問してるんだ。ぼくはとくに勇敢なのか、それとも単にばかなのかと」——「とても勇敢よ」と私は言いました。「あなたが正しいことをしているのは、たしかだと思う」。
>
> パトリシア・ナッチブル
> フィリップのいとこ

ジェームズ宮に、頸飾りを置き忘れたことが判明した。あわてて王女の秘書ジョック・コルヴィルが頸飾りをとってきて、なんとか出発に間に合った。

花嫁を導く父のジョージ六世は海軍の元帥服を着用し、顔色が悪かったが笑みを絶やさなかった。「娘が結婚するというのは、自分が結婚するより感動するものですな」と、のちに国王はカンタベリー大主教に語っている。騎馬の衛兵に随行され、婚礼馬車はバッキンガム宮殿からウエストミンスター大聖堂に向かった。沿道は歓呼する人びとで埋めつくされた。みんな「われらの」王女をひと目見ようと、早朝から待ちかまえていた。「王様はものすごく豪奢に見えた」と、ある目撃者は報じた。「昔のフランス王みたいに。そして王女殿下は、花嫁は、夢のようだった!」花嫁の介添えをつとめたレディ・パメラ・ヒックスも、この感動的な日を忘れない。「戦争のなかで育ったものにとって、これはまさしくメルヘンでした!」。ウエストミンスター大聖堂で新郎新婦を待っていた二千人の会衆には、かなりの数のヨーロッパの上級貴族がふくまれていた。しかし教会内の貴賓が婚礼に参列しただけでなく、「外」でも何百万の人びとがラジオにかじりついて経過を追い、初めて王女の結婚式が——当時はまだ新しいメディアだった——テレビで中継された。エリザベスとフィリップに贈られた結婚プレゼントも豪勢だった。ケニアの狩猟小屋、アガ・カーンからの純血種の繁殖用雌馬、マハトマ・ガンジー手織りの布地をはじめ、世界じゅうから約千五百点の高価な贈り物が到来した。

「エリザベス王女はすばらしかったと思う」と国会議員のチップス・チャノンは日記に書いて

いる。「ひかえめであると同時に魅力的であり、フィリップ王子は大いなる喜びにひたっているようだった」。これは朝にはまだ見られない表情だった。フィリップのいとこ、パトリシア・マウントバッテンは、朝食後のフィリップが神経をぴりぴりさせていたのを覚えている。「ぼくはとくに勇敢なのか、それとも単にばかなのか？」とフィリップは彼女にたずねたという。「彼が不安だったのは、エリザベス王女と結婚すべきかどうかという問題ではなく、この結婚が自分にとって意味することでした。結婚によって彼は非常に多くのことをあきらめました。いろいろな点で、結婚によって変わることは彼女にはなにもないけれど、彼にとってはすべてが変わってしまうのです」とパトリシアはフィリップの心情を説明している。たしかにフィリップはこの朝初めて意識させられた。自分はこれからエリザベスの、大英帝国の将来のクイーンのかたわらで、いかなる役割を占めることになるのか。バッキンガム宮殿への婿入りとともに、これまでたっぷり享受してきた自主性を放棄するだけでなく、宮廷の厳格な儀礼に服従しなければならず、それが重荷となってのしかかってくるだろう。そのうえ結婚とともに海軍でのキャリアも終わるはずだ。「一九四七年には私はまだ海軍で勤務をつづけられると思っていた」とフィリップは当時の状況を率直に語ったことがある。「しかしまもなく、それは不可能だとわかった。そのころ王族は国王と、王妃と、ふたりの王女のみで成り立っていた。ほかに唯一の男の家族はグロスター公だった。私に選択の余地はなく、まさしくそうなった」。ウインザー家の一員として、やがてフィリップは厖大な公務を受けもつことになる。慈善行事を訪問し、公共施設を視察し、賓客を迎え、勲章を授与し、国の祝典に参列し……。

　だがとりあえず若いカップルは新婚旅行を楽しみ、日常の義務をすっかり頭から振りはらった。マウントバッテン家の領地ブロードランドで、エリザベスとフィリップはハネムーンの最初の部分を過ごした——のちに息子のチャールズと花嫁ダイアナがそうしたように。そしてチャールズとダイアナがそうなったように、フィリップとエリザベスも世間の興味によって窒息しそうになった。電話は鳴りやまず、屋敷の門前に人びとが押し寄せ、新婚夫婦をのぞき見ようとした。野次馬は梯子まで持ちだして、壁越しに屋敷内をのぞいた。二週間滞在した深雪のスコットランドで、ようやくふたりは好奇の目から解放された。「私は彼女をベッドから離せなかった。彼女は私の頭をおかしくした」とフィリップは若妻のことで冗談を言っている。スコットランドでエリザベスは父から感動的な手紙をもらった。「きみがウエストミンスター大聖堂の長い道を私にぴったり寄りそって歩いているとき、私は誇りと感動でいっぱいだったが、きみの手を大主教にゆだねたときは、とても貴重なものを失ったような感じがした。……私はこれまでの歳月、きみが成長するのを誇りをもって見守ってきた。……きみの旅立ちは私の人生に大きな空隙をつくったが、きみの旧家はつねにきみのためにそこにあり、いつ帰ってきても、いつまで滞在してもよいことを、覚えておいてほしい。きみはフィリップと結婚して幸せいっぱいだろう。それはじつにけっこうなことだが、われわれのことも忘れないでほしい。それがきみを忠実に愛しつづけるパパの願いだ」。

一九四八年五月に王女とその夫はパリに初めての外国訪問を行なった。過密なスケジュールとフランスの首都の猛暑が二十二歳の新婦を苦しめた。というのは、ごく身近なものしか知らないことだが、エリザベスは妊娠していたのだ！　それでも王女は義務を果たした――いつものように笑みを絶やさず、苦情を言わず。パリジャンはエリザベスの優雅なたたずまい、白い肌、輝く青い目に熱狂した。フィリップも好感を持たれ、たった四日で若いカップルはパリを征服した。ジョージ六世は喜んだことだろう。エリザベスとフィリップによってイギリスの君主は、望みうる最高の外交官に恵まれたのだから。一九四八年六月に王女の懐妊が公式に発表されると、エリザベス・フィーバーはヒステリックなまでに高まった。何カ月にもわたってバッキンガム宮殿に贈り物がひきもきらず、王宮は手縫いの産着、哺乳瓶、玩具で文字どおりあふれかえった。まだ生まれてこない子供の将来の位階、名前、称号のことで、宮廷に侃々諤々《けんけんがくがく》の議論が起こった。一九一七年に制定された貴族の位の授与を規定する叙爵書によれば、国王の息子の子供およびプリンス・オブ・ウェールズの長男のみに「王子殿下」あるいは「王女殿下」の称号が授けられる。エリザベスのような後継王女の子供のケースには規定がなかった。「いまのところエリザベス王女の息子は『メリオネス伯爵』、娘は『レディ・マウントバッテン』となるだろう」と国王の秘書は事態を説明した。大急ぎで新しい叙爵書が制定され、それによってエリザベスの子供はすべて「王子／王女殿下の呼称および称号を有し、永久にそれを帯び、ファーストネームに王子または王女の称号を付する」ことになった。

一九四八年十一月十四日、エリザベスは体重七ポンド〔三一八〇グラム〕の健康な男子を出産した。バッキンガム宮殿の前で待ちかまえていた群衆が歓声をあげ、自然に「For He's a Jolly Good Fellow」の歌声が湧きあがった。地球上の各地で「チャールズ・フィリップ・アーサー・ジョージ王子殿下」の誕生を祝い、号砲、鐘の音、打ち上げ花火が鳴り響いた。だがいちばん喜んだのは初の息子をさずかった父親だった。「フィリップは総領息子ができて嬉しくてたまらず、無我夢中になった」と友人のマイク・パーカーは述べている。小さな家族が一九四九年五月にようやく独自の家、クラレンス・ハウス――フィリップにとっては十歳でサン・クルーを退去して以来、初めてのちゃんとした自分の家だった――に引っ越したとき、幸福は完璧になったかのようだった。しかしエリザベスの父をめぐる憂慮が新家庭に影を落とした。戦時中からジョージ六世は憔悴の度を強め、一九四七年の南アフリカ旅行も回復をもたらさなかった。その反対で、帰国したときの国王は、それでなくても痩せていたのに、さらに十五ポンド〔約七キロ〕も体重を減らしていた。ジョージ六世はヘビースモーカーで、医師の再三の警告にもかかわらず、タバコをやめられなかった。十一月、チャールズ誕生の二日前に、侍医は動脈硬化症と診断し、片脚を切断しなければならなくなった。一九四九年三月に国王は手術を受けた。「心配ない」と本人は言ったが、家族は心底から心配した。手術は成功した。徐々にジョージ六世は体力を回復した。とはいえ国王はいっそう養生につとめなければならず、それは若い王女とその夫に余分な公務の負担がかかることを意味した。あいかわらずエリザベスはスポットライトを浴びたり、大勢の人びとと接したりするのが苦手だった。しかしフィリップができるかぎり妻を助けて、いっしょに即席スピーチを練習し、苦手な公務に立ち向かえるよう励ました。

一九四九年の秋、エリザベスとフィリップの人生に新たな変化があった。二十八歳にしてフィリップは一等航海士になり、マルタ島沖に展開するイギリス駆逐艦隊の旗艦、チェカース号の副艦長に任命されたのだ。十一月にエリザベスは地中海の島に駐在する夫を訪ね、ふたりだけの時間を思いきり楽しんだ。ここで内気な若い王女は衆人の目から解放され、海軍士官の妻としてふつうの生活を営むことができた。やはりマルタ島に駐在し、海軍中将に昇進したばかりのマウントバッテン卿とともに、エリザベスはポロ競技を見物し、フィリップとその友人たちとボートで遠足したり、水泳やショッピングやダンスに出かけたりした。赤児のチャールズはその間ロンドンで祖父母と養育係にあずけられた。短い授乳期のあとエリザベスは幼い男の子をふたりの保育看護婦の手にゆだね、彼女らが四六時中乳児の世話をした。「養育係でなく、私が、この子の母親になります」と王女はまだチャールズが生まれる前に宣言した。しかし現実はちがった。後継王女としての義務が母親としての時間を奪い、フ

チャールズとアンが母親から得たものはきわめて少なかった。そのことにチャールズはとくに敏感に反応し、孤独感にさいなまれ、すぐ取り乱した。情緒的な支えを彼は祖母と大叔父のマウントバッテン卿に見いだした。しかし両親には、完全な的はずれ！

リン・ピックネット
王室の伝記作家

自分の犬と馬を彼女はしばしば自分の子供より大事にしている。

ジェームズ・ウィテカー
王室記者

ここではエリザベスはごくふつうの士官の妻でした。そういうふりをする必要もありませんでした。彼女は率先してそのように暮らし、一刻一刻を楽しみました。

ジェーン・サヴィッジ
フィリップが勤務したマルタの艦隊司令官の娘

ィリップも週末にしか息子に会えないことがよくあった。上層階級の家庭ではこれはちっとも異常なことではなく、エリザベス自身もそうやって育ったのだし、フィリップの両親は息子が十歳になると、事実上ほったらかしにした。

五週間後にエリザベスはマルタ島から帰国した。だがチャールズをあずけたサンドリンガム——そこで赤ちゃんはクリスマスも親なしで過ごした——に直行するのでなく、エリザベスは四日間ロンドンにとどまり、「手紙の巨大な山」を整理し——そして競馬を見にいった。チャールズが母親の不在に耐えるのは、これが最後ではないだろう。生涯にわたってエリザベスは、王女、女王、妻、母としての義務を、同時にこなすために奮闘しなければならず、その際子供たちはしょっちゅう置き去りにされた。

マルタ島でエリザベスは二度目の妊娠をした。その後二回、王女は日の当たる島に夫を訪ねた。そこでふたりは結婚生活で最も幸福な時代を体験し、宮廷儀礼と王族の義務から解放された時間を楽しんだ。ようやく一九五〇年七月にふたりはロンドンに帰り、八月十五日に女の子、アン・エリザベス・アリス・ルイスがクラレンス・ハウスで誕生した。その二週間後にフィリップは任地にもどり、十二月にエリザベスも夫につづいてマルタ島におもむいた。三度目のクリスマスも、チャールズは父母ぬきでサンドリンガムの祖父母のもとで過ごした。もっとも今回は生後四カ月の妹アンといっしょだったが。

エリザベスとフィリップに残された自由な時間はあとすこししかつづかない。国王の健康状態が急速に悪化し、一九五一年十二月に再手術を受けた。その際悪性の腫瘍が肺に見つかった。国王の予後はかんばしくなく、「たとえ回復しても、一年以上は生きられない」ことを医師は恐れた。エリザベスはマルタ島から帰国した――このたびは最終的に。「鳥はふたたび籠にもどされた」と、エリザベスが出発したあと、マウントバッテン卿は妻のエドウィナに言った。十月にエリザベスとフィリップは病気の国王にかわってカナダを訪問した。すでに王女の秘書の荷物には即位に必要な書類も入っていた。父の死を予見しなければならないという事

われわれにとってエリザベスは単なる海軍士官の妻だったし、そのようにわれわれも彼女と付き合った。隣人のように、王家の一族としてではなく。彼女はそれを楽しみ、なにもかもそのようにふるまった。フィリップが数日間の海上勤務を終えて港に帰ってくるとき、彼女は待ちかまえていて、そわそわしながら窓の外をのぞき、ドアに駆け寄って夫を迎えた。

ジョン・ミッジ　ジャーナリストでマルタ島の隣人

彼女は父親を深く愛していた。風で顔にかかった父親の髪を、エリザベスが撫で上げている写真がある。じつに情こまやかに……。

ベン・キングズリー
イギリスの俳優

実が、ダモクレスの剣のようにエリザベスの頭上に吊されていた。「なぜ王女はあまり笑わないのだろう?」とカナダ人は、イギリスの後継王女がしばしば見せる深刻な顔つきを不審に思った。一九五一年のクリスマスは、王族がそろって祝う最後の聖夜になった。国王の病状は急激に悪化した。いつもは「ライブ」で行なう国王のクリスマス・スピーチが、今回は文書で発表された。懸案だったオーストラリアとニュージーランドの訪問も、エリザベスとフィリップにゆだねられた。一九五二年一月三十一日、国王は王女とその夫をヒースロー空港まで見送った。そこからふたりは長い旅行の最初の訪問地、ケニアに旅立つことになっていた。愛する長女と別れるとき、ジョージ六世は妙にこわばっていた。「国王は自分の死期が近いことを知っておられたと思う」と、この場面を目撃したウインストン・チャーチルはのちに回想している。六日後、一九五二年二月六日の早朝、国王はサンドリンガム城で永眠した。そのときエリザベス王女は遠く東アフリカにいた。ケニアの首都ナイロビから約百五十キロ離れたブッシュランドに。「ツリートップス・ホテル」という名の展望台がイチジクの巨木の樹上に建てられ、そこからエリザベスとフィリップは夜明けの静けさのなかで野生動物を観察していた。そのあとサガナ・ロッジ――ケニアの結婚プレゼント――にもどり、つぎの旅の準備にとりかかった。そのとき、現地時間十四時四十五分、フィリップが妻に伝えた。きみは故国で近いうちに「不在のまま」女王として告示される、と。ナイロビのイギリス大使館に宛てたバッキンガム宮殿からの公電を、館員はまったく見過ごしてしまった。しかしジャーナリストが短波放送のニュースを聴いて、情報を旅行社に知らせた。フィリップの腹心の友、マイク・パーカーがフィリップを脇に連れ出して、義父が死んだことを伝えた。「彼は顔色を変えた。まるで世界が頭上で崩壊したかのように」とパーカーはこのときのことを語っている。「私の全生涯でこれほど人に同情を覚えたことはない」。フィリップが妻に愛する父親の訃報を知らせたとき、エリザベスがどんなふうに反応したかは、当のふたり以外はだれも知らない。大英帝国の新女王が――まだ軽い服装で――サガナ・ロッジを立ち去るとき、エリザベスは「非常に落ち着いた」ようすで、「状況を完全に把握」していた。写真を撮らないでくれという要望を、ジャーナリストは受けいれた。

フィリップの秘書は言った。「サー、悪い知らせがあります。さっき聞いたのですが、国王が亡くなりました」。フィリップの顔が新聞の上に沈んだ。彼はつぶやいた。「マイ・ゴッド、彼女にはショックだろう」。それからさっと立ちあがると、妻の部屋に行き、庭園の散歩に誘った。ほぼ10分後にふたりはもどってきた。私はエリザベスに歩み寄り、抱擁し、接吻して、もごもごと言った。「おう、お気の毒に!」突然私は気づいた。「マイ・ゴッド、私の前にいるのは女王様なんだ!」私は気を引き締めて、ひざまずいた。

パメラ・ヒックス　女王付女官

自分がいつか女王になることはわかっていたけれど、それまでまだたっぷり時間があると、彼女は思っていたようです。

マーガレット・ローズ
エリザベス女王の姪

女王の側にいる人がこんなことを言った。「彼女は実の母親が死んでも、はた目にはそれを気づかせないだろう」

ハリー・アーノルド
王室記者

新女王の最初の写真はその翌日、数日前にそこで父親と別れたばかりのヒースロー空港で撮影された。いまや喪服姿でエリザベスはタラップを降りた——芳紀二十五歳、毅然として、美しく。エリザベスの父親と親密な友情で結ばれたウインストン・チャーチルが、若い女王を最初に出迎えた。感きわまって、偉大な政治家は頬に涙を流しながら、無言で女性君主の前に頭《こうべ》を垂れた。バッキンガム宮殿では亡父の秘書が待ちかまえていて、エリザベスは書類の束にひとつひとつ署名させられた。そのあとすぐに故人の母親、メアリ王妃がやってきた。どこの家族でもそうするように、悲嘆に暮れる孫娘を抱擁するのではなく、八十四歳の祖母は新女王に忠誠を誓った。「貴女の祖母にして臣下が最初に貴女の手に接吻します」とメアリ王妃は言った。その瞬間エリザベスは、なんとかたもってきた平静さを失った。どっと涙があふれでた。「若い女王にとってこれは、自制心と堅固な意志が試練にさらされた瞬間だった。しかし女王はけなげにふるまおうとした。愛する父君ならそうしたであろうように」と秘書のマイケル・チャーテリス男爵はこのシーンを語っている。父の死はこれまでのエリザベスの人生で最もつらく、最も重大な喪失であると同時に、課題と義務でいっぱいの、新しい、不安に満ちた世界へと、いきなり踏みこむことを意味した。

一九五三年六月二日は大雨だった。それでも何万という観衆が、新女王の祝賀行列が通過するロンドンの沿道を埋めつくした。約百万人がイギリスの首都にやってきて、エリザベス二世の戴冠式を見物した。大スペクタクル――バロック的な豪華さと中世を想わせる儀式は妙にアナクロニズムだが、そこがまた大いに魅惑をかもしだす。戴冠式の準備は宮廷とイギリス国民に息つく暇もあたえなかった。とくに論議の的になったのは、これから王室が帯びるべき家名の問題だった。この議論がはじまったのは、フィリップの叔父ディッキーがジョージ六世崩御の数日後、これからはマウントバッテン家が統治すると、得意げに言い触らしたときだった。厳密にはマウントバッテン卿の言うとおりだった。当時はまだすべての家が夫の姓を称したから。しかし一九一七年にウインザー家を創氏したジョージ五世の妻であるメアリ王妃も、イギリス首相チャーチルも、それを受けいれるつもりはなかった。閣議のあと、「ウインザーの家名は維持されるべきである」という内閣の見解が「女王陛下」に伝えられた。六週間にわたる協議のあと、エリザベス二世は大臣たちに裁断を告知した。「私はここに、私と私の子らはウインザーの家名を名乗り、かつ呼ばれ、私の直系子孫は婚姻後も、またその子らもウインザーの家名を帯びることを、私の意思と喜びとして宣します」。フィリップの意思はもちろんちがっていた。彼は「激怒した」とフィリップの友人にして腹心のマイク・パーカーは述べている。家名をめぐって何度も女王夫妻の寝室で言い争いがあったという。フィリップがこだわったのは「マウントバッテン」の家名ではなかった――この英語化された母方の家名を、彼はたいして重視していなかった。フィリップの男の面子を傷つけたのは、むしろ父として自分の家名を子供に継がせる権利を失うことだった。しかしエリザベスの決意は固く、それによって女王はすべての人びとに、自分の夫にも、国是が自分にとってなによりも優先することを示した。ようやく一九六〇年になって、ふたり目の息子アンドルー王子が生まれたあと、女王は夫にすこし譲歩して、子孫は以後マウントバッテン・ウインザーを名乗ることにした。

さらに戴冠式の前段階で熱い議論になったのは、公開をめぐる問題だった。そのころすでにテレビがマスメディアの主流に躍りでていた。未解決の問題は、カメラがウエストミンスター大聖堂内で数時間にわたる儀式をライブで世界じゅうの居間に生中継することの可否だった。エリザベスは――伝統の守護者にふさわしく――「王権の神秘的な要素」を衆目にさらすことに強く反対した。女王にとって儀式のいくつかの部分はきわめて厳粛かつ神聖なものであり、テレビカメラで汚《けが》されるのはしのびなかった。チャーチルも君主の味方についた。生中継は若い女王にとって多大な心理的負担になると首相は考えた。エリザベスから事態の調整をまかされたフィリップは、近代主義者として新規なものに開放的だったが、やはり妻に余分な重荷を負わせたくなかった。ウエストミンスター大聖堂内でのテレビ撮影は許可しないと発表されると、抗議の声が澎湃

戴冠式。カンタベリー大主教より王笏を受けとるエリザベス。
（1953年6月2日、ウェストミンスター大聖堂）
（Photo:AP Images）

として起こった。「国民に女王を見せろ！」とメディアは要求した。ついに女王は公衆の圧力に屈した――ただし条件付きで。女王の近接撮影は許されず、いくつかの儀式は中継から除外される。またもや女王は自分の希望を国是のためにとりさげた。

戴冠式の当日、約二千七百万のイギリス人が居間や市役所のホールや学校で、若い女王がウエストミンスター大聖堂の長い中廊を祭壇に向かって粛々と進み、即位の宣誓を行ない、最後に塗油で聖別される過程を追った。さらに何百万もの人びとがヨーロッパとアメリカでテレビの前に釘付けになった。これは二十世紀初のグローバルなメディア現象だった。その際カメラは数分間、エリザベスの真剣な、美しい顔を映した――申し合わせに違反して。「古い規則はのりこえられ、おのずから新しい規則がつくりだされた」と女王の伝記作家ロバート・レイシーはこのメディア騒動について述べている。「テレビはおのれの映像の力に勝る尺度を知らない」。

王位の標章、そのひとつである世界最大のダイヤモンド「アフリカの星」が輝く二本の王笏、赤いビロードの王のローブ、どっしりした金で細工した王冠で身を飾り、エリザベスは玉座で臣下の忠誠の誓いを受けた。夫のフィリップも妻にして女王の前にひざまずき、両手を女王の手に重ね、厳粛に誓った。「私、フィリッ

> その瞬間、彼女はとてもはかなく見えた――かぼそい体型の若く美しい少女。それは信じがたいほど感動的な瞬間だった。
>
> ジェーン・レイン
> 女王の近臣

プ、エディンバラ公爵は、ここに身命を賭し、全幅の尊敬の念をこめ、陛下の臣となり、生けるときも死すときも、いかなる者にたいしても、信仰と忠誠をもって、陛下のお側に仕えます」。簡素な白い衣服と黄金のチュニック姿で若い女王は宝剣をとり、それを祭壇に置いた——長時間にわたる戴冠式のシンボリックな終幕。これによって二十七歳の女性は、グレート・ブリテンおよび北部アイルランド連合王国の統治者にして英連邦諸国の元首になった。

エリザベスにかかった重圧、この数カ月の緊張は、この瞬間に消え失せたようだった。平静に、落ち着いて、女王はそのすぐあとバッキンガム宮殿のバルコニーから歓呼する民衆に姿を見せた。かたわらに子供のチャールズとアン、夫のフィリップ。にこやかな女王とその家族の映像は全世界を駆けめぐった。メルヘンが現実になったかのようだった。即位とともにエリザベスは新たな落ち着きと大きな自信を見せた。「私はもうこわがったりおびえたりしません」と彼女は友人に打ち明けた。「どうしてだかわからないけれど、女王になったら臆病の虫がいなくなっちゃった」。十五年間エリザベスはこの役割の準備にいそしみ、父が人生を王の理念に捧げるのを見てきた。エリザベス

> フィリップにとって世界は崩壊した。一撃で彼は自立性を失ったばかりか、自分にはすべてを意味したキャリアも棄てなければならなかった。あっという間に彼の仕事は、一歩さがって妻のうしろを歩くことだけになってしまった。
>
> **サラ・バンガー**
> 女王の伝記作家

この瞬間フィリップは名もない人《ノーバディ》になる。彼は夫であるにすぎない。彼は仕事をさがさなければならない。

デニス・ジャッド
フィリップの伝記作家

エディンバラ公はいつであろうと、だれを前にしても、つねに自分自身である。彼は自分の役割に満足し、人付き合いがよく、歯に衣を着せない。

ガイルズ・ブランドレス
フィリップの友人

は決意した。自分も父に見習って、自分に期待されている義務を果たすことを。

　しかしフィリップは女王にかしずく自分の新たな役割に懊悩した。妻が新たに獲得した自信に夫はとまどい、ますます自分が役立たずで、自分のアイデンティティを奪われる感じがした。「私はただのアメーバだ」と女王の夫君が嘆くのを聞いたものもいる。むかしから嫌いだったバッキンガム宮殿での息が詰まるような生活、フィリップの活発な性格が反乱を起こした。「まったくもう、いまは二十世紀で、十九世紀じゃないんだぞ」とフィリップはののしり、王宮の硬直した仕組みを掘り崩そうとした。自分のことは自分ですることに慣れているフィリップは、侍従につきまとわれることに腹を立てた。彼は車を自分で運転することにこだわり、自室に小さなキッチンをつくらせた。茶を飲みたくなるたびにいちいち厨房に電話して、しばしば延々と待たされることにうんざりして。一九五三年一月に海軍の将官になったときも、昇進を喜ぶ気にはなれなかった――この将軍位は功績によるものではなく、女王と結婚したから授かったのは明らかだったから。王宮の「インナー・サークル」はあいかわらずフィリップを身内として受けいれなかった。彼の因習にとらわれないやり方、彼の近代的な君主制という考え方、彼の直截な表現の仕方、それがしょっちゅう宮廷人の神経を逆なでした。あいかわらずかれらはフィリップをアウトサイダーとしてあつかい、女王の夫君が国事に介入しないよう注意した。フィリップの唯一の憲法上の機能は「枢密顧問官《プリヴィ・カウンシラー》」だが、国政にはいっさい関与できなかった。エリザベスからゆだねられた公益事業に、フィリップは独自に新たな仕事を付け加えた。彼は王室ヨットの改造に精をだし、運動場の建設を支援し、青少年の助成プロジェクト「エディンバラ公爵賞」を発足させた。

そういう任務がフィリップを「多忙」にしたとしても、男としての自我の確認にはなりえなかった。それを彼は旧友で腹心のマイク・パーカーとともにしばしば他の分野でもとめた。女王と結婚してからも、フィリップの女性を引きつける力は衰えなかった。新たに艤装した王室ヨット、ブリタニア

> フィリップは媚びへつらう廷臣や従僕を軽蔑した。連中はパウダーを振ったかつら頭でバッキンガム宮殿を駆けずりまわり、仕事といえば1平米の絨毯の塵を払ったり、ドアを開け閉めしたりすることしかない。フィリップはこれ以上がまんできなくなり、ついに爆発した。彼は従僕のひとりにどなった。「見ろ、私には手があるんだ、ドアぐらい自分で開けられる！」。彼はこういう古くさい儀礼のくだらなさ、いまだに宮廷人に染みついている無意味なふるまいを憎んだ。
>
> リン・ピックネット　ウインザー家の伝記作家

フィリップ、この女たらし。これは非常にきわどい一章だ！　しだいに定説になったのは、彼がつぎつぎに不貞を働いているということだ。女王はそれを知っていたが、なすすべがなかった。

ニコラス・デイヴィーズ
王室の消息通

一度も女王はフィリップとの離婚を真剣に考慮したことはないだろう。彼女は伝統主義者であり、婚姻は生涯の契りと考えている。なにがあろうと！

ニコラス・デイヴィーズ
王室の消息通

号で、彼とパーカーは新たな船出を祝ってらんちき騒ぎをした――ご婦人方も同行して。エディンバラ公が数カ月の旅から予定よりはるかに遅れて帰ってきたときは、ゴシップ新聞に夫婦関係の危機の兆候と書きたてられた。いまでも論議の的になっているのは、女王の夫君は夫婦間の貞操をちゃんと守ったかどうかということだ。ジャーナリストでイギリス王室にかんする多くの著書があるニコラス・デイヴィーズは、フィリップに一連の情事があったと主張している。親友で私設秘書のマイク・パーカーとともにエディンバラ公は終戦直後、ある「紳士クラブ」に入会し、会員たちは木曜日ごとにロンドン中心部の料亭に集まった。美食と大量のアルコールを楽しみながら、会員たちは――そのなかには俳優のピーター・ユスチノフやデイヴィッド・ニーヴンもいた――歓談に花を咲かせ、卑猥な冗談がとびかった。ときにはこの小サークルの集会がフィリップのいとこ、デイヴィッド・ミルフォード・ヘイヴンの高級マンションで続行された――ここでも女性と連れ立って。「魔女狩り」だの「女をさがせ」だのといったゲームを紳士方は明け方まで楽しんだという——寝室でも。この「サーズデー・クラブ」にマスコミがだんだん目をつけるようになると、エディンバラ公の私設秘書は先制攻撃にでた。「われわれがかなり放埒にふるまっているとの噂がある。しかし真実は、すこしばかり楽しんで、酸いも甘いも噛み分けた人びとと、語り合っているだけである。木曜日の夕べは新しい話題のすばらしい交換の場であり、酒池肉林などという話はまったくばかげている。参加者は大いに楽しんでいるが、けっして酔っぱらうことはない。乱脈な生活にかかわることに、われわれは潔白である。また女性にかかわることにも」とパーカーはボスを弁護した。それでも噂は絶えなかった。女優のマール・オベロンもフィリップの愛人のひとりとされた。このインド美人をフィリップは一九五六年に叔父のディッキー・マウントバッテンから紹介された。「ガラル」——「愛」——と名付けた彼女のメキシコの家で、ふたりはロマンチックな時間を過ごしたという。「あからさまにふたりのあいだにセクシュアルな火花が散った」とマウントバッテン卿の秘書ジョン・バラットはのちに語っている。「ふたりはそんなふうにふるまっていた」。

さらにロンドンのベルグレーヴ・スクエアのマンションで、フィリップが別の愛人たち——そのなかにはブロンドのテレビスター、カティー・ボイルもいた——と密会し、「とびきりすてきな時間」を過ごしたと、フィリップの長年の友人のひとりは語っている。もちろん女王はそれを知っていたが、無条件に夫をかばいつづけた。「不平を言わず、弁明もしない」は古くからの宮廷の金言だった。エリザベス二世はいまでも厳格にこれを守っている。離婚は女王として論外だった。人前での諍《いさか》いでさえ、王族は「王室婚姻法」によって禁じられている。

一度だけ、フィリップの情事がエリザベスの不動の信頼をゆるがせたことがある。ジャーナリストのニコラス・デイヴィーズが王室の「おそらくいちばん知られたくない秘密」と呼んでいる情事の相手は、ケント公爵嬢アレクサンドラだという。一九三六年生まれのアレクサンドラは、ジョージ六世の弟の娘で、エリザベスのいとこにあたる。親族として一九四八年にはエリザベスの花嫁介添人をつとめ、一九五三年初めに夫妻の地中海旅行に同行した。五〇年代半ばに「カウズ・ウイーク」、毎年行なわれる伝統的なヨットレースの際に、アレクサンドラとフィリップのあいだの強い共感が恋愛関係に発展したという。女王の旅行中に、アレクサンドラはバッキンガム宮殿やウインザー城に現われた。「ふたりが、アレックスとフィリップが、どうなっているのか、私にはわからない」と女王夫妻の従兵だったロン・ルイス軍曹は首をひねる。「長いあいだいっしょに過ごし、いつもキジバトみたいに仲むつまじかった」。この関係は重大な家庭危機をひきおこしたという。エリザベスはマウントバッテン卿に苦衷を訴えた。卿は助言した。フィリップに好きなようにやらせておきなさい、あの関係はすぐに終わるからと。だがこのたびはディッキー叔父さんの予測ははずれた。アレクサンドラとフィリップは二十年にわたってひそかな恋愛関係をつづけたという。

五〇年代はフィリップとエリザベスにとって難しい時期になった。戴冠式の年に行なった六カ月にわたる英連邦諸国の訪問は、多大なエネルギーを要しただけでなく、子供たちとの長い別離をともなった。ジブラルタルでアンとチャールズはブリタニア号に乗船し、両親と旅行の最後の行程をともにすることになっていた。幼いチャールズが港で母親に駆け寄ると、エリザベスは「だめ、あなたじゃないの」と言って息子を追い返し、チャールズがすり抜けてきた高官たちの列に向かった。儀礼上はこのエリザベスの行為は正しかったが、このシーンは臣民のあいだに批判の声をひきおこした。それでも女王夫妻はロンドンに帰還すると歓呼で迎えられた。

ロンドンでエリザベスは新たな家庭内問題に直面した。すでに戴冠の前にマーガレット王女は姉に、空軍将校のピーター・タウンゼンドと結婚する意向を伝えていた。この父の元侍従武官と王女は一九四四年から知り合っていたが、当時タウンゼンドは既婚者だった。タウンゼンドが離婚したあとでさえ、王室婚姻法はマーガレット王女に彼との結婚を許さなかった。戴冠式のあった一九五三年の時点でも、こういう厄介なロマンスはきわめて不適切だった。女王は妹に、とりあえず結婚の計画を断念して、二十五歳の誕生日まで待つようにと諭した。そうなればマーガレットは法的に独立した成人で、みずから決定することができるからと。妹は言いつけにしたがった――うわべは。しかしマーガレットは戴冠式の当日、ひそかに愛する男の軍服についた糸くずをつまんだ――あからさまに、ゆっくりと、完全に意識して。この親密なしぐさを目にした公衆が、相応の解釈をするのは当然で、スキャンダルは完璧になった。ピーター・タウンゼンドはブリュッセルに転任させられたが、マーガレットと彼はその後も親密な交際をつづけた。再三再四マーガレットは宮廷で、タウンゼンドと結婚すれば特権、称号、収入を失うことになると忠告された。ついに政府までがこの結婚に反対の意向を示し、ふたりのロマンスはますます公共の論議の的になり、ついにマーガレットは苦渋の決断をくだした。「私はここに、ピーター・タウンゼンド大佐と結婚しないことにしたことをお知らせします」と王女は一九五五年十月三十一日に発表した。「私はまったく独自にこの決定にいたったのであり、その際私はタウンゼンド大佐の不屈の支援と献身にささえられました。つねに私の幸福を祈ってくださる方々の同情の念に、私は深く感謝いたします」。しかし将来も悲恋の王女は幸福に恵まれなかった。一九六〇年五月にマーガレットは王室写真家のアンソニー・アームストロング・ジョーンズ、スノードン卿と結婚し、ふたりの子供をもうけたが、一九七六年に離婚した。気まずい情事、アルコール依存、病魔が女王の妹につきまとった。二〇〇二年二月、幸福をむなしく追いもとめたマーガレット王女は、やつれはてて死んだ。

いっぽう姉のエリザベスはフィリップとの結婚生活を安定させることに成功した。ふたりは歳月とともに、おたがいに自由を保持しながら、

エドワード8世の退位の記憶はまだ生々しかった。あのときエリザベスの伯父は離婚歴のあるアメリカ女性のために王位を棄て、王朝の存続を危うくした。エリザベスは自分に誓った。古来の道徳規範を厳守することで、王冠の生存を確保すると。

ピアス・ブレンドン 女王の伝記作家

公務で助け合うすべを習得した。一九六〇年二月に三人目の子供、アンドルー王子が生まれると、世間はそれを夫婦の絆がふたたび強まった証左と見た。この幸福にまたもや影がさしたのは、一九六三年にあばかれた「プロヒューモ事件」でフィリップの名があがったときだった。当時の国防大臣ジョン・プロヒューモは六〇年代の初めに、クリヴデンで催された週末パーティで画家で整骨師のスティーブン・ウォードからひとりの美女を紹介された。クリスティン・キーラーという名の二十歳の美人は国防大臣と寝た――だが彼とだけではなかった。ソビエト大使館付きの武官と称しているが、おそらくモスクワのスパイであるエフゲニー・イワノフも、しばしばウォードの客となり、美しいロリータのとりこになった。この三角関係が明るみにでたとき、スキャンダルは完璧になった。キーラーはプロヒューモから職務上の秘密を聞きだした――ウォードとイワノフの依頼で。いまから見ればこれはスパイ事件というより情痴沙汰の色が濃い。しかし冷戦時代には、ソ連のスパイと女王陛下の大臣が同じベッド――と女――を分かち合うことを想像するだけで、憤激の嵐を巻き起こすのに充分だった。プロヒューモが議会で行なった、クリスティン・キーラーと「不適切なこと」はいっさいしていないという証言がまっかな嘘と判明すると、国防大臣は辞任するしかなかった。

> 女王とマーガレット王女はまったくちがう性格でした。ときどきマーガレットは姉を絶望に追いやったけれど、それでもふたりは姉妹でした。
>
> **マーガレット・ローズ**
> **エリザベス女王の姪**

エディンバラ公もときおりウォードのパーティの客になった。またしてもフィリップの婚外セックスライフが噂にのぼった。だが夫にたいする女王の態度はいささかも変わらなかった。一九六四年三月十日、安定した結婚生活を証明するかのように、エドワード王子が誕生した。女王夫妻と親しかった人びとは六〇年代をふりかえり、「たぶんいちばん幸福な」時代だったと回想している。子供のアンとチャールズとちがい、エリザベスとフィリップはいつしか義務を守ることに習熟し、「家族生活の第二期」を悠々と楽しむことができた。

王族が安定期を過ごしているあいだに、王国は甚大な変化を体験した。イギリスは世界強国の地位を失い、旧植民地は独立に向かって邁進した。国内では社会階級の改変が進み、依然として貴族は政治のトップに重要な地位を占めたが、しだいに上下の壁は崩れていった。しかし王宮では新しい風がほとんど感じられなかった。エリザベス二世は統治のスタイルを確立し、それは——いまでも——因習と鉄の規律で守られている。バッキンガム宮殿での日課は厳密に決まっている。毎朝きっかり八時に女王は召使いが持ってくるモーニングティーで起床する。トイレのあと食堂でフィリップと会い、夫はかならず妻に「おはよう、ソーセージちゃん」と声をかける。ふたりはいっしょに軽い朝食をとる。十時に女王は秘書とともに報告書に目を通す——少なくとも二百通の手紙が毎日エリザベスに寄せられる。そのあと女王は王国内のあらゆる政治上のできごとについて報告を受け、客を接見する。週に一度——通常は火曜日——イギリス首相が女王に謁見し、国事について話し合う。イギリス王室は政治に参与する権利を失ったとはいえ、エリザベスは情報を受けとり、助言をもとめられることを重視している。短い昼休みを女王はたいてい私事に費やす——夫とともに。昼食のあと愛犬のコーギーをつれて散歩する。午後は公共行事に臨席するために空けておく——年間ほぼ四百回。晩は劇場やコンサートの訪問が予定表に並んでいる。

「いつも笑っていなければなりません」とエリザベスは自分の仕事を語ったことがある。とはいえ、とても笑う気になれないこともときにはある。九〇年代にエリザベス王朝はあやうく崩壊しそうになった。一九八一年七月に後継王子チャールズはレディ・ダイアナ・スペンサーと結婚し、メルヘンのような結婚式を世界じゅうの人びとがテレビで見物した。しかしやがて結婚生活は破綻し、つぎつぎに不快な事実が世間に暴露され、満天下に恥をさらした。一九九二年の開幕は、おそらくエリザベスの治世で最も暗鬱な時期をもたらした。三月にヨーク公アンドルー王子がセーラ・ファーガソン妃との離婚を発表した——結婚生活は六年しかもたなかった。ヨーク公妃が胸もあらわにテキサスの金満家とプールでいちゃついている写真がゴシップ紙に載った。

女王は厳格に設定された軌道の上で生活を営んでいる。毎年新たに同じルーチンワークがくりかえされる。

ガイルズ・ブランドレス
フィリップの友人

女王は自分のあり方を一種の終身刑と理解している。つまり息を引きとるまで、退位はない。

アンソニー・ハーボトル
元女王付牧師

そのひと月後の四月、バッキンガム宮殿はひきつづき女王の子供の離婚を告知するはめになった。法廷がアン王女とマーク・フィリップス大尉との十八年間つづいた婚姻関係に終止符を打ったのだ。十月には女王お気に入りの館、ウインザー城が壊滅的な火災を起こした。計り知れない貴重な芸術品が炎の犠牲となり、損害は厖大な額に達した。

私はときおり自問します。未来の世代がこの波瀾の年のできごとをどのように評価するだろうか、と。私はあえて予言しますが、歴史を顧みるときは、同時代のジャーナリストよりもすこしは穏やかな評価がなされるでしょう。

女王の「恐るべき年《アヌス・ホリビリス》」演説　1992年

このエリザベスの即位四十年目にあたる年は、始まりと同じく終わりも悲惨だった。「バッキンガム宮殿から、皇太子《プリンス・オブ・ウェールズ》ならびに皇太子妃が遺憾ながら別居を決意したとの告知があった。皇太子妃に離婚の意志はなく、憲法上の地位は従来どおりである」と当時の首相ジョン・メイジャーが一九九二年九月九日に発表した。だが世継ぎの王子とダイアナ妃との離婚は時間の問題にすぎなかった。バッキンガム宮殿からの公式発表の直後、マスコミがチャールズと長年の愛人カミラ・パーカー・ボウルズとの電話のやりとりを公表し、これが「カミラゲート」として悪名を馳せることになった。会話のなかで後継王子はカミラの「タンポン」になりたいなどと言い、イギリス国民は大ショックを受けた。

チャールズ王子とダイアナ妃との泥仕合で、エリザベスとフィリップは当初から慰留役につとめた。とくにフィリップ公が手紙で嫁と息子のあいだをとりもとうとした。女王夫妻が切実に願ったのは、長男の夫婦生活の不快な事実がこれ以上世間に洩れないことだった——イギリス王室の評判はすでに取りかえしがつかないほど地に堕ちていた。ひそかにエリザベスとフィリップは、自分たちはこの夫婦喧嘩にいかなる責任があるのかと、くりかえし自問した。「われわれはなにをしたのだろう、われわれが嫁にとって鬼のようになってしまうなんて?」と女王夫妻は友人たちにたずねた。とりわけエリザベスにショックだったのは、一九九四年十一月に刊行された、ジョナサン・ディンブレビーによるプリンス・オブ・ウェールズの伝記だった。後継王子はディンブレビーに、自分のすべての日記、すべての通信文の閲覧を許しただけでなく、公式文書まで見せていたのだ——母親に知らせずに。この本でディンブレビーはチャールズとダイアナの結婚が破綻した原因を、両親の慈愛の欠如にもとめていた。エリザベスとフィリップは愕然とした——悪い親だと衆目の前でとがめられたことに、心底から傷ついた。しかし女王はその感情を外にはけっして見せなかった。いつものように公務を果たし、どんないやなことにも泰然としていた。

知られていることから推すと、チャールズ王子と女王のあいだには情緒的な結びつきも、親しみもない。全体をフロイト風に見れば、彼の妻カミラは、チャールズがけっして持てなかった母親を体現している。決まり文句にあるように、中年男が若くてきれいな女秘書の尻を追いまわす……。

メアリ・リドル　王室記者

王子としてチャールズはまだ自由を享受しているけれど、王になったらそれを失うでしょう。私は彼の性格をとてもよく知っているので、トップの職務が彼を限界に追いこむのはわかっています。そもそも彼がその職務に適応できるかどうか疑問です。

ダイアナ妃
1994年

もしそういうことがあれば、きわめて遺憾なことではあるが、そういう事態は起こるのであり、この場合それが起こった。これは私の最後の願いだった。私は完全なばかではなく、問題はよく自覚している。

チャールズ王子
1996年

しかしもっとひどいことになった。一九九五年十一月二十日、エリザベスとフィリップの四十八回目の結婚記念日に、BBCがダイアナ妃とのインタビューを放映した。何百万の視聴者の前でイギリス後継王子の別居中の妻は、自分の過食症について、破綻した結婚生活について、チャールズの愛人カミラ・パーカー・ボウルズについてこまごまと語った。ダイアナのテレビ出演は和解を不可能にした。クリスマスの直前に女王は嫁と息子に宛てた手紙で、離婚訴訟の手続きをとるよう勧告した。一九九六年八月二十八日、ウェールズ公夫妻の婚姻は解消され、ダイアナ妃は王族の称号を失い、もはや王室の一員ではなくなった。それからのダイアナは「ハートの女王」としてゴシップ紙をにぎわしながら、病人や社会的弱者の救済につとめ、地雷の撤去に励んだ。

一九九七年八月三十一日、ダイアナ妃と愛人ドディ・アル・ファイドの乗った車が、パリのアルマ橋下のトンネルの柱に、超高速で衝突した。ダイアナは内臓を損傷して死亡し、訃報は世界じゅうに衝撃と同情の波をひきおこした。とりわけイギリス人は「悲しみのヒステリー」にとらわれた。何万人もがバッキンガム宮殿に詣で、花、自作の弔歌、絵、玩具を門前に供えた。何日もマスメディアは国民的な悲嘆を報じ、この事件が王室におよぼす影響を論じた。王室の首長、女王が、激しい批判の的になり、ダイアナの死に責があるとなじられ、殺人説さえ語られた。広範な敵意がイギリス王朝の基盤をゆるがした。

いつも危機におちいったときにそうするように、エリザベスは自分を支えてくれるものにしがみついた。宮廷儀礼とエチケット。しかしそこではっきり見えてきたのは、どんなに女王が臣民から遠ざかってしまったか、ということだった。国民は女王の態度を「浮きあがっている」と感じた。王族がバルモラル城に立てこもり、バッキンガム宮殿に半旗が掲げられなかったことは、人びとの怒りを買った。「国が女王を必要としているときに、女王はどこにいるのか?」とマスコミは憤慨して問いかけた。ようやく葬儀の前夜、ダイアナの死後五日目に、エリザベスはロンドンにもどった。女王に向けられた敵意に、エリザベスは衝撃を受けたにちがいない。だがフィリップが忠実に妻をささえた。バッキンガム宮殿の大きな鉄門の前で、

チャールズはけっして新聞によく書かれるような感じの悪い男ではない。彼は一方に冷たい家庭、他方に敵意をもった世論のはざまで、不幸な立場にあるのだ。

メアリ・リドル　王室記者

私は確信しています。彼女の生と彼女の死を教訓としなければならないと。

エリザベス
ダイアナの死後

女王は臣民とごくふつうの人間同士のレベルで話し合うことができなかった。そのため彼女は王朝を破滅の縁に追いこんだ。

ピアス・ブレンドン
女王の伝記作家

女王はダイアナの死に安堵した。彼女の見地からすれば、イギリス王朝の危機は片づいたのだ。

ニコラス・デイヴィーズ
王室の消息通

女王夫妻はみずから巨大な花の海の一景となり、女王は——あらゆるエチケットに反して——幾人かの臣民に話しかけた。ついに女王はトニー・ブレア首相を説き伏せて、ライブでテレビスピーチを行なった。「まず最初に、私みずからダイアナに敬意を表したいと思います。彼女は比類なき才能に恵まれた人でした。……ダイアナを知るものは、けっして彼女を忘れないでしょう。何百万の人びとが、彼女に一度も会ったことがなくても、彼女を知っていると感じ、彼女を記憶にとどめることでしょう」とエリザベスは声明した。宮廷儀典によればダイアナの国葬は不可能だったが、エリザベスは元の義理の娘を女王のように葬送することにした。

しかし、何百万という人びとがロンドンで、そして世界じゅうの人びとがテレビの前で見送った葬儀のあとも、イギリスの君主制は深刻な危機のなかにあった。王室の機能と意義を疑問視する声がますます高まった。王室を維持するには莫大な費用がかかり、多くのイギリス人の目に王室は時代錯誤と映った。王の座がいまや国民の同意にかかっていることを、エリザベスは痛感させられた。この暗黒の時期に、エリザベスは支えを夫のなかに見いだした。フィリップは近代的な君主制にかんする自分の見解をつねに説いてきた。いまこそ女王の夫君の出番になった。「前進《ウェイ・アヘッド》グループ」と称するプロジェクトが組まれ、女王、その夫君、王子王女、宮中の高官が半年ごとに集まって、これからのウインザー家のあり方について話し合うことになった。ダイアナの死後一年たってコミュニケーションのための部局が宮中に設けられ、PRの専門家が招聘された。まもなく戦略が確立した。女王はそのイメージを「人間化」して、王朝の存続をはかる。

すこしずつPR専門家は女王を「大衆的」にしていった。靴屋に行き、ハンバーグ店をのぞき、脳卒中患者とお茶を飲み……。そしていつしか、ダイアナ妃の悲劇からほぼ十年たって、イギリス国民と女王との関係はかなり安定した——さらなるスキャンダルにもかかわらず。二〇〇五年四月九日、チャールズとカミラが三十年を超える愛人関係のすえ、公式に結婚した。皇太子とダイアナのライバルとの結婚については、その前段で甲論乙駁があったが、後継王子の新しい妻はしだいにイギリス国民のあいだに人気が出てきた。最

> スピーチのすぐあと彼女は撮影チームに向きなおり、「さて、充分に悔い改めたように聞こえたかしら？」とたずねた。彼女が自分の言ったことをなにひとつ感じていないのは明らかだった。しかしいまはそこを通り抜けなければならないことを、彼女は知っていた。
>
> リン・ピックネット　ウインザー家の伝記作家

それは高度な才能に恵まれた非常に知的な家族であり、やはり知的な家族に見られるエキセントリックな特性をそなえている。

ベン・キングズレー
イギリスの俳優

近代化は王朝にとって選択ではなく、生き残りたければ必要不可欠である。

コリン・バーン
チャールズ王子の顧問

むしろ今日ではイギリス国民は女王を、いわば仕事をきちんとこなす気のいいおばあちゃんと見ている。

ニコラス・デイヴィーズ
王室の消息通

近では「カミラを王妃に」という声もゴシップ紙に現われた。そうなるかどうかは、さだかではない。いまなお王位にあるのはエリザベスであり、退位などこれっぽっちも考えていないだろう。彼女は自分の任務を一生の義務とこころえており、教皇のように死が職務を解くまで、玉座にとどまりつづけるだろう。早期の退位はエリザベスにとって敵前逃亡に等しい。二〇〇二年にイギリス人は女王の即位五十周年を熱烈に祝い、最近の世論調査では、大多数の臣民が女王と和解している。老女王の人気回復は、ひとえに夫のおかげだった。フィリップは妻を説得して、現代の王朝が二十一世紀を生き延びるには、企業のように機能しなければならないことを納得させたのだ。エリザベスとフィリップはこの点で完璧なチームとして行動した。パトリシア・マウントバッテン、フィリップのいとこで親友は、こう確信している。「ふたりがおたがいに感じているのは、最高の敬意と……心からの愛です。心からの愛、長い、長い、過去にさかのぼる愛」。

「黄昏のとき」を迎えた王朝への葬送曲

ギド・クノップの編著書『世界王室物語』は、きわめて刺戟に満ちた著作である。王朝がいま直面している苦悩と矛盾をえぐりだし、二十一世紀での生き残りを賭けた最後の闘いとも思える現代の王朝の姿を浮き彫りにしつつ、その素顔を鋭く描き、分析を加えている点で、きわめて衝撃的な著作であると、だれもが認めることであろう。

これまで多くの人びとが挑戦しながらも、明らかにされることのなかった王室や皇室の内情とされる「聖域」が、初めて目の前に露呈された点でも、衝撃的なレポートであると断言できる。

この浩瀚《こうかん》な王室のレポートを読んで、私がまず思い浮かべたのは、二〇〇六（平成十八）年八月の、皇太子ご一家による「異例中の異例」と呼ばれた、オランダご静養のさいの一枚の記念写真である。写真のキャプションに「はじける笑顔」と記されていた、あの写真である。二〇〇三年十二月、皇太子妃雅子さまは、突然宮内庁病院に入院、「帯状疱疹」と診断された。その後、宮内庁から発表された病名は「適応障害」であるが、二〇〇八年四月にいたっても、いまだに回復されることなく、公務復帰への見通しも見られていない。

雅子妃の病気の原因は、これまでもさまざまに伝えられているが、これまで明らかにされているのは、「皇室という特別な環境のなかでの生活環境への適応不順と、皇位継承者である男子誕生への期待が、大きなプレッシャーとなった」と説明されている。

二〇〇六年五月、欧州出発を前にしての記者会見で、皇太子殿下は「これまでの雅子のキャリアにたいして人格否定の動きがあった」との衝撃的な発言をされ、大きな波紋を広げた。二〇〇八年三月には、宮内庁長官から皇太子殿下へ、「参内の機会が少ない」との苦言を呈する発言があったことも、さまざまな論議を呼んでいる。

天皇陛下は二〇〇六年、前立腺がんの手術を受けたあとも、治療が続いており、その後も骨粗鬆症《そしょう》のおそれも危惧され、皇后美智子さまも度重なる「めまい」、腸壁からの出血、食道逆流症などの体調不良状態が発表されているが、それについては、皇太子ご夫妻と天皇皇后両陛下との「確執」とも言われるコミュニケーション不足など、皇室に起こっているさまざまな問題が、ストレスの要因になっているのではないかと思われている。最近の皇室をめぐる話題は、明らかに皇室の家族間での「不協和音」のあらわれと言ってよいのではないか。

このような状況にあっては、国内での治療によって雅子妃のご回復を期待できるであろうか。

二〇〇六年八月十七日、皇太子ご夫妻は長女愛子さまをともない、オランダへ初の海外ご静養に出発した。このオランダご静養は、ベアトリクス女王からの招待であり、雅子妃の主治医大野裕慶応大教授が、とくに「治療に役立つ」とのすすめで決定されたもので、約二週間の日程で行なわれた。皇太子ご一家は首都アムステルダムから東に約八十キロのアペルドールン市にある王家の狩猟用の別荘、その起源は十七世紀後半にさかのぼる「ヘット・ロー」と呼ばれる館に滞在された。

到着された翌日、オランダのベアトリクス女王、およびウィレム・アレクサンデル皇太子（三十九歳）とマキシマ皇太子妃（三十五歳）が、長女アマリア王女（二歳）とアレキシア王女（一歳）を同伴して迎えた。まさにオランダ王室一家総出での歓迎だった。初日には、館の敷地にある王家の馬車庫での記念撮影会が催された。王家の古い馬車をバックにした撮影会では、六十数社もの報道陣を前に、やや緊張気味の雅子妃と愛子さまだったが、オランダのメディアがいつもするように「アマリア！」「アイコ！」などと王女に話しかけると、アマリア王女は気さくに手を振って、カメラマンに笑顔を見せた。愛子さまもそれにならって、にこにこ笑って手を振られた。このときの皇太子ご一家の笑顔は、それまで日本では見られなかったほどのお元気な笑顔だった。

皇太子妃の病気が依然として続いたまま五年目を迎えているが、このままの状態が続くのなら、思い切って皇太子殿下は皇位継承者としての立場を離れて、長期的に海外でのご静養をお考えになった方がよいのではないか、と私は敢えて進言したい。雅子妃には一時的に日本を離れての治療が必要と、専門家も指摘している。

二〇〇八年四月、一九九七年八月にパリで交通事故死したイギリスのダイアナ元皇太子妃の死因審問で、ロンドン高等法院の陪審団は、「運転手の飲酒とパパラッチと呼ばれるカメラマンによる無謀な追っかけが原因」とする評決を下した。焦点となっていたイギリス王室の極秘指令による「暗殺説」は却けられた。評決では陪審員の十一人全員が「元皇太子妃がシートベルトを着用していれば死は避けられた」と指摘している。

世界の王室は、まさに「黄昏のとき」を迎えようとしている。訳者である平井吉夫氏の力量によるものと思われるが、このリポートから、やがて消えゆく王朝への、確かな、そして力強い「葬送」の曲が聴こえてくるようだ。

二〇〇八年四月

松崎敏彌（皇室ジャーナリスト）

訳者あとがき

いま世界で君主制を維持し、世襲の元首を戴いている国は二十九ヵ国にのぼります。国連加盟国のほぼ十五パーセント。二十世紀の初めにはスイス、アメリカ、フランスなどを除くほとんどすべての国に王や皇帝が君臨していたことを思えば、ずいぶん少なくなったと言えるかもしれませんが、主権在民、国の代表者は国民が選挙するという、ごく通常の民主主義がここまで世界の趨勢《すうせい》になった時代にあっては、まだこんなにたくさんあるのかという気もします。

ちなみに、ヨーロッパの王国ないし公国は、イギリス、オランダ、スウェーデン、デンマーク、ノルウェー、ベルギー、スペイン、モナコ、リヒテンシュタイン、ルクセンブルクの十ヵ国。アジア・アフリカ・中近東・オセアニアの王国ないし首長国は、カンボジア、タイ、ネパール、ブータン、マレーシア、ブルネイ、スワジランド、モロッコ、レソト、サウジアラビア、ヨルダン、オマーン、バーレーン、カタール、クウェート、アラブ首長国連邦、サモア、トンガ、そして天皇を国の象徴と規定する日本の十九ヵ国。

と、ここまで書いたとき、ネパールが王朝の生き残りレースから脱落してしまいました。今年（二〇〇八年）の五月二十八日、ネパールの新憲法を起草する制憲議会は、王制廃止と共和制への移行を圧倒的多数で決議し、国王は王宮から退去させられたのです。

こうなるのは以前から目に見えていました。二〇〇一年に王宮内での謎の銃撃事件でビレンドラ国王ら九人の王族が殺害されたあとに即位した、前王の弟ギャネンドラ国王は、議会を解散して直接統治にのりだすという、時代錯誤な強権政治を行なって、またたくまに国民から総すかんを食らい、自分の王位のみならず、二百四十年つづいたシャー王朝そのものまでつぶしてしまいました。厳《おごそ》かに玉座にすわっていれば大過はなかったのに、いまどき、王は絶対である、王様は偉いのだからなんでもできると勘違いして、国政に介入したのが命取りになったわけです。

そのあたりのことを、現代のヨーロッパの王様は肝に銘じてわかっています。十八世紀末のフランス革命から二十世紀の二度の世界大戦を経て、国民の意に反した王朝はつぎつぎに滅亡していったのが近現代史のまぎれもない趨勢で、そのことをいちばんよく知っているのが当の王様たちでしょう。世襲の元首が君臨し、生まれながらの特権階級が存在するというのは、自由と平等を唱える民主主義の原理とは根本的に相反することですから、それをあえて存続させるには、よほどの慎重さが必要です。国王が政治に口をだすのは絶対にタブー、議会には王制廃止を綱領にかかげる政党（ときには政権政党になる）が手ぐすねひいて目を光らせ、国民の多数を怒らせたら王朝はカルタの城のように崩れてしまう。本書でも述べているように、現代の王朝はまさに薄氷の上を歩んでいるのです。

本書に描かれた残存するヨーロッパの王朝のポートレートは、そのあたりの事情をじつによく表わしています。本質的に時代錯誤な王朝を、国民が主権をもつ国で存続させるため、王族たちは華麗なロイヤル・ショーのかげで、涙ぐましいほどの奮励努力をかさねています。その努力の要諦は、国民に嫌われないこと、好かれること、ときにはスキャンダルがあっても、つねに人気を維持すること。その点では芸能界のスターと変わりません。

しかし芸能界のスターと根本的にちがうところは、王族が歴史と伝統の後光につつまれていることです。これにはどんなに才能豊かなスターたちもかなわない。べつに昔のように、自発的であれ強制的であれ、君主に忠誠を誓ったわけではなくても、ロイヤル・ファンは王族が王族であるというだけで熱狂します。どうやら一部の、あるいは多くの人間の心情のなかには、王というものにたいする憧憬が、遺伝子のように根づいているらしい。

これは古来から王権が臣民を支配するにあたって、武威だけでなく、呪術性（豊穣の象徴、神聖なる血統、王権神授説等々）をも駆使したからでしょう。近代になっても、王様に触ってもら

う と病気が治るという俗信がヨーロッパに残っていました。現代でも王族が慈善団体の会長になったりするのは、そういう迷信の名残でしょう。

十八世紀後半にアメリカがイギリスから独立するとき、独立派がもっとも重視したのは人びとを呪縛している王の権威を打ち破ることでした。そのころ書かれてベストセラーになったトマス・ペインの『コモン・センス』は、王とはギャングの首領の子孫にすぎず、世襲の君主制は旧世界の悪弊なりと喝破して、独立革命戦争をおおいに鼓舞しました。それでも、いざアメリカがイギリス国王の支配から脱して建国したとき、革命軍の総司令官ジョージ・ワシントンを世襲の君主にしようという声が上がったそうです。独立宣言で自由と平等の天賦人権をうたった当時のアメリカ人でさえ、王様がいないことになんとなく不安を覚えたのでしょう。これなどは王権の呪術性を如実に示しています。

いま世界の共和制の国にはたいてい大統領という国家元首がいます。これはアメリカ合衆国が世界で初めて設けた職務で、そのときのアメリカ人には、大統領を国王のかわりにしようという心理がはたらいていたのだと思います。いまでもアメリカ人の多くが、自国には存在しない王族や貴族に憧れて、モナコ公国の妃になった女優のグレース・ケリーに熱狂したのも、そういう心理の延長上にあるのではないでしょうか。現代のヨーロッパの王朝は、いまなお国民の心のなかに残る、そのような心情を巧みに操作することで、しぶとく生き残っているのです。

この無形文化財みたいな生き方を、いわゆる貴族たちもやっています。いまや領地がなくて貧乏していても、ヨーロッパの貴族は爵位や肩書きをトレードマークにして表面は華やかに生きている。それを支えているのが、貴族と縁をもちたがる裕福な平民のロイヤル・ファンです。さきごろ日本でも、ナントカの宮の後裔と称する詐欺師夫婦にたぶらかされた金持ちたちが、天下の笑いものになったことがありました。

ところで本書は、近代国家には例外的な王朝として、日本の皇室をとりあげています。お読みになればわかるように、ヨーロッパの王室と日本の皇室にはさまざまなちがいがあります。よく言われるのは、ヨーロッパの王室にくらべて皇室はきわめて閉鎖的であることと、マスコミでの皇族の批判がタブーになっていることです。先年、ある雑誌の記事が皇太子妃の名前に敬称をつけなかったというだけで、編集長が右翼テロリストに刺されたこともありました（ちなみに本書のドイツ語原文では王族の名前もすべて呼びすて）。

でもそういうことはヨーロッパでも昔はあったことで、私がいちばん大きなちがいだと思うのは、ヨーロッパの王族は国籍や民族を超越した、完全なコスモポリタンだということです。王や女王の配偶者の多くは外国人ですし、ときには他国からしかるべき人物を招んで国王になってもらうこともあります。

たとえばイギリス人は十七世紀末の名誉革命のさいにオランダから王様（ウィリアム三世）を

招んできましたし、現在のイギリス王朝の初代ジョージ一世（在位一七一四〜二七）は英語を話せないドイツ人でした。トルコから独立したギリシア人がドイツやデンマークから王様を招んだり、スウェーデン人がフランスの将軍を国王にかついだ話は本書にもでてきます。そんなわけで、ヨーロッパじゅうの王侯貴族はほとんどみんな姻戚関係にあります。

こういうことは日本の皇室ではまったく考えられないことです。例の女帝論議のさいにも、伝統主義者は女性天皇が外国人と結婚することを想像するだけで、悪夢のように怖じ気をふるいました。二〇〇一年十二月に現天皇が、桓武天皇の生母は百済の武寧《ぶねい》王の子孫であり、韓国とのゆかりを感じると述べたとき、天皇崇拝者はおおいに困惑し、なかには色をなして憤慨する論調もみられました。万世一系の神聖なる天皇に外国人（朝鮮人）の血が流れているなんて、大和民族の尊厳を汚すものだという、事実を無視した感情的な反発ですが、こういう感情はヨーロッパの王族と臣民にはまったく理解できないことでしょう。

本書の編著者ギド・クノップは一九四八年生まれ。教授資格を取得後、アカデミーの世界からジャーナリストに転じ、『フランクフルター・アルゲマイネ新聞』『ヴェルト日曜版』の編集記者を勤め、一九八四年からＺＤＦ（ドイツ第二放送）で現代史部門のプロデューサー。制作した歴史番組は高い視聴率を上げ、数々の賞（ヤーコブ・カイザー賞、ヨーロッパ・テレビ賞、テレスター賞、ゴールド・カメラ賞、バイエルンおよびドイツ・テレビ賞、ドイツ連邦功労賞、国際エミー賞など）を受けています。またテレビ・シリーズに合わせて本も同時刊行して、多くがベストセラーになり、そのいくつかは日本でも翻訳されています（『ヒトラー暗殺計画』『戦場のクリスマス――二十世紀の謎物語』『アドルフ・ヒトラー――五つの肖像』『ホロコースト全証言――ナチ虐殺戦の全体像』『ヒトラーの親衛隊』『ヒトラーの戦士たち――六人の将帥』『ヒトラーの共犯者――十二人の側近たち』いずれも原書房）。

ちなみに上記の日本語版では著者のファーストネーム、Guidoをいずれも「グイド」と片仮名表記しているのですが、NHK教育番組ドイツ語講座のインタビューでは「ギド」あるいは「ギード」に近い発音をしていたので、本書では「ギド」としておきました。

なおクノップは本書の続編とも言うべき『王の子供たち』という本を昨年（二〇〇七年）刊行し、これもベストセラーになりました。その目次は以下のとおり。

チューリップとタンゴ――ウィレム・アレクサンデルとマキシマ（オランダ）
夏至のメルヘン――ヴィクトリアとダニエル（スウェーデン）
皇太子と女性ジャーナリスト――フェリペとレティシア（スペイン）
シンデレラと王子――メッテ・マリトとホーコン（ノルウェー）
バイキングの宝――フレデリクとマリー（デンマーク）
王子と反逆者――ウィリアム（イギリス）

最後に、すばらしい跋文を寄せてくださった皇室ジャーナリストの松崎敏彌氏に深く感謝いたします。

二〇〇八年五月末

平井吉夫

ギド・クノップ
(Guido Knopp)

1948年生まれ。歴史学教授資格取得後、ジャーナリストに転じ、『フランクフルター・アルゲマイネ新聞』『ヴェルト紙』日曜版の編集記者。1984年からZDF（ドイツ第2テレビ）の現代史部門のプロデューサー。制作した歴史番組は高い視聴率をあげ、ヤーコプ・カイザー賞、ヨーロッパ・テレビ賞、金獅子賞など、数々の賞を獲得。著作も多く、『戦後50年　決定的瞬間の真実』『ヒトラーの親衛隊』『戦場のクリスマス』『ヒトラーの共犯者』などが日本語に翻訳されている。

平井吉夫
（ひらい・よしお）

1939年生まれ。著述家・翻訳家。早稲田大学卒業。編集者として出版社勤務の後、チェコ、オーストリアに留学。1976年に帰国後フリーの著述家、翻訳家（ドイツ語）として活躍。著書に『任侠史伝――中国戦国時代の生と死』『スターリン・ジョーク』（ともに河出書房新社）、訳書に『石と笛』（3部作）『図説超古代の謎』（ともに河出書房新社）、『メルヘン・ムーン』（評論社）、『ノーチラス号の冒険』全12巻（創元社）、『わが道はチベットに通ず』（風雲舎）など多数。

世界王室物語

――素顔のロイヤル・ファミリー――

2008年8月10日 初版発行

編著者　ギド・クノップ
訳　者　平井吉夫《ひらいよしお》
編集協力　オフィス宮崎
装　幀　山下リール［LILLE,Inc.］＋戸田智雄
発行者　長岡正博
発行所　悠書館
〒113-0033　東京都文京区本郷2-35-21-302
TEL 03-3812-6504　FAX 03-3812-7504
URL　http://www.yushokan.co.jp/

本文印刷：理想社／表装印刷：明光社印刷所／製本：小高製本工業

Japanese Text ©Yoshio Hirai, 2008 printed in Japan
ISBN978-4-903487-20-5
定価はカバーに表示してあります。

ルネサンス美術解読図鑑

——イタリア美術の隠されたシンボリズムを読み解く——

ダ・ヴィンチ、ミケランジェロ——
ルネサンス期の絵画・彫刻・建築に
秘められた謎に迫る

リチャード・ステンプ＝著
川野美也子＝訳
B４判・二二四ページ
九五〇〇円＋税

ルネサンスの華　上・下

——イザベッラ・デステの愛と生涯——

傑出した侯爵夫人が
織りなす、華麗なる宮廷絵巻

マリーア・ベロンチ＝著
飯田熙男＝訳
四六判・各三八〇ページ
各二二〇〇円＋税

世界の国歌総覧

一九九ヵ国の国歌を
楽譜と原語の歌詞付きで集成

マイケル・J・ブリストウ＝編
別宮貞徳＝監訳
A5判・六七八ページ
六〇〇〇円＋税

わかれ道

「小さな町」からひろい世界へ——
ローラの娘、ローズの自伝的小説、
初の邦訳

ローズ・ワイルダー・レイン＝著
谷口由美子＝訳
四六判・四二〇ページ
一八〇〇円＋税